PETER DYCKHOFF

Nachfolge Christi

**Geistlich leben
nach Thomas von Kempen**

Peter Dyckhoff

Nachfolge Christi

Geistlich leben nach Thomas von Kempen

benno

Bibliografische Information der Deutschen Nationalbibliothek
Die Deutsche Nationalbibliothek verzeichnet diese Publikation
in der Deutschen Nationalbibliografie;
detaillierte bibliografische Daten sind im Internet über
http://dnb.d-nb.de abrufbar.

Besuchen Sie uns im Internet unter:
www.st-benno.de

Gern informieren wir Sie unverbindlich und aktuell
auch in unserem Newsletter zum Verlagsprogramm,
zu Neuerscheinungen und Aktionen.
Einfach anmelden unter www.st-benno.de

ISBN 978-3-7462-5453-1
(Motiv Tür: © Martin Moclan/dreamstime)

ISBN 978-3-7462-5412-8
(Motiv Sieger Köder, Simon von Cyrene. Kreuzweg Rosenberg,
© Sieger Köder-Stiftung Kunst und Bibel, Ellwangen)

© St. Benno Verlag GmbH, Leipzig
Umschlaggestaltung: Rungwerth Design, Düsseldorf
Gesamtherstellung: Kontext, Lemsel (A)

Inhalt

Vorwort 17

Erstes Buch
Grundlagen für ein geistliches Leben 27

Kapitel I
  Wegweisung in die Nachfolge Christi 28

Kapitel II
  Sei aufrecht, ohne hochmütig zu sein 30

Kapitel III
  Wahrheit weist dir den Weg 32

Kapitel IV
  Sei achtsam bei allem, was du tust 36

Kapitel V
  Lesen der Heiligen Schrift und geistlicher Literatur 37

Kapitel VI
  Wie kannst du dich bei unguten Neigungen verhalten? 39

Kapitel VII
  Erhebe dich nicht über andere 40

Kapitel VIII
  Hüte dich vor allzu großer Vertraulichkeit 42

Kapitel IX
Ja sagen und frei bleiben 43

Kapitel X
Meide überflüssiges Gerede 44

Kapitel XI
Frieden und Fortschritt 46

Kapitel XII
Auch Widrigkeiten helfen weiter 49

Kapitel XIII
Versuchungen aushalten und widerstehen 50

Kapitel XIV
Urteile nicht voreilig über andere 55

Kapitel XV
Aus Liebe handeln 56

Kapitel XVI
Lerne, die Fehler der anderen zu ertragen 58

Kapitel XVII
Vom klösterlichen Leben 60

Kapitel XVIII
Weisheit der Kirchenväter 61

Kapitel XIX
Übungen zur Leib- und Seelsorge 64

Kapitel XX
Liebe die Einsamkeit und Stille 70

Kapitel XXI
  Innere Einkehr   76

Kapitel XXII
  Lindere das Leid der Welt   79

Kapitel XXIII
  Der Tod gehört zum Leben   84

Kapitel XXIV
  Aktion und Reaktion   90

Kapitel XXV
  Damit dein Leben gelingt   95

Zweites Buch
Hinführung zu einem verinnerlichten Leben   103

Kapitel I
  Der innere Wandel   104

Kapitel II
  Bescheidenheit und Demut   109

Kapitel III
  „Suche den Frieden und jage ihm nach"   111

Kapitel IV
  Einfach und aufrichtig   113

Kapitel V
  Nimm dich wahr   115

Kapitel VI
  Unbelastetes Bewusstsein   117

Kapitel VII
  Die alles umfassende Liebe 120

Kapitel VIII
  Freundschaft mit dem Weg, der Wahrheit
  und dem Leben 123

Kapitel IX
  Dunkelheit wartet auf das Licht 128

Kapitel X
  Dankbar aus vollem Herzen 134

Kapitel XI
  Trage und überwinde dein Kreuz – zusammen
  mit Christus 137

Kapitel XII
  Das Kreuz – ein königlicher Weg 142

Drittes Buch
Innerlichkeit leben 153

Kapitel I
  Christus spricht zur Seele 154

Kapitel II
  Wahrheit offenbart sich wortlos 155

Kapitel III
  Verstehe die leise Sprache Gottes 157

Kapitel IV
  Lebe wahrhaftig 160

Kapitel V
   Liebe vermag alles   164

Kapitel VI
   Wahre Liebe bewährt sich   167

Kapitel VII
   Bewahre die Gnade, indem du bescheiden
   bleibst   170

Kapitel VIII
   Wer bist du vor Gott?   175

Kapitel IX
   Das Ziel allen Lebens   177

Kapitel X
   Das Höchste zuerst   179

Kapitel XI
   Kultiviere die Wünsche deines Herzens   183

Kapitel XII
   Sei geduldig und lerne zu unterscheiden   185

Kapitel XIII
   Richte dich nach Ihm   189

Kapitel XIV
   Wesentliches geschieht im Verborgenen   191

Kapitel XV
   Reden und Handeln im Einklang mit Ihm   194

Kapitel XVI
   Gott allein ist alles   196

Kapitel XVII
   Vertraue   198

Kapitel XVIII
   Er hilft dir, Schweres zu tragen   200

Kapitel XIX
   Geduld erreicht viel   202

Kapitel XX
   Erkenne deine Schwächen   205

Kapitel XXI
   Ruhe finden in Gott   208

Kapitel XXII
   Dank für die Güte Gottes   213

Kapitel XXIII
   Vier Quellen wahren Friedens   216

Kapitel XXIV
   „Erforsche" nicht das Leben anderer   219

Kapitel XXV
   Frieden und Fortschritt gehören zusammen   221

Kapitel XXVI
   Zur Freiheit befreit – durch Hingabe, nicht
   durch Leistung   224

Kapitel XXVII
   Eigenliebe hindert geistlichen Fortschritt   226

Kapitel XXVIII
   Ratschläge gegen böse Zungen   229

Kapitel XXIX
In der Anrufung Gottes liegt Rettung 230

Kapitel XXX
Er verleiht Kraft in Zeiten der Not 232

Kapitel XXXI
Verlasse dich auf Ihn 236

Kapitel XXXII
Hingabe und Kultur des Herzens 240

Kapitel XXXIII
Das unruhige Herz findet Ruhe in Gott 242

Kapitel XXXIV
Mein Gott und mein alles 244

Kapitel XXXV
Letzte Sicherheit gibt es nicht auf Erden 247

Kapitel XXXVI
Menschliche Urteile sind nicht immer
zutreffend 249

Kapitel XXXVII
Sich verlassen, um sicher zu gehen 251

Kapitel XXXVIII
Innere und äußere Ordnung 254

Kapitel XXXIX
Handeln im Einklang mit der
Schöpfungsordnung 256

Kapitel XL
Das Wesentliche wird gegeben –
nicht geleistet 258

Kapitel XLI
Das Wesentliche bleibt im Verborgenen 261

Kapitel XLII
Das tragende Fundament ist Liebe 263

Kapitel XLIII
Wissen ohne Erfahrung führt nicht weiter 265

Kapitel XLIV
Unnötige Belastungen meiden 268

Kapitel XLV
Leichtgläubigkeit und eigenes Gerede 269

Kapitel XLVI
Was ist zu tun bei bösartigem Reden? 273

Kapitel XLVII
Zeit und Ewigkeit 276

Kapitel XLVIII
Ewiges Leben und die Nacht dieser Zeit 279

Kapitel XLIX
Sehnsucht nach ewigem Leben 283

Kapitel L
Sich auf Gott verlassen 289

Kapitel LI
Dunkelheit weicht dem Licht 294

Kapitel LII
  Vergebung   295

Kapitel LIII
  Weisheit des Himmels und Weisheit
  der Erde   298

Kapitel LIV
  Kräfte der Natur und Kräfte der Gnade   301

Kapitel LV
  Von der Dunkelheit ins Licht   306

Kapitel LVI
  Der Weg, die Wahrheit und das Leben   310

Kapitel LVII
  Auch Fehler führen weiter   313

Kapitel LVIII
  Sichtbares und das Geheimnis des
  Unsichtbaren   315

Kapitel LIX
  Gott – Hoffnung und Zuversicht   321

Viertes Buch
Eins werden mit Ihm   324

Worte des Herrn   325

Kapitel I
  Einladung und Begegnung   325

Kapitel II
  Geschenk der Begegnung: Güte und Liebe 332

Kapitel III
  Abendmahl 335

Kapitel IV
  Wer die Begegnung sucht, empfängt 337

Kapitel V
  Das Wesentliche geschieht im Unsichtbaren 341

Kapitel VI
  Allgemeine Fragen zur Vorbereitung 343

Kapitel VII
  Konkrete Fragen zur Vorbereitung 344

Kapitel VIII
  Hingabe bringt Erlösung 348

Kapitel IX
  Selbsterkenntnis und Nächstenliebe 350

Kapitel X
  Aus der Quelle schöpfen 353

Kapitel XI
  Nahrung und Licht 357

Kapitel XII
  Ort der Ruhe und der Kraft 361

Kapitel XIII
  Unendliches Entgegenkommen 363

Kapitel XIV
   Sehnsucht nach liebender Gemeinschaft   365

Kapitel XV
   Hingabe durch Demut und Gebet   367

Kapitel XVI
   Aussprechen statt verdrängen   370

Kapitel XVII
   Empfangen und bleiben   372

Kapitel XVIII
   Geheimnis des Glaubens   374

Wertschätzungen   378

Literaturverzeichnis   388

Weiterführende Literatur   395

Thomas von Kempen   398

VORWORT

Hätte es schon vor über 500 Jahren Bestsellerlisten gegeben: Das Buch von Thomas von Kempen „Nachfolge Christi" hätte in allen Charts auf Platz 2 – gleich nach der Bibel – gestanden!
Meine Großeltern schenkten mir dieses Buch kurz nach dem Zweiten Weltkrieg – und ich kann sagen, dass dieses Buch mein Leben nachhaltig prägte. Aber mit diesen wertvollen Erkenntnissen und Orientierungshilfen stehe ich nicht allein: Geben Sie im Internet die Suchworte „Nachfolge Christi" ein, und Sie werden kaum glauben können, wie viel zu diesem Buch berichtet wird und wie viele verschiedene Ausgaben es in fast allen Sprachen gibt. Man zählt heute mehr als dreitausend Auflagen in ungefähr hundert Sprachen.

Um diese in „alter" Sprache formulierten kostbaren christlichen Weisheiten und Hinweise zum Umgang mit sich, mit anderen und mit Gott auch heute leichter zugänglich und nachvollziehbar zu machen, habe ich versucht, die „Nachfolge Christi" in das heutige Verständnis zu übertragen.

Thomas von Kempen schrieb die letzte Fassung seiner „Nachfolge Christi" im Jahr 1441 in lateinischer Sprache. Danach wurde das Buch über dreißig Jahre 750-mal abgeschrieben. Kurz nach Erfindung der Buchdruckerkunst erschien im Todesjahr des Thomas von Kempen, 1471, die erste gedruckte Ausgabe. Nach der Bibel gilt die „Nachfolge Christi" als das weltweit verbreitetste christliche Buch. Bereits im 16. Jahrhundert

lag das Werk, dessen Text Allgemeingültigkeit hat, in allen europäischen Sprachen vor, auch in Arabisch, Armenisch, Chinesisch und Japanisch. Die wohl bekannteste deutsche Übersetzung gab Johann Michael Sailer, Bischof von Regensburg, im Jahr 1794 heraus.
Das Geheimnis dieser Schrift liegt in der bejahenden Welt- und Lebensauffassung. Die „Nachfolge Christi" ist eine Antwort auf die Grundforderung des Menschen nach tiefer Ruhe, innerem Frieden sowie erhöhtem Aktivismus und größerer Leistung. Die Texte lehren, mit den vielen oft unverarbeiteten Eindrücken richtig umzugehen, bei sich selbst anzukommen und zwischenzeitlich immer wieder die Stille aufzusuchen, um den Anforderungen der Welt besser gerecht zu werden. Denn ein Mehr an Aktivität fordert auch ein Mehr an tiefer innerer Ruhe. Derjenige, der fähig ist, schöpferische Pausen einzulegen, ist auch in der Lage, in seinem Beruf kreativer zu sein und mehr zu leisten.
Es geht in der Schrift um die Bewusstwerdung größerer Zusammenhänge und um die Fähigkeit, diese verantwortungsvoll und zum Wohl aller in das aktive Leben umzusetzen. Es ist also nicht ein Buch zum schnellen Durchlesen, auch nicht zum lediglich oberflächlichen Ansehen, sondern es erfordert – um verstanden und gewinnbringend angewandt zu werden – eine rechte Vorgehensweise.

- Sie sollten das Buch regelmäßig zur Hand nehmen. Eine alte Anweisung zum rechten Gebrauch sagt: „Greife zu diesem Buch wie zum Brot: täglich."

- Lesen Sie langsam und aufmerksam, denn das Buch möchte zu Ihnen sprechen.
- Verweilen Sie da, wo Sie sich besonders angesprochen fühlen. Lesen Sie nicht weiter, sondern legen Sie den Text aus der Hand. Es ist besser, das Gelesene in Ruhe zu überdenken, als zu schnell fortzufahren.
- Lesen Sie jeweils nicht mehr als ein oder zwei Kapitel – selbst dann, wenn der Text Sie nicht berührt.
- Jedes Kapitel ist mehrfach unterteilt. Die großen Zahlen vor einem jeweils neuen Gedankengang sollen die für die Lektüre passenden Ruhepunkte schaffen.
- Nehmen Sie von Zeit zu Zeit einen Satz, der Sie besonders anspricht, als Richtschnur und versuchen Sie, diesen in die Praxis umzusetzen.
- Eine weitere wichtige Voraussetzung sowohl zum tieferen Verständnis der Texte als auch zur besseren Entfaltung des aktiven Lebens und des allgemeinen Wohlbefindens ist die Einübung in das „Gebet der Hingabe". Dieses sollte täglich mindestens einmal praktiziert werden. Eine gute Hilfe für die Leserin und den Leser ist es, alle Anweisungen zu diesem einfachen Gebet, die über das Buch verteilt sind, zu unterstreichen oder zu markieren. Aufkommende Fragen kann dann der Text besser und schneller beantworten.
- Das Buch – es wird auch „Handbuch des inneren Lebens" genannt – möchte Begleiter über einen längeren Zeitraum sein. Wenn Sie es sich einmal „er-

arbeitet" haben, können Sie ein zweites Mal dort zu lesen beginnen, wo immer Sie möchten. Schlagen Sie es wahllos auf und lesen die Stelle, auf die Sie durch Ihre Finger hingewiesen werden (siehe Ignatius von Loyola im Kapitel „Wertschätzungen"). Immer werden Sie zu der einen Mitte geführt: zur Liebe Gottes zu uns Menschen und zu unserer Liebe zu ihm.

Eines ist sicher, sagt Pater Lothar Hardick OFM, der Herausgeber einer Ausgabe der „Nachfolge Christi", *dieses Werk trifft die Mitte aller christlichen Anliegen in der unbedingten Ausrichtung auf Christus. Dieses Werk hätte nicht bis heute so viele, immer neue Ausgaben, Übersetzungen und Auflagen erlebt, wenn sich sein Kerngedanke nicht im Leben unzähliger Menschen bewährt hätte* (Nachfolge, Vorwort, 24).

Die „Nachfolge Christi" des Thomas von Kempen besteht aus vier Büchern. In ihnen steht der lehrende und liebende Christus im Mittelpunkt. Er tritt mit dem lesenden, suchenden und fragenden Menschen in eine enge Beziehung. Das Wunderbare dieses Buches liegt darin, dass der Fragende sich von den Worten Christi in seinem persönlichen Leben und innersten Seelenleben verstanden und angenommen fühlt.

Das **erste Buch** vermittelt allgemeine Impulse für ein vertieftes geistliches Leben.

Das **zweite Buch**, das vom inneren Leben handelt, wird für den Leser zum geistlichen Begleiter.

Im **dritten Buch** führt Christus als Freund ein Gespräch mit dem fragenden und vieles in Frage stellenden Menschen.

Das **vierte Buch** ist ebenso wie das dritte dialogisch strukturiert. Christus spricht von der Liebe Gottes und der alles wandelnden Eucharistie.

Viele Menschen, die das Buch von der „Nachfolge Christi" zu ihrem Lebensbegleiter gewählt haben, berichten von wesentlichen Veränderungen in ihrem Leben. Kurz zusammengefasst besteht der Wert des Buches im Folgenden:

- Es vermittelt praktische umsetzbare Weisheiten des Lebens.
- Es spricht den nach Wahrheit suchenden Menschen persönlich an, lässt ihn aufhorchen und gibt ihm Antwort auf viele Fragen.
- Es enthält Wegweisungen, um das Leben erfolgreich zu bestehen.
- Es spricht von seelischen Alltagserfahrungen, die jeder mehr oder weniger spürt.
- Es bahnt den Weg zu einem tiefen und festen Glauben.
- Es enthält eine Einführung in das „Gebet der Hingabe".
- Es vermittelt Umgangsformen zum rechten christlichen Verhalten.
- Es ist ein Schlüssel zum Du des Mitmenschen und zum Du Gottes.
- Es trägt wesentlich dazu bei, eine lebendige Christus-Beziehung und ein Christus-Bewusstsein aufzubauen.

- Es fordert heraus und regt zum persönlichen Beten an.
- Es gewährt Einblick in das tiefere Wesen und in die Kraft der Eucharistie.

Thomas von Kempen

Sein äußeres Leben – Thomas von Kempen wurde 91 Jahre alt – war nicht sehr ereignisreich. Seine innere Welt dagegen war erfüllt von tiefen Glaubenserfahrungen, die er in seinen Werken zum Ausdruck bringt. Thomas wurde 1379 oder 1380 in Kempen am Niederrhein geboren. Er war der zweite Sohn des Handwerkers Johann Hemerken und seiner Frau Gertrud Kuyt, die Lehrerin war. In Kempen besuchte Thomas bis zu seinem zwölften Lebensjahr die Lateinschule. Während seiner Schulzeit fiel die Entscheidung für sein Leben: Er wollte einen geistlichen Beruf ergreifen. Die Gemeinschaft der Windesheimer Augustiner-Chorherren hatte ihn schon als Kind stark beeindruckt. Durch Vermittlung seines Bruders Johannes kam er 1392 nach Deventer (Holland) zur Schule des Johann Boome.

Dort nahm er nach einiger Zeit Kontakt mit den „Brüdern vom Gemeinsamen Leben" auf. Hier fand er einen Kreis von Männern, die unter dem geistlichen Einfluss des Erweckungspredigers Geert Groote von Deventer standen und durch ihn zu einer neuen Lebensführung gekommen waren. 1384 starb Groote im Alter von 44 Jahren an der Pest.

Thomas war so begeistert von den Ideen der „Devotio moderna" und der entsprechenden Lebensweise, dass er 1398 in das Haus der „Brüder vom Gemeinsamen Leben" zog, das unter der Leitung von Florentius Radewijns stand. Mit zwanzig anderen Brüdern lebte er in dessen Haus. Hier lernte Thomas das „Scribieren", das schönbuchstabige Abschreiben von Texten, die Bibelexegese und vor allem die Kontemplation. Doch schon bald beschloss Thomas, das halbmönchische Haus der Fraterherren in Deventer zu verlassen, um mit Unterstützung seines Lehrers Radewijns in das vollmönchische Kloster der Augustiner-Chorherren von St. Agnetenberg bei Zwolle einzutreten.

Der Prior dieses Klosters war sein älterer Bruder Johannes. Thomas, der 1399 in die Klostergemeinschaft aufgenommen wurde, legte nach siebenjähriger Probezeit die Gelübde zur Einhaltung der Ordensregeln des heiligen Augustinus ab. 1414 wurde er mit 34 Jahren zum Priester geweiht. Über siebzig Jahre lebte Thomas in der Stille und Zurückgezogenheit dieses Klosters – mit einer kurzen Unterbrechung während des Utrechter Schismas, da die Augustiner-Mönche von 1429 bis 1432 nach Friesland ins Exil ausweichen mussten.

Die Sehnsucht nach innerer Ruhe war stark in Thomas ausgeprägt. Seine gesamte Lebenszeit war überschattet vom Großen Abendländischen Schisma, worunter er sehr litt. So ist es verständlich, dass in ihm der Wunsch laut wurde, das geistliche Leben wieder einfacher, unkomplizierter und echter zu gestalten. Für sich und in seinem Werk rückte er das eigentlich Christliche wieder in den Mittelpunkt. Sein Leben im

Kloster war nicht ohne verantwortungsvolle Aktivitäten. Zweimal, 1425 und 1448, wurde Thomas zum Subprior des Klosters gewählt. Zwischenzeitlich war er Novizenmeister und Prokurator, was ihm weder Freude machte noch von Erfolg gekrönt war. Als verinnerlichter und vergeistigter Mönch liebte er vor allem die Stille, das Schweigen und den Gottesdienst.

Sehr viel Zeit verbrachte Thomas mit dem Abschreiben von Büchern – eine Haupteinnahmequelle für das Kloster. Die Bibel schrieb er viermal ab, wodurch er sie auswendig kannte. Auch ein Messbuch und die Werke von Bernhard von Clairvaux kopierte er. Sein Hauptwerk „Die Nachfolge Christi" schrieb er mehrmals ab. Eine Abschrift aus eigener Hand ist die sogenannte Brüsseler Handschrift von 1441. Sie wird in der Königlichen Bibliothek in Brüssel aufbewahrt.

Die Heilige Schrift wurde für Thomas von Kempen zur Hauptquelle, aus der er schöpfte. Als weitere Quellen verarbeitete er Gedanken und Aussagen von Augustinus, Gregor dem Großen, Bernhard von Clairvaux, Franz von Assisi, Thomas von Aquin und Bonaventura. In all seinen Werken bietet Thomas eine geistlich nachvollziehbare, alltagspraktische Mystik als geistigen Weg an.

Seinem Hauptwerk, der „Nachfolge", liegt kein einheitliches Konzept zu Grunde. Sein Stil besteht eher in der Variation sich wiederholender Themen; seine Sprache ist gewandt, rhythmisch und musikalisch geprägt.

Mit Begeisterung las Thomas von Kempen geistliche Bücher. Sein bekannter Wahlspruch lautete: „In allen

Dingen habe ich Ruhe gesucht, doch fand ich solche nirgends, außer in einem Winkel mit einem Buch" oder, wie es auf Niederländisch heißt, „In en Hoesken met en Boesken". So lautet auch seine Grabinschrift. Thomas von Kempen starb am 25. Juli des Jahres 1471 im Kloster St. Agnetenberg. Seine Gebeine ruhen seit 1897 in der St. Michaeliskirche in Zwolle. Sein Kloster existiert nicht mehr.

„Gabe und Aufgabe – Geistlich leben nach Thomas von Kempen" ist eine Übertragung der „Vier Bücher von der Nachfolge Christi". Diese Übertragung soll nicht als wissenschaftlich genaue Übersetzung gelten. Sie versucht, in einer einfachen und heute verständlichen Sprache – ohne religiöse Überfrachtung – das so überaus kostbare Gedankengut und die Glaubenserfahrungen des Thomas von Kempen zu vermitteln. Dieser Übertragung liegt der lateinische Text der Ausgabe zu Grunde: „Thomae A. Kempis: De Imitatione Christi. Libri quatuor. Apud Joannes Wilhelmum Friessem. Coloniae. Anno 1690". Neben diesem lateinischen Text waren die bekanntesten in deutscher Sprache erschienenen Übersetzungen und Übertragungen eine große Hilfe: zum Beispiel die von J. M. Sailer, Johann Arndt, Guido Görres, Johannes Gossner und Otto Karrer.

ERSTES BUCH

GRUNDLAGEN
FÜR EIN GEISTLICHES LEBEN

Kapitel I
Wegweisung in die Nachfolge Christi

1 *Wer mir nachfolgt, wird nicht in der Finsternis umhergehen* (Johannes 8,12). Christus spricht diese Worte, damit jeder, der sie hört, ermutigt wird, seine Lehre zu beherzigen. Hegt nicht jeder Mensch den Wunsch, von Schatten seines Lebens befreit zu werden, um seinen Weg unbeschwerter, freudiger und lichtvoller zu gehen? Der erste Schritt besteht darin, zu erspüren, wer Jesus war, was er wollte und was er mir in meiner augenblicklichen Lebenssituation sagt.

2 Die Lehre Jesu Christi übertrifft alles an Weisheit und Liebe. Diejenigen, die ihm folgen, werden erfüllt von seinem Geist und fähig, in noch verborgene Geheimnisse des Lebens und des Todes Einsicht zu nehmen. Wie ist es zu erklären, dass viele Menschen die Sehnsucht nach geistlicher Erfüllung nicht besitzen? Wie ist es zu erklären, dass viele Menschen in Eigenentwürfen ihres Lebens verhaftet sind, ohne dem Göttlichen in sich Raum zu gewähren? Und wie ist es möglich, dass auf der anderen Seite viele Menschen, die Jesu Wort verstehen und ihr Leben danach ausrichten, in allen Situationen von seinem Geist und von seiner Liebe getragen werden?

3 Dich intellektuell und theologisch auszurichten hat nur dann einen tieferen Sinn, wenn du gleichzeitig auch Demut übst. Worte allein sind unwesentlich. Werden sie aber von einem entsprechenden gottgefälligen Tun begleitet, wirst du wesentlich. Es ist weitaus wertvoller, Verständnis für einen Menschen zu haben und ihm Liebe zu schenken, als mit ihm einzig und allein über zwischenmenschliche Beziehungen zu debattieren. Was nutzt dir alles philosophische und theologische Wissen ohne das tragende Fundament der Liebe? Denke kurz darüber nach, was du in deinem Leben einst für wichtig hieltest, was du aber inzwischen vergessen hast, weil es vergänglich war. Bleibendes und tiefe Weisheit wirst du erlangen, wenn es dir gelingt, inmitten allem Vergänglichen das Unvergängliche wahrzunehmen.

4 Schätze dich und dein Tun richtig ein. Grenze dich beizeiten ab und hänge dein Herz nicht an das, was dich auf Dauer nicht trägt:
- übertriebener Arbeitseifer, um sich mehr leisten zu können als andere
- Anerkennung suchen und in allem der Erste sein wollen
- sich von falsch gesteuerten sexuellen Begierden bestimmen lassen
- der Sexualität eine zu große Bedeutung einräumen und dem Körper ständig nachgeben
- ausschließlich an das eigene Leben denken und sich so einrichten, als ob es niemals enden würde
- im Jetzt verhaftet sein, ohne ein Weiterleben nach dem Tod einzubeziehen
- Vergängliches an die erste Stelle setzen, ohne Ausschau nach bleibenden Werten zu halten

5 *Alle Dinge sind rastlos tätig, kein Mensch kann alles ausdrücken, nie wird ein Auge satt, wenn es beobachtet, nie wird ein Ohr vom Hören voll* (Kohelet 1,8). Es muss daher für dich Zeiten geben, in denen du dich, besonders dein Herz, von allem Sichtbaren löst und dich dem „Unsichtbaren" zuwendest. Wenn du dein Leben entsprechend einrichtest, wirst du von Dunkelheit befreit, sodass das Licht, Christus, in dir aufgehen kann.

Kapitel II
Sei aufrecht, ohne hochmütig zu sein

1 Fast jeder Mensch hat von Natur aus den Wunsch, Verborgenes zu erkennen, und das Verlangen, sein Wissen zu vergrößern. Doch was nutzt letztlich einem Menschen sein großes Wissen, wenn das immer Seiende – und das ist Gott – nicht darin vorkommt? Ein einfacher Mensch ohne intellektuelle Bildung, der aufrichtig ist und Gott in seinem Herzen trägt, kann ein weitaus besserer Mensch sein als ein hochgebildeter Wissenschaftler, der es unterlassen hat, sein Herz und seine Seele zu kultivieren. Wer aufrichtig ist und sich selbst kennt, wird niemals hochmütig sein. Er weiß sich richtig einzuschätzen und mit Lob und Anerkennung angemessen umzugehen. Wenn du großes Wissen hättest, aber du hättest die Liebe nicht: Wie würdest du dann vor Gott dastehen?

Wenn ich prophetisch reden könnte und alle Geheimnisse wüsste und alle Erkenntnis hätte; wenn ich alle Glaubenskraft besäße und Berge damit versetzen könnte, hätte aber die Liebe nicht, wäre ich nichts (1. Korintherbrief 13,2).

2 Immer und alles gleich wissen zu wollen, lenkt dich vom wirklich Wesentlichen ab. Und ohnehin gibt es viele Bereiche, die durch vordergründiges Wissen und durch Trugschlüsse irritieren. Bei Menschen, die großes intellektuelles Wissen haben, besteht die Gefahr, sich gern ins rechte Licht zu rücken und Anerkennung zu suchen. Viel zu wissen ist zwar lobenswert, doch nur ein geringer Teil des Wissens unterstützt die Entwicklung unserer Seele. Sehr unklug handeln diejenigen, die zwar alles bedenken, doch das Heil ihrer Seele außer Acht lassen. Viele Worte stillen den Hunger der Seele nicht. Ein ausgewogenes Leben aber erfrischt den Geist und stimmt die Seele heiter. Somit kann Vertrauen in das Leben und in Gott wachsen.

3 Je mehr du weißt und eingesehen hast, desto größer ist auch deine Verantwortung für dich selbst und für andere. Erhebe dich daher nicht über andere, sondern sei wegen der dir verliehenen Einsicht eher bescheiden und dankbar. Wenn du auch glaubst, viel zu wissen, so gibt es doch weitaus mehr, was du nicht weißt und auch nicht verstehst.
Sei nicht überheblich. Strebt nicht hoch hinaus, sondern bleibt demütig! Haltet euch nicht selbst für weise! (Römerbrief 11,20 b; 12,16).

Erkenne deine Grenzen und gib zumindest vor dir selbst zu, dass du vieles nicht weißt. Erhebe dich nicht über andere, die vielleicht eine größere Lebenserfahrung haben und wissender sind als du. Wenn du wirklich etwas mehr aus dir machen möchtest, was auch Bestand hat, so halte dich erst einmal bescheiden zurück.

4 Von hohem Wert ist es, sich selbst zu kennen und um seine Grenzen zu wissen. Ein weiser Rat besteht darin, Gutes von anderen zu denken und sie wertzuschätzen und sich selbst nicht in den Mittelpunkt zu stellen. Wenn ein anderer Mensch offenkundig Unrechtes getan hat, so halte dich nicht für besser als ihn. Du weißt nicht, ob du nicht auch in eine ähnliche Situation kommst und wie du dann reagieren wirst. Wir alle haben und machen Fehler. Sprich nichts Schlechtes über andere und richte nicht.

Kapitel III
Wahrheit weist dir den Weg

1 Du kannst dich glücklich schätzen, wenn du eine Verbundenheit spürst zu der Wahrheit, die allem Sein zu Grunde liegt und immer sein wird. Sie möchte dich lehren, dein Leben wahrhaftig zu leben. Orientiere dich daher nicht an flüchtigen Bildern und Worten: Sie sind allzu leicht und schnell austauschbar und

können gänzlich ihren Bezug zur Wahrheit verlieren. Und so können dich auch dein Denken und dein Fühlen täuschen, und deine Sicht reicht nicht weit. Vieles in unserem Leben bleibt verborgen und dunkel, selbst wenn wir lange Erörterungen und Diskussionen darüber führen. Und letztlich werden wir auch nicht danach gefragt, ob wir dieses oder jenes wissen. Es ist besser, unsere Zeit in Nützliches und Notwendiges zu investieren, als sich mit dem zu befassen, was nur unsere Neugier befriedigt.
Augen haben sie und sehen nicht; Ohren haben sie und hören nicht! (Jeremia 5,21 b).

2 Wer aber in der Lage ist, das ewige Wort und die Wahrheit wahrzunehmen, dem bleiben schmerzhafte Umwege erspart. Aus einer Urschwingung, aus einem Wort, ist alles entstanden. *Alles ist durch das Wort geworden und ohne das Wort wurde nichts, was geworden ist. In ihm war das Leben und das Leben war das Licht der Menschen* (Johannes 1,3-4).
Ohne dieses Wort kommt niemand zur Einsicht. Ohne dieses Wort erkennt niemand die Wahrheit. Wer das Eine in allem wahrnimmt, wer alles auf das Eine zurückführt, und wer alles im Licht des Einen sieht, der ist unerschütterlich in Gott verankert und hat in ihm Frieden gefunden.
Du, Herr, bist das Wort, die Wahrheit und das Leben. Berühre mich mit dem Feuer deiner Liebe, damit die Wahrheit mich durchdringt und ich das ewige Leben habe. Nicht durch Lesen und Hören werde ich deine Liebe empfangen, sondern in dir ist alles, wonach mein Herz sich sehnt. Ver-

stummen mögen alle Lehren und schweigen alle Geschöpfe vor dir als der ewigen Wahrheit. Sprich du zu mir.

3 Wenn du mehr und mehr im Einklang mit dir selbst bist und wenn auch deine Innerlichkeit einfach und klar geworden ist, wirst du mühelos und von selbst höhere Dinge einsehen und begreifen. Es ist ein Zustand, in dem das Licht wahrer Erkenntnis dich durchflutet. Keine äußere Bewegung – und mag sie noch so heftig sein – kann deiner Seele etwas anhaben, denn du bist fest in Gott gegründet. Er ist bei allem, was du tust, denkst und fühlst – und immer – in deiner Seele und in deinem Bewusstsein gegenwärtig. Es sind die ungeordneten und unkultivierten Neigungen des Herzens, die ständig versuchen, dich von diesem Weg der Wahrheit abzubringen. Bleibst du jedoch standhaft, wirst du alles, was du äußern möchtest, zunächst in deinem Inneren erwägen. Auf diese Weise werden all deine Handlungen vom bleibenden Fundament in der Tiefe deiner Seele getragen und von der gesunden Vernunft gelenkt. Es bleibt nicht aus, dass du auf diesem Weg manches Hindernis überwinden musst. Im Hinblick auf das Ziel wird es dir jedoch leichter fallen. Du wirst die dir zugedachte Aufgabe lösen, innerlich an Stärke zunehmen und Fortschritte machen.

4 Sei dir in allem immer wieder bewusst: In diesem Leben kann nichts vollkommen sein. Jede Vollkommenheit ist mit irgendeiner Unvollkommenheit gepaart, sodass alles seinen eigenen Schatten hat.

Selbsterkenntnis und Selbsteinschätzung sind weitaus bessere Wege, die zu Gott führen, als wissenschaftliche Nachforschungen. Mit dieser Aussage soll die Wissenschaft keineswegs angegriffen werden: Das reine Wissen um eine Sache ist gut und sicher auch gottgewollt. Den Vorzug jedoch verdient allemal ein von Schlacken befreites und wohlgeordnetes inneres Leben. Weil jedoch viele Menschen mehr Wert auf ihr intellektuelles Wissen legen als auf ihr geistliches Leben, geraten sie leicht in einen Engpass und machen keine Fortschritte, die auf Dauer Bestand haben.

5 Wenn es mehr Menschen gäbe, die – anstatt endlos zu diskutieren – erst einmal an sich selbst arbeiten würden, gäbe es nicht so viel Unheil in der Welt und mehr geistliche Zentren, in denen Menschen ihr Heil finden können. Letztlich werden wir nicht danach gefragt, was und wie viel wir gelesen haben, sondern wie wir gelebt und was wir getan haben. Wir werden nicht danach gefragt, wie schön wir geredet haben, sondern danach, ob durch uns mehr Liebe in die Welt gekommen ist. In jeder Epoche gab es berühmte Lehrer und hervorragende Wissenschaftler. Heute stehen andere Menschen an ihrer Stelle, die ihre Vorgänger längst vergessen haben. Sie waren groß in ihrer Zeit, doch niemand denkt mehr an sie.

6 Wie schnell schreitet die Welt fort und macht vergessen. Was bleibt dir – und wovon kannst du leben, wenn du einmal aus dieser Welt gerufen wirst? Hüte dich vor Einseitigkeit und achte darauf, dass al-

les, was du sagst und denkst, mit deinem Tun in Einklang steht. Frage dich, ob das, was du äußerst und in die Welt bringst, vor Gott Bestand hat. Weil viele Menschen lieber groß als demütig sein wollen, werden sie nichtig in ihren Gedanken und ihren Äußerungen. *Sie verfielen in ihrem Denken der Nichtigkeit und ihr unverständiges Herz wurde verfinstert* (Römerbrief 1,21b).

- Wahrhaft groß ist, wer große Liebe hat.
- Wahrhaft groß ist, wer klein sein kann und wen Ehre und Anerkennung nicht hochmütig machen.
- Wahrhaft weise ist, wer sich inmitten des Vergänglichen an das Unvergängliche hält. *Ich sehe alles als Verlust an, weil die Erkenntnis Christi Jesu, meines Herrn, alles übertrifft. Seinetwegen habe ich alles aufgegeben und halte es für Unrat, um Christus zu gewinnen und in ihm zu sein* (Philipperbrief 3,8-9a).
- Wahrhaft gelehrt ist, wer den Willen Gottes zu seinem eigenen Willen macht.

Kapitel IV
Sei achtsam bei allem, was du tust

1 Glaube nicht jedem Wort und traue nicht jeder Eingebung. Erwäge alles behutsam und mit der nötigen Ruhe. Bist du zu einem Entschluss gekommen, so halte einen Moment inne und stelle dir vor, was der Schöpfer jetzt zu dir sagen würde. Leider urteilen wir vorschnell und tragen Dunkles eher weiter als das Licht – so schwach sind wir. Höre nicht gleich auf jedes Gerede. Und wisse um die Schwäche vieler

Menschen, eher das Böse weiterzutragen als das Gute. Bestimmt hast du selbst erfahren, wie verletzend Gerede sein kann. *Die Zunge ist der Teil, der den ganzen Menschen verdirbt und das Rad des Lebens in Brand setzt* (Jakobusbrief 3,6b).

2 Es ist eine tiefe Weisheit, nicht vorschnell zu handeln und nicht in allem Recht haben zu wollen. Zu dieser Weisheit gehört auch, nicht allem und jedem sofort Glauben zu schenken. Vertraut dir jemand etwas an, so gib es nicht an andere weiter, sondern bewahre es in deinem Herzen. Suche dir einen geistlichen Begleiter, vertraue dich ihm an und sprich mit ihm, wenn du im Unklaren bist. Höre auf seinen Rat und bleibe nicht in deinen eigenen Ansichten verhaftet. Wenn du dich immer wieder auf den Schöpfer ausrichtest, wird dein Leben ein gutes sein, und du wirst reiche Erfahrungen machen. Wenn du Gott deine Mitte sein lässt und im Gebet bereit bist, dich zurückzunehmen, gibst du als Erstes ab, was nicht zu dir gehört. Und andererseits empfängst du tiefere Ruhe und heilsamen Frieden.

Kapitel V
Lesen der Heiligen Schrift und geistlicher Literatur

1 Suche die Wahrheit in der Heiligen Schrift und in geistlicher Literatur; suche nicht Unterhaltung oder Beredsamkeit. Lies jedes Buch in dem Geist, aus dem es entstand. Die Ausdrucksweise soll für dich

nicht das Entscheidende sein, sondern die hilfreiche und heilsame Aussage. Daher nimm durchaus auch einfache geistliche Bücher zur Hand anstatt ausschließlich hochgeistige Literatur. Stelle nicht nur die Bücher eines berühmten Autors in den Mittelpunkt, sondern hole dir auch Rat aus Büchern wenig bekannter Autoren. Entscheidend sei für dich beim Lesen, dass dich die Liebe zur reinen Wahrheit motiviert und du sie wiederum aus den Texten erfährst. Frage nicht lange, wer da etwas sagt, sondern was er sagt, das bedenke.

2 Die Menschen vergehen, aber *die Treue des Herrn währt in Ewigkeit* (Psalm 117,2). Ohne Ansehen der Person spricht Gott zu uns auf vielfache Weise. Unsere Unruhe und Ungeduld hindern uns nur allzu oft beim Lesen. Oder wir halten uns an Stellen auf, die wir nicht verstehen. Wir beginnen zu grübeln und wollen unbedingt begreifen, statt weiterzulesen. Möchtest du, dass dir dein Lesen Gewinn bringt, so lies ohne Vorurteil: einfach und beharrlich, ohne dich für einen Wissenschaftler oder Besserwisser zu halten. Hole dir auch aus den Schriften der Heiligen Rat. *Verachte nicht eine Rede von Alten! Auch sie haben von ihren Vätern gelernt. Denn von ihnen wirst du Einsicht lernen, um zu der Zeit, da es nötig ist, Antwort zu geben* (Jesus Sirach 8,9).

Kapitel VI
Wie kannst du dich bei unguten Neigungen verhalten?

1 Sobald der Mensch etwas leidenschaftlich begehrt, erfasst ihn sofort innere Unruhe. So gibt es Menschen, die niemals Ruhe finden. Wer dagegen wenig oder gar nichts begehrt und alles Kommen und Gehen dem Schöpfer überlässt, der lebt in der Fülle des Friedens. Wer es aber noch nicht gelernt hat, in besonderen Lebenssituationen – vor allem im Gebet – seinen eigenen Willen zurückzunehmen, bei dem besteht die Gefahr, dass ihn bereits kleine Dinge zu Fall bringen. Ein von bestimmten Neigungen abhängiger Mensch wird es schwer haben, sich von seinen Wünschen und Begierden zu lösen. Er wird unwillig, wenn er sich etwas versagen muss, und leicht zornig, wenn ihm jemand in den Weg tritt.

2 Hat ein Mensch, der immer all seinen Begierden nachgibt, auch vordergründig seine Wünsche erfüllt, so drückt ihn doch sein Gewissen. Er hat zwar seiner Leidenschaft nachgegeben, doch den Frieden, den er ersehnt, nicht gefunden. Viele Wünsche dürfen und müssen wir uns erfüllen, die Erfüllung anderer bis zum rechten Zeitpunkt aufschieben, und die Erfüllung wieder anderer Wünsche müssen wir uns gänzlich versagen. Nur in einer guten und kultivierten Ausgewogenheit des Lebens erfahren wir wahren Herzensfrieden. Das Leben vieler Menschen ist leider so sehr veräußerlicht, dass sie keinen inneren Frieden finden.

Würden sie sich dagegen auf einen geistlichen Weg begeben, der nach innen führt, dürften sie sich des Friedens sicher sein, den die Welt nicht geben kann.

Kapitel VII
Erhebe dich nicht über andere

1 *Gesegnet der Mensch, der auf den Herrn vertraut und dessen Hoffnung der Herr ist* (Jeremia 17,7).
Da sich die Dinge dieser Welt ständig ändern, ist es töricht, sich auf sie zu verlassen. Setze auch nicht all deine Hoffnung allein auf die Menschen. Lass Gott, den Vater, den Schöpfer des Himmels und der Erde, deine erste und letzte Hoffnung sein. Schätze dich glücklich, wenn du einen Menschen gefunden hast, auf den du dich verlassen kannst. Wisse aber gleichzeitig, dass du dich auf den Herrn immer und in alle Ewigkeit verlassen kannst. Verlass dich nicht nur auf dich selbst, sondern setze dein Vertrauen auf Gott. Gib von dir aus in allem das Beste, und Gott wird die Sache, die du begonnen hast, und dich selbst weiterführen. Bei allem gesunden Selbstbewusstsein und guter Intuition, die du entwickelt haben magst, baue doch letztlich nicht auf dich allein, auf dein Wissen oder die „Weisheit" eines anderen Menschen. Setze deine Hoffnung und baue auf die Gnade Jesu Christi, die er dir in Fülle zuströmen lassen möchte.

2 *Der Weise rühme sich nicht seiner Weisheit, der Starke rühme sich nicht seiner Stärke, der Reiche rühme sich*

nicht seines Reichtums. Nein, wer sich rühmen will, rühme sich dessen, dass er Einsicht hat und mich erkennt, nämlich dass er weiß: Ich, der Herr, bin es, der auf der Erde Gnade, Recht und Gerechtigkeit wirkt (Jeremia 9,22-23).
Hebe auch deine Freunde, wenn sie Rang und Namen haben, nicht besonders hervor. Schaue auf Gott, der mit seinen Gaben sich selbst dir gibt. Brüste dich nicht mit der Kraft und Schönheit deines Körpers: Schon eine kleine Krankheit genügt, ihn zu entstellen oder ihn zu zerstören. Lass keine Selbstgefälligkeit in dir aufkommen, wenn du über einige gute Charaktereigenschaften verfügst. Du könntest Gott, dem Geber des von Natur aus Guten, missfallen.

3 Halte dich nicht für besser als andere und erkenne beizeiten deine Grenzen. Gott hat dich längst durchschaut. *Jesus brauchte von keinem ein Zeugnis über den Menschen; denn er wusste, was im Menschen war* (Johannes 2,25). Rücke deine guten Werke selbst nicht ins Licht. Vor Gott wirst du wahrscheinlich ganz anders dastehen, als du dich selbst einschätzt oder auch von anderen Menschen eingeschätzt wirst. Hast du einige guten Eigenschaften aufzuweisen, denke daran, dass auch andere sie haben. So bleibst du bescheiden. Es schadet dir nicht, auch einmal einem anderen den Vortritt zu lassen. Aber sehr schädlich kann es schon für dich sein, wenn du dich nur über einen einzigen Menschen erhebst. Im Herzen des Hochmütigen sind immer wieder Eifersucht und Erbitterung – im Herzen des Demütigen wohnt steter Friede.

Kapitel VIII
Hüte dich vor allzu großer Vertraulichkeit

1 Sprich nicht gleich mit jedem über deine persönlichen Angelegenheiten, sondern berate dich mit einem gottnahen Menschen. *Doch achte auf einen Rat des Herzens, denn niemand ist dir treuer als dieses. Denn die Seele eines Mannes regt sich gewöhnlich eher als sieben Späher auf einem Wachturm* (Jesus Sirach 37,13-14).
Sei nicht allzu vertraulich mit Menschen, die wesentlich jünger sind als du. Auch Fremden gegenüber öffne nicht sogleich dein Herz und suche nicht unbedingt die Bekanntschaft mit Menschen, die in der Öffentlichkeit einen Namen haben. Geselle dich eher zu bescheidenen, einfachen und ausgeglichenen Menschen und sprich mit ihnen über das, was aufbaut und zum Guten führt. Sei nicht zu vertraulich, sowohl mit Frauen als auch mit Männern. Wirklich vertraut sei nur mit einem geliebten Menschen, vor allem aber mit Gott und Gott nahen Menschen. Gehe nicht zu viele neue Bekanntschaften ein.

2 Liebe soll man zu allen haben, aber meide zu große Vertraulichkeit. Es kommt vor, dass ein Unbekannter, der einen sehr guten Ruf besitzt, seinen Glanz in deinen Augen verliert und du enttäuscht bist, wenn du ihn persönlich kennengelernt hast. Oft glauben wir, anderen Freude zu machen, indem wir viel mit ihnen zusammen sind und sie oft besuchen. In Wirklichkeit jedoch werden wir ihnen durch das Zuviel lästig, und sie suchen Fehler an uns, um uns fern zu halten.

Kapitel IX
Ja sagen und frei bleiben

1 Wenn wir beten *Dein Wille geschehe wie im Himmel so auf Erden*, erkennen wir den göttlichen Willen an und stellen uns unter seine Führung. Alle haben wir wiederholt die Erfahrung einer Zugehörigkeit gemacht: im Elternhaus, in einer Religionsgemeinschaft, in der Schule, im Beruf ... Allzu oft haben wir uns gewehrt, Vorschriften zu folgen. Unsere Einwilligung geschah mehr aus Zwang als aus Liebe – mit innerer Auflehnung und in Opposition. Doch solltest du es gelernt haben, den Wunsch eines lieben Menschen zu erfüllen und auch innerlich Ja zu sagen – selbst wenn du die Zusammenhänge nicht einsiehst und gegenteiliger Meinung bist. Traue dem anderen eine größere Übersicht zu, und wisse, dass er es unendlich gut mit dir meint. Später wirst du den tieferen Sinn erfassen, dankbar sein und innere Freiheit spüren. Wenn du dagegen vor etwas wegläufst – du magst gehen wohin du willst –, wirst du keine Ruhe finden, denn die unbeantwortete und ungelöste Sache hat dich längst eingeholt. Die Einbildung, es anderswo besser zu haben, hat schon viele getäuscht.

Von hinten und von vorn hast du mich umschlossen,
hast auf mich deine Hand gelegt.
Zu wunderbar ist für mich dieses Wissen,
zu hoch, ich kann es nicht begreifen.
Wohin kann ich gehen vor deinem Geist,
wohin vor deinem Angesicht fliehen?
(Psalm 139,5-7).

2 Es ist angenehm und leicht, sein Leben nach eigenen Entwürfen einzurichten und mit den Menschen zusammen zu sein, die ähnlich denken und fühlen. Lassen wir aber Gott, der in uns wohnt, mit seinem Willen und seiner Liebe in unser Bewusstsein kommen, müssen wir notwendigerweise dann und wann mit unserer eigenen Meinung zurückstehen. Um des größeren Friedens willen wird es dir jedoch nicht schwerfallen. Du kannst aus dir selbst nicht alles wissen. Verlass dich daher nicht einzig und allein auf dich selbst, sondern frage auch andere nach ihrer Meinung und hole dir Rat. Ist deine Ansicht gut, du erfährst jedoch eine bessere andere Ansicht, dann folge dieser, um Gottes Willen zu tun. So wirst du Fortschritte machen.

3 Hast du schon einmal die Erfahrung gemacht, dass es weitaus sicherer ist, auf einen Rat zu hören und ihn anzunehmen, als anderen einen Rat zu erteilen? Lerne es, auch anderen Meinungen zuzustimmen, wenn vernünftige Gründe dafürsprechen. Damit gibst du Eigensinn, Halsstarrigkeit und Hochmut ab.

Kapitel X
Meide überflüssiges Gerede

1 Bleibe Menschenansammlungen mit lärmendem Treiben möglichst fern. Kümmere dich nicht zu sehr oder gar aufdringlich um äußere Angelegenheiten anderer Menschen. Diese Art Gerede ist anste-

ckend und besitzergreifend. Hättest du manches Mal geschwiegen und wärest nicht unter die Leute gegangen – dir würde es besser gehen. Aber warum reden wir so gern über andere und schwatzen miteinander, da wir doch nur selten ohne Belastungen oder Verletzungen des Gewissens zu uns selbst zurückkehren? Wir reden untereinander gern so viel, weil wir Bestätigung suchen und unseren bedrückten Herzen gern Luft machen möchten, um von Sorgen befreit zu werden. Was wir lieben und wünschen, was uns drückt und drängt – davon reden wir gern.

2 Einerseits ist es wichtig, dass wir uns aussprechen und ausdrücken – das aber möglichst nur bei einem Menschen unseres Vertrauens. Andererseits – und das kommt allzu häufig vor – verbauen wir uns durch unser Gerede den Zugang zur heilenden Gnade Gottes. Darum ist das Gebet so wichtig, damit die Zeit nicht ungenutzt vergeht. *Wacht und betet, damit ihr nicht in Versuchung geratet! Der Geist ist willig, aber das Fleisch ist schwach* (Matthäus 26,41).

Sind die Umstände gegeben oder du bist gefragt, so sprich aus deinem Herzen – aber nur das, was trägt und aufbaut. Oft aber bringen es schlechte Gewohnheit und Gleichgültigkeit mit sich, dass wir unseren Mund nicht halten. Ein geistliches Gespräch mit Gleichgesinnten bringt reichen Gewinn und dient dem Fortschritt.

Kapitel XI
Frieden und Fortschritt

1 Es gehört nicht zu unseren Aufgaben, sich mit dem Reden und Tun anderer zu befassen – besonders, wenn es uns nichts angeht. Hielten wir uns daran, könnten wir besser in Ruhe und Frieden leben. Wenn du dich zu viel um Äußerlichkeiten kümmerst und um fremde Belange, anstatt erst einmal bei dir selbst zu Hause zu sein, wirst du keinen tiefen und dauerhaften Frieden erfahren. Selig sind die Einfältigen, denn sie besitzen einen tiefen Frieden.

2 Warum waren viele Heilige so beschauliche und fast vollkommene Menschen? Sie vermochten es, sich von allen irdischen Wünschen zu lösen und aus ganzem Herzen sich Gott hinzugeben und dabei frei für sich selbst zu sein. Viele von uns dagegen lassen sich nur allzu gern und häufig von eigenen unguten Leidenschaften durch und durch in Anspruch nehmen. Wir geben dem Vorübergehenden zu großes Gewicht und zu breiten Raum. Da wir zu wenig an uns selbst arbeiten, gelingt es uns nicht oder kaum, Fehler einzusehen oder gar auszumerzen. Wir sind somit auch nicht motiviert, täglich besser zu werden und Fortschritte zu machen. Und wie viele Menschen bleiben in der Grauzone und Routine ihres Alltags verhaftet?

3 Wären wir innerlich ausgeglichen und hätten die Ruhe, mit der Gott den siebten Schöpfungstag er-

füllt hat, würde uns wesentlich mehr von der göttlichen Strahlkraft einleuchten. Wir würden größere Einsicht in den Plan Gottes gewinnen und seinen Willen besser erkennen. Ein entscheidendes Hindernis auf diesem Weg: Wir binden uns an bestimmte Verhaltensweisen und Leidenschaften, die es uns nicht erlauben, offen und sensibel für Gottes Botschaft zu sein. Oft sind wir auch nicht bereit, den vorgegebenen Weg zu beschreiten – oder wir verlassen ihn bei der geringsten Schwierigkeit wieder und flüchten in alte Bindungen und Abhängigkeiten.

4 Bleiben wir jedoch in all dem, was wir schon erreicht haben oder geschenkt bekamen, standhaft und auf dem Weg: Wir würden die Hilfe des Herrn vom Himmel her kommen sehen (vgl. 2 Chronik 20,17). Die Sehnsucht Gottes ist der Mensch. Tun wir den ersten Schritt und gehen ihm entgegen, wird er uns reich mit dem beschenken, was wir am dringendsten benötigen. Lenken wir jedoch unser Sinnen und Trachten nur auf äußere Dinge, bleibt uns die Tiefe verschlossen und unsere Religiösität wird schnell versiegen. Daher sollten wir alles, was einem geistlichen Wachstum im Wege steht, von uns ablösen, damit der Frieden unserer Seele unser ganzes Sein durchströmen kann.

5 Würden wir jedes Jahr auch nur eine schlechte Eigenschaft ablegen, blieben wir nicht nur auf dem Weg, sondern wir würden auch uns selbst und anderen zu einer größeren Freude werden. Wenn somit der

Anschluss an den Quell allen Lebens dauerhaft wird und Gottesbewusstsein wachsen kann, wird die Sehnsucht Gottes wie auch unsere erfüllt. Haben wir erste Erfahrungen auf diesem Weg gemacht, dürfen wir sicher sein, dass uns die nächsten Schritte leichter fallen und eine große innere Freude uns begleitet.

6 Viele Menschen zögern, den ersten Schritt zu einem fundierten religiösen Leben zu tun. Ihnen fällt es schwer, liebgewordene schlechte Gewohnheiten aufzugeben, aber oft noch schwerer, den eigenen Willen zurückzunehmen, wenn er nicht im Einklang mit dem göttlichen Willen steht. Beginne mit kleinen und leichten Übungen, damit du später größere Schwierigkeiten und Hindernisse besser überwinden kannst. Achte beizeiten darauf, dunklen Kräften, die dich beeindrucken wollen, eine Absage zu erteilen. Wende dich bewusst dem Licht zu und gib damit der Dunkelheit keine Chance, dich zu verschatten. Es muss dir einleuchten: Bist du durch deine Lebensweise ausgeglichen und in Ruhe, wird auch der Friede, den du empfängst und weitergibst, groß sein. Du selbst und deine Mitmenschen werden Freude daran haben. Bleibe auf diesem Weg und achte sorgfältig darauf, dass du weitere geistliche Fortschritte machst.

Kapitel XII
Auch Widrigkeiten helfen weiter

1. Ein Weiser sagt: „Es schadet nicht und ist sogar gut für uns, wenn wir hin und wieder Lebenssituationen begegnen, die Ärger und Verdruss mit sich bringen." Wir möchten am liebsten vor ihnen fliehen. Doch halten wir sie aus und überstehen sie, erkennen wir später häufig, wie wichtig und fördernd sie waren. Widerwärtigkeiten und Gegensätze, auf die wir stoßen, haben oft die Aufgabe, uns zu uns selbst und zu dem, was in uns Bestand hat, zurückzurufen. Uns wird dann bewusst oder wieder bewusst, an wie viel Vergängliches wir erneut unser Herz gehängt haben. Uns wird bewusst, dass wir keine Heimat für immer in dieser Welt besitzen. Selbst wenn wir unberechtigterweise bei anderen Menschen auf Ablehnung stoßen, sollten wir nicht gleich aggressiv werden und versuchen, uns zu rechtfertigen. Bestimmte Lebenssituationen fördern unsere Demut und bewahren uns vor Einbildung. Und so wird es bei jedem von uns immer wieder Durststrecken geben, in denen wir lernen, uns neu auf den Schöpfer auszurichten, um seinen Willen zu spüren und auszuführen. So wachsen wir und unser Herz wird weit.

2. Gib dem Höchsten, Gott, die erste Stelle in deinem Leben und lass alles andere danach folgen. Weil Menschen dich oft nicht verstehen, bleibt dir auch menschlicher Trost versagt. Doch du weißt, wo du zu jeder Zeit Verständnis und Trost finden kannst. Wird

dir nicht umso mehr die Existenz und die Liebe Gottes einleuchten, je mehr du Schweres aushalten musst? Du wirst entdecken, dass du bei Anfechtungen, Missachtungen deiner Person und Schmerzen, in Versuchungen, in Bedrängnis und bei dunklen Gedanken und Prüfungen nichts vermagst, wenn du nicht die liebende Zuwendung Gottes annimmst. Du musst ihn suchen, denn er drängt sich dir nicht auf.

Ich bin der Weinstock, ihr seid die Reben. Wer in mir bleibt und in wem ich bleibe, der bringt reiche Frucht; denn getrennt von mir könnt ihr nichts vollbringen (Johannes 15,5). Du bist traurig, seufzt und klagst, empfindest das Leben als einzige Last, du bist in Not, in seelischer Bedrängnis, hast Schmerzen und wünscht dir den Tod – gerade diese Grenzerfahrungen binden dich umso stärker an Christus, wenn du ihm innerlich Raum gewährst und ihm im Gebet deine Zeit schenkst. Du erkennst umso eindeutiger, dass es letzte Sicherheit und vollkommenen Frieden in der Welt nicht geben kann. Setze daher dein Vertrauen weder auf dich selbst noch auf die Welt, sondern auf Gott. Er hat dich aus großer Not errettet und wird es weiter tun. Setze daher deine ganze Hoffnung auf ihn (vgl. 2. Korintherbrief 1,9-10).

Kapitel XIII
Versuchungen aushalten und widerstehen

1 Solange wir in dieser Welt leben, können wir nicht ohne Angst und Anfechtungen sein. Daher sollte jeder immer wieder sein Augenmerk auf das richten,

was ihn zu Fall bringen kann. Er sollte wach sein und beten, denn *der Teufel geht wie ein brüllender Löwe umher und sucht, wen er verschlingen kann* (1. Petrusbrief 5,8). Kein Vollkommener ist so vollkommen, kein Heiliger so heilig, dass er nicht immer wieder zum Bösen versucht würde. Mensch sein ohne jede Versuchung – das ist unmöglich.

2 Wenngleich Anfechtungen von Zeit zu Zeit notwendig sind, weil wir durch sie erprobt, geläutert und erzogen werden, so sind sie doch lästig und machen uns schwer. Fast alle Heiligen sind durch viele Ängste und zahlreiche Anfechtungen gegangen und sind durch sie gereift. *Sie stärkten die Seelen der Jünger und ermahnten sie, treu am Glauben festzuhalten; sie sagten: Durch viele Drangsale müssen wir in das Reich Gottes gelangen* (Apostelgeschichte 14,22). Diejenigen aber, die den Versuchungen und Anfechtungen nicht standhielten, erlitten großen Schaden an ihrer Seele. Keine menschliche Gemeinschaft – und sei sie noch so vollkommen – und kein Ort – und sei er noch so abgelegen – sind sicher vor Versuchungen und Widerwärtigkeiten.

3 Kein Mensch ist zeitlebens völlig frei von Anfechtungen. Den Keim hierzu müssen wir schon mit auf die Welt gebracht haben. Ist eine Versuchung überstanden, bedrängt uns schon eine zweite. Ganz ohne Leid ist das Leben in dieser Welt nicht vorstellbar, denn irgendwann muss der Mensch das Gut seiner Glückseligkeit, die Urstandsgnade, verloren haben.

Viele suchen den Anfechtungen zu entfliehen, anstatt ihnen zu widerstehen. Dadurch geraten sie nur noch tiefer in die Versuchungen hinein. Durch Flucht erreichen wir also das Gegenteil. Beständigkeit, Geduld und wahre Demut jedoch machen uns stärker als all unsere Feinde.

4 Wer den Versuchungen nur äußerlich aus dem Wege geht und ihre Wurzel nicht ausrottet, bewirkt letztlich nichts. Denn die Versuchung kehrt nur umso rascher zurück, und du wirst sie umso schmerzlicher spüren. Nur ganz allmählich, durch Geduld und Langmut, wirst du mit Gottes Hilfe die Oberhand gewinnen und die Anfechtungen leichter überwinden als mit eigenwilliger Härte und Gewalt. Bist du heftigen Anfechtungen ausgesetzt, hole dir Rat. Erlebst du jemand anderen in einer versucherischen Situation, sei nicht hart zu ihm, sondern behandle ihn so, wie du in der gleichen Lage behandelt werden möchtest.

5 Der Ursprung aller Anfechtungen ist Unbeständigkeit und mangelndes Gottvertrauen. Denn wie ein Schiff ohne Steuermann von den Wogen hin und her getrieben wird, so wird ein nachlässiger Mensch, der seinem Vorsatz untreu wird, auf vielfache Weise versucht. *Denn im Feuer wird Gold geprüft und die anerkannten Menschen im Schmelzofen der Erniedrigung* (Jesus Sirach 2,5).
Oft wissen wir selbst nicht, was wir können, aber was wir sind, zeigt die Versuchung. Daher sieh dich besonders am Beginn einer Anfechtung vor. Du wirst

den Feind leichter überwinden, wenn du ihm jeglichen Zutritt in deine Gedanken- und Gefühlswelt verwehrst. Tritt ihm bereits auf der Schwelle, beim bloßen Anklopfen, entgegen. So mahnte auch ein Dichter (Ovid): *Den Anfängen biete die Stirn, zu spät wird sonst die Arznei bereitet, wenn das Übel schon lange währt und sich verfestigt hat.*

Anfangs ist es oft nur ein leiser Gedanke, der dir in den Sinn kommt; dann wird daraus eine lebhafte Vorstellung. Zu dieser Vorstellung gesellt sich starke Lustempfindung und der Wunsch, es zu tun. Die immer größer werdende Begierde führt schließlich zur Einwilligung. Wenn dein Wille Ja gesagt hat, gewährst du der Anfechtung Einlass, und die ihr innewohnende zerstörerische Kraft nimmt allmählich ganz Besitz von dir. Je länger du zögerst, Widerstand zu leisten, umso schwächer wirst du von einem Tag zum anderen – während dein Feind zur gleichen Zeit umso stärker wird.

6 Viele Menschen haben am Beginn ihres geistlichen Weges mächtige Anfechtungen zu bestehen, andere erst am Ende ihres Lebens, und wieder andere leiden ihr ganzes Leben lang darunter. Es gibt jedoch auch viele Menschen, die mehr oder weniger verschont bleiben und vom Leben fast freundlich behandelt werden. Warum das so ist, bleibt ein Geheimnis. Verstehbare Zusammenhänge sind für uns noch verborgen in der Weisheit Gottes. Doch dürfen wir glauben, dass er letztlich alles aus Liebe zu uns und zu unserem Heil geordnet hat.

7 Gerade dann, wenn wir versucht werden, dürfen wir den Mut nicht sinken lassen. Rufe im Gebet seinen Namen an und bitte ihn um Beistand. *Noch ist keine Versuchung über euch gekommen, die den Menschen überfordert. Gott ist treu; er wird nicht zulassen, dass ihr über eure Kraft hinaus versucht werdet. Er wird euch mit der Versuchung auch einen Ausweg schaffen, sodass ihr sie bestehen könnt.* (1. Korintherbrief 10,13). *Beugt euch also in Demut unter die mächtige Hand Gottes, damit er euch erhöht, wenn die Zeit gekommen ist. Werft all eure Sorge auf ihn, denn er kümmert sich um euch* (1. Petrusbrief 5,6-7).

8 Anfechtungen, Drangsale und Prüfungen sind starke Herausforderungen. Durch sie kannst du an dir ablesen, ob du auf deinem geistlichen Weg zum Guten fortgeschritten bist. Du kannst den Fortschritt daran erkennen, dass sich dir neue innere Werte erschließen und verborgene gute Kräfte in dein Bewusstsein und damit ans Tageslicht kommen. Es ist nichts Großes, in unbelasteten Lebenssituationen deinem Glauben treu zu sein. Bist du jedoch in Stürmen standhaft, hast du viel gewonnen, und du darfst auf ein Vorankommen hoffen. Manche Menschen bleiben zwar von großen Versuchungen bewahrt, doch machen ihnen oft kleine und alltägliche Dinge schwer zu schaffen. Auch diese Herausforderungen bewirken – wenn sie gut durchgestanden werden – Wachstum.

Kapitel XIV
Urteile nicht voreilig über andere

1 Schaue erst einmal auf dich selbst und dein Inneres, und enthalte dich des Urteils über das Tun anderer. Ist dir bewusst, wie leicht du dich irren kannst und einem anderen Menschen schadest, wenn du ihn vorschnell und unreflektiert beurteilst? Was weißt du schon über sein Leben und seine Beweggründe? Wenn du dich dagegen selbst erforschst, wird es segensreich für dich sein. Gewöhnlich färbt unsere Zu- oder Abneigung auf unser Urteil ab, denn wir beurteilen eine Sache gern so, wie unser Herz für sie gestimmt ist. Das trübt den Blick für das rechte Urteil. Nähmen wir Gott, unseren Vater, des Öfteren in unseren Blick und in unser Herz, würden uns sogenannte Widrigkeiten anderer Menschen nicht so leicht aus der Fassung bringen.

2 Zum Teil sind wir so sehr in uns selbst verhaftet, dass sowohl eine innere Einstellung als auch äußere Einflüsse unseren Blick für das Wahre verschleiern. Viele Menschen suchen in allem, was sie denken und tun, nur sich selbst – jedoch merken sie es nicht. Solange die Dinge des Lebens nach ihrem Willen, nach ihren Wünschen und Vorstellungen verlaufen, scheinen sie völlig zufrieden zu sein. Sobald es jedoch anders kommt als sie es sich wünschen, werden sie ungehalten oder sie lassen den Kopf hängen und werden traurig. Da Ansichten und Meinungen auseinander gehen, entstehen oft auch unter Familienange-

hörigen, Verwandten, Freunden und Nachbarn sowie auch unter Priestern, Ordensfrauen und Ordensmännern Missverständnisse und Unstimmigkeiten.

3 Eine alte und tief verwurzelte Gewohnheit gibt man schwerlich auf. Niemand sieht es gern, dass man ihn weiter führt, als sein Horizont reicht. Wer sich auf seine eigene Kraft, Einsicht und Vernunft mehr verlässt als auf die tragende, alles durchströmende Kraft der Liebe Jesu Christi, dem werden kaum oder erst sehr spät die Wahrheit und das wahre Wesen einleuchten. Der Schöpfer möchte, dass wir uns immer wieder ihm ganz hingeben und durch seine Liebe die engen Grenzen unseres Bewusstseins überschreiten.

Kapitel XV
Aus Liebe handeln

1 Um nichts in der Welt, und keinem Menschen zuliebe, darfst du etwas Unrechtes oder gar Böses tun. Aus Liebe zu deinem Nächsten jedoch, der Hilfe nötig hat, kannst du ein anderes gutes Werk, das du begonnen hast, unterlassen oder es in die neue geforderte Situation einbeziehen. Somit brauchst du deine gute Absicht nicht aufzugeben. Im Gegenteil: Sie wird noch wertiger, da du dich aus Liebe spontan einem anderen Menschen zuwendest und ihm das gibst, was er am dringendsten braucht. Ohne Liebe kann letztlich nichts gelingen. Was aber aus Liebe geschieht – und sei es noch so klein und gering –, ist

immer groß und bringt reiche Frucht. Gott sieht mehr auf die Gesinnung, die dein Tun beseelt, als auf deine Leistung.

2 Wer viel Liebe hat, der kann auch vieles vollbringen. Er macht seine Sache recht. Und wer seine Sache recht macht, der handelt nicht aus begrenztem Eigenwillen, sondern aus einem göttlichen Impuls – zum Wohle für sich, für andere und für die gesamte Schöpfung. Oft scheint etwas aus liebendem Herzen zu kommen, in Wirklichkeit ist es jedoch nur ich-süchtiges Verlangen. Denn allzu schnell sind Bequemlichkeit, Eigenwille und Vergeltung mit im Spiel.

3 Wer wirkliche und wahre Liebe besitzt, sucht niemals sich selbst, sondern in allem zuerst das Du des anderen und damit das Du Gottes. *In Demut schätze einer den andern höher ein als sich selbst. Jeder achte nicht nur auf das eigene Wohl, sondern auch auf das der anderen* (Philipperbrief 2,3b-4).
Wer in dieser und aus dieser Liebe lebt, beneidet niemanden, sucht keine Vorteile für sich allein und teilt auch seine eigene Freude mit anderen. Zu Gott nimmt er immer wieder seine Zuflucht; Gott ist zu seiner Mitte geworden und aus ihm lebt er. Er weiß, dass die Schöpfung aus dem Quell alles Guten hervorgegangen ist und die Sehnsucht hat, dorthin zurückzukehren. Gott ist das Ziel, in dem einmal alle und alles Ruhe, tiefen Frieden und letzte Seligkeit finden werden. Wenn du auch nur einen Funken wahrer Liebe hast, weißt du, wie vergänglich die sichtbare Welt ist

und wie unvergänglich die unsichtbare Welt, Gott, der in deiner Seele wohnt.

Kapitel XVI
Lerne, die Fehler der anderen zu ertragen

1 Was der Mensch an sich selbst und an anderen nicht bessern kann, das muss er mit Geduld tragen, bis Gott es anders fügt. Bedenke, dass nur so deine Geduld wächst und du dich in der Bewährung erproben kannst. Wende dich bei allem, was dir hinderlich im Wege steht, zuerst an Gott mit der Bitte, dass er dir helfen möge, die Dinge zu lösen oder zu ertragen.

2 Hast du durch Hilfe oder Ermahnung bei einem anderen Menschen nichts erreicht, so dränge dich ihm weder auf noch setze dich mit ihm auseinander. Stelle alles Gott anheim und bitte, dass sein Wille geschehe und Ihm durch alle und alles Ehre erwiesen wird. Er wird – und darauf darfst du hoffen – Dunkles in Licht und Böses in Gutes wandeln. Aus dieser Haltung großen Vertrauens wird es dir leichter fallen, die Fehler und Schwächen anderer geduldig zu ertragen. Hast nicht auch du vieles an dir, was andere ertragen müssen? Wenn es dir selbst nicht einmal gelingt, so zu sein, wie du es möchtest, wie kannst du dann einen anderen nach deinen Wünschen prägen wollen? Wir sähen es gern, dass die anderen ohne Fehler sind – die eigenen Fehler aber wollen wir nicht ablegen.

3 Wir sähen es gern, dass andere streng zurechtgewiesen würden – wir selbst wollen uns jedoch von niemandem etwas sagen lassen. Uns missfällt, wenn andere Menschen sich alles erlauben dürfen, die eigenen Wünsche aber wollen wir erfüllt sehen. Andere sollen in Schranken gehalten werden, bei uns selbst jedoch dulden wir keine Einschränkung. Das beweist, dass wir bei uns und den Nächsten häufig verschiedene Maßstäbe anlegen. Wenn alle vollkommen wären: Was könnten wir dann noch von unseren Mitmenschen lernen?

4 Gott aber hat es so gefügt, dass wir lernen, einer des anderen Last zu tragen (vgl. Galaterbrief 6,2). Denn niemand von uns ist ohne Fehler, niemand ohne Belastung, niemand genügt sich selbst und niemand hat Kraft und Weisheit in Fülle. Daher sollten wir uns gegenseitig ertragen, trösten, beistehen, belehren und ermahnen. Wie innerlich gefestigt ein Mensch ist, zeigt sich in Wahrheit erst, wenn er herausgefordert wird. Herausforderungen werden uns jedoch nicht schwächen: Sie zeigen, wer und wie wir wirklich sind.

Kapitel XVII
Vom klösterlichen Leben

1 Möchtest du mit Gleichgesinnten in einer Gemeinschaft in Frieden und in Eintracht leben, musst du lernen, dich in vielen Dingen zurückzunehmen. Es ist nicht einfach, in ein Kloster oder eine Ordensgemeinschaft einzutreten, die Freude des Anfangs zu bewahren und bis zum Tod den Ordensregeln treu zu bleiben. Derjenige, der nicht aus Weltflucht oder Angst vor einer Du-Beziehung, sondern aus tiefer innerer Überzeugung und Berufung diesen Weg geht und bis zum Ende geht, darf sich glücklich schätzen. Willst du deinem einmal gegebenen Ja treu bleiben und innerlich im Glauben Fortschritte machen, so betrachte dich als einen Pilger auf Erden. Du musst demütig und bescheiden werden, wenn du ein Ordensleben führen willst.

2 Ordenstracht und Haarschnitt haben wenig zu bedeuten. Liebe zu Christus, der Kirche und zu allen Menschen, verbunden mit einem geistlichen Leben, zeichnen wahre Ordensleute aus. Wer in einer klösterlichen Gemeinschaft etwas anderes sucht als nur Gott, das Heil seiner Seele und das aller Menschen, findet nichts als Schwierigkeiten. Er kann den Frieden seiner Seele nur erreichen und bewahren, um auch jetzt und später andere daran teilnehmen zu lassen, wenn er immer wieder unter allen den letzten Platz wählt und bereit ist, sich vom Geist Gottes führen und leiten zu lassen. *Denn es ist der Wille Gottes, dass ihr durch eure*

guten Taten die Unwissenheit unverständiger Menschen zum Schweigen bringt (1. Petrusbrief 2,15).

3 Zu dienen bist du eingetreten, nicht zu herrschen. Berufen bist du, einen geistlichen Weg zu gehen – auch stellvertretend für andere. Äußerlichkeiten und Geschwätz haben hier keinen Platz. *Ein wenig nur werden sie gezüchtigt; doch sie empfangen große Wohltat. Denn Gott hat sie geprüft und fand sie seiner würdig. Wie Gold im Schmelzofen hat er sie erprobt und wie ein Ganzopfer sie angenommen* (Weisheit 3,5-6).

Wer sich nicht aus Liebe zu Gott aus ganzem Herzen im Gebet und in der Arbeit ihm, dem Schöpfer des Himmels und der Erde, hingeben kann, wird nicht lange in einem Kloster oder einer Ordensgemeinschaft bleiben.

Kapitel XVIII
Weisheit der Kirchenväter

1 Die Schriften der Kirchenväter sind wahre Kostbarkeiten. Aus diesen christlichen Quellen sollten wir immer wieder schöpfen und neue Glaubenskraft gewinnen. Es gab und gibt Zeiten in der Kirchengeschichte, die arm sind an hervorragenden Persönlichkeiten und damit auch an Weisheitsliteratur. Doch das Leben und die Werke großer Gottesfreunde haben uns auch über die Jahrhunderte hin immer noch viel und Wesentliches zu sagen. Wie die Apostel nahmen auch viele ihrer Nachfolger bis heute große Mühen und Schwierigkeiten auf sich, um Christus treu zu bleiben.

Ich erdulde Mühsal und Plage, viele durchwachte Nächte, Hunger und Durst, häufiges Fasten, Kälte und Nacktheit (2. Korintherbrief 11,27).

2 Viele große Persönlichkeiten der Kirchengeschichte haben schwere Schicksale erdulden müssen, weil sie sich zu Christus bekannten und ihm nachfolgten. Oft mussten sie sogar das irdische Leben aufgeben, um das ewige Leben zu gewinnen. *Wer sein Leben liebt, verliert es; wer aber sein Leben in dieser Welt gering achtet, wird es bewahren bis ins ewige Leben. Wenn einer mir dienen will, folge er mir nach* (Johannes 12,25-26a).
Ein strenges und entsagungsvolles Leben haben die Wüstenväter geführt. Anhaltend und schwer waren die Versuchungen, die sie zu ertragen hatten. Und immer und immer wieder riefen sie im einfachen Gebet zu Gott, dass er ihnen beistehen möge und ihr Herz weit mache. Sie wussten um die Schwächen der Menschen und gaben sich gegenseitig und den vielen, die zu ihnen kamen, Rat, Ermahnung und Halt. Ihr ganzes Fühlen, Denken und Tun war ausgerichtet auf Gott. Am Tage arbeiteten sie schweigend – innerlich jedoch durch das Gebet mit Christus verbunden. Nachts gönnten sie sich nur wenig Schlaf, da sie über Stunden beteten.

3 Jede Stunde haben die Wüstenväter genutzt, um im geistlichen Leben fortzuschreiten und eine dauernde Verbindung zum Schöpfer aufzubauen. Sie erreichten Sammlung und Versenkung mit dem hesychastischen Gebet, dem Ruhegebet. Jede Bindung an die äußere Welt hatten sie aufgegeben und lebten nur mit dem, was sie am nötigsten brauchten. In den Augen der Welt waren sie arm, vor Gott aber reich.

4 Der Welt waren sie fremd, Gott aber standen sie nahe wie vertraute Freunde. Das Schweigen gehörte zu ihren großen Eigenschaften, denn sie sprachen nur, wenn sie gefragt wurden. Sie ordneten sich in wahrer Demut und schlichtem Gehorsam den Gesetzen der Natur und denen Gottes unter. Durch ihre Liebe und Geduld vertiefte sich ihr geistliches Leben von Tag zu Tag, sodass viele Menschen zu ihnen kamen und um Rat und Lebenshilfe baten. Die Weisheit der Wüste konnte nicht nur damals die Fragen des Lebens beantworten. Sie ist heute ebenso in der Lage, Menschen zu helfen, sich selbst besser kennenzulernen und den Weg zu einem geistlichen Leben zu finden.

5 Wir sind dankbar für das hohe geistige Gut, das uns die Wüstenväter und in späterer Zeit auch viele Ordensgründer und Frauen und Männer, die ein tief geistliches Leben führten, hinterlassen haben. Ihre Werke sprechen zu allererst und immer wieder von der Hingabe im Gebet, dann vom inneren Wachstum des Menschen und von der unendlichen Liebe Gottes, die er allen schenkt, die sich danach sehnen. Wie sehr darf sich jemand glücklich schätzen, der einen alten christlichen Meister des Gebetes gefunden hat, der ihm ins Herz spricht und dem er bedenkenlos und freudig folgen kann. Um auf dem geistlichen Weg zu

bleiben und noch größere Fortschritte zu machen, ist es ratsam, sich Menschen anzuschließen, die auf dem gleichen oder einem ähnlichen Weg sind.

6 Es gibt Menschen, die zwar die Sehnsucht nach einem gotterfüllten Leben haben, den ersten Schritt in diese Richtung jedoch niemals tun. Manch andere wiederum, die ihren Weg gefunden haben, verlassen ihn bald wieder, da die Liebe und der Eifer des Anfangs nachlassen und ihre Erwartungen nicht schnell genug eintreffen. Sie bleiben oft ihr ganzes Leben lang Suchende. Die Routine, die Mittelmäßigkeit und der Zwang des Alltags halten viele Menschen davon ab, sich tieferen Lebensfragen zu stellen und neben ihrem Engagement in der Welt auch ein geistlich-religiöses Leben zu führen.
Möge bei dir die Sehnsucht nach Gotteserfahrung nicht einschlafen oder durch Vordergründiges überschattet werden. Mögest du Menschen oder Schriften finden, die dich bestätigen und dich auf deinem geistlichen Weg unterstützen, ermahnen und weiterführen.

Kapitel XIX
Übungen zur Leib- und Seelsorge

1 Das innere Leben eines Menschen drückt sich in seinem äußeren Erscheinungsbild aus. Ja, in seinem Inneren sollte ein noch größerer Reichtum sein, als nach außen hin sichtbar wird. *Wenn du sagst: Wir haben davon nichts gewusst! – hat er, der die Herzen prüft,*

keine Kenntnis? Hat er, der über dich wacht, kein Wissen?
(Sprichwörter 24,12).
Gib ihm, deinem Schöpfer, der dich durch und durch kennt, überall die Ehre. Vor ihm kannst du nichts verbergen. Gehst du einen geistlichen Weg und versuchst, deinen Glauben zu leben, dann habe auch den Mut, deine inneren Erfahrungen nach außen hin kundzutun. Handle, wie du denkst, und denke, wie du fühlst. Fühle, wie es der Wahrheit entspricht, die der Schöpfer dir eingibt. Jeden Tag kannst du einen neuen Anfang machen, indem du Körper, Geist und Seele auf Gott ausrichtest, um dich ganz von seinem Licht und seiner Wahrheit durchdringen zu lassen. Setze oder stelle dich aufrecht. Öffne deine Hände – stellvertretend für dein Herz und deine Seele – und bete: „Mein Herr und mein Gott, du weißt alles von mir und du kennst mich. Viel habe ich getan, das in deinen Augen nichtig ist. Unterstütze meine guten Vorsätze und gib mir heute einen neuen Anfang."

2 Wichtig für unser geistig-seelisches Wachstum und für die Gesundheit unseres Körpers ist die Erkenntnis, dass der erste Schritt von uns selbst getan werden muss. Er besteht darin, in Hingabe Ja zu sagen zu dem, was Gott mit uns vorhat. Entschließe dich, die dritte Vaterunser-Bitte aufrichtig, lebenswahrhaftig und immer wieder aus der Tiefe deines Herzens zu beten. Es ist gut, diese Gebetsweise auch körperlich durch Gesten, die dir entsprechen, zu unterstützen. Bist du bereits auf dem Weg, bleibst aber deinen Vorsätzen nicht treu, sind die Folgen gravierender,

als wenn du überhaupt nicht begonnen hättest. Deine gute Absicht jedoch wird vom Schöpfer unterstützt und er führt dich weiter. Du darfst in allem auf seine liebende Zuwendung hoffen und dich ganz auf ihn verlassen. *Des Menschen Herz plant seinen Weg, doch der Herr lenkt seinen Schritt* (Sprichwörter 16,9).
Ich weiß, Herr, dass der Mensch seinen Weg nicht zu bestimmen vermag, dass keiner beim Gehen seinen Schritt lenken kann (Jeremia 10,23).

3 Kannst du eine gewohnte Gebetsübung für Leib und Seele nicht durchführen oder du musst sie unterbrechen, weil jemand dringend deine Hilfe und Zuwendung benötigt, so hole sie zu einem späteren Zeitpunkt nach. Unterlässt du dagegen die Gebetsübung aus Überdruss oder Nachlässigkeit und wirst somit deinem Vorhaben untreu, wirst du nach kurzer Zeit bemerken, dass dir etwas sehr Wesentliches fehlt. Selbst wenn du dein Möglichstes tust, werden sich immer wieder Fehler einstellen. Führe daher in bestimmten Zeitabständen ein Gespräch mit einem gottnahen Menschen, der den Weg, mit Leib und Seele zu beten, ebenso geht. Versuche mit ihm zusammen Ordnung in dein inneres und äußeres Leben zu bringen. Dann wird wie von selbst dein inneres Gebet im Einklang stehen mit den dazugehörigen äußeren Bewegungsabläufen. Gemeinsam ist es wesentlich leichter, Hindernisse zu überwinden und neuen Elan zu bekommen, um engagiert weiterzumachen.

4 Es ist empfehlenswert, sich zweimal am Tag zum Gebet zurückzuziehen – am Morgen und am Abend. Am Morgen legst du durch dein Gebet die Dunkelheit der Nacht ab, die Müdigkeit und eventuelle Traumbilder. Das Gebet schenkt dir Wachheit, Elan für den vor dir liegenden Tag und entsprechend gute Vorsätze. Am Abend befreit dich dein Gebet von den Eindrücken des Tages und schenkt dir die nötige Ruhe und Ausgeglichenheit für einen gesunden Schlaf. Der Tagesablauf zieht noch einmal an dir vorüber, und du erkennst, wo und wie du besser hättest handeln können. Bitte Gott um Vergebung, wenn du ihn bei deinem Tun außer Acht gelassen hast.

Einige Hinweise für den Tag möchten dir helfen, ihn leichter, besser und heiterer zu bestehen.

- Die Zeit deines persönlichen Gebetes am Morgen und am Abend sollte mindestens fünfzehn bis zwanzig Minuten betragen. Wähle eine Gebetsform, die dich in tiefe Ruhe und in ein Schweigen vor Gott führt.
- Sorgfältig ausgewählte Atem- und Leibesübungen fördern die Tiefe und die Wirksamkeit deines Betens. Du kannst sie vor oder nach deinem Gebet anwenden. Sie lösen Spannungen, verhelfen dir zu einer besseren Gesundheit und machen den Weg frei für intensivere Glaubenserfahrungen.
- Sei an Wochentagen niemals ganz ohne Arbeit.
- Überdenke dein Konsumverhalten und suche nicht nach immer größer werdenden Befriedigungen.
- Warte in allem den rechten Zeitpunkt ab und dränge dich anderen nicht auf.

- Passe deine Ernährung und deine Sexualität deiner spirituellen Entwicklung an.
- Gib deinem Körper das, was er braucht, und vernachlässige ihn nicht.
- Setze in der Erfüllung deiner Aufgaben Prioritäten. Wisse aber, dass du nicht alles leisten kannst.
- Versuche, Probleme aktiv anzugehen, dich Konflikten zu stellen und neue Spannungen zu vermeiden.
- Lote immer wieder deine Standfestigkeit und deine Mitte aus und finde Wege, sie zu bewahren.
- Suche das Licht und halte dich nicht allzu lange in der Dunkelheit auf.
- Sorge für einen erholsamen Schlaf, teile deine kostbare Zeit richtig ein und lebe einen gesunden Wechsel von Ruhe und Aktivität.
- Finde Möglichkeiten, Aggressionen, Ärger, Enttäuschungen oder sonstige aufgestaute negative Energien kreativ freizusetzen. Achte darauf, dass niemand unter dir zu leiden hat.
- Entwickle oder bewahre ein gesundes Selbstbewusstsein und gleichzeitig eine angemessene Bescheidenheit.
- Schleichen sich dunkle Gedanken ein und nehmen sie überhand, wende dich sofort dem inneren Gebet zu und wiederhole – ohne die Zunge und die Lippen zu bewegen – oftmals den Namen „Jesus Christus" oder eine Bitte um sein Erbarmen.

5 Einige der genannten Übungen gehen nur dich allein etwas an. Sprich daher hierüber weder in

der Öffentlichkeit noch praktiziere sie, wenn sie sichtbar werden, vor anderen. Du kannst selbstverständlich nicht alle Übungen ausführen. Suche daher diejenigen aus, die deiner jetzigen Lebenssituation angemessen sind. Sei konstant und gewissenhaft im Üben, das heißt, bleibe einige Wochen bei den Übungen, bis du sie eventuell durch andere ersetzt. Das innere Gebet jedoch möge dich ein Leben lang begleiten.

6 Bist du nicht zufrieden mit den Auswirkungen deines Betens und den dazugehörigen Übungen, ist es empfehlenswert,
- mit einem geistlichen Begleiter darüber zu sprechen,
- vor den hohen Festtagen dich zurückzuziehen, um deine Vorsätze zu erneuern,
- nach dem inneren Gebet, dem Gebet der Ruhe, einen Heiligen, der dir besonders nahesteht, oder einen Verstorbenen aus deiner Familie anzurufen und ihn zu bitten, er möge Fürsprache bei Gott für dich einlegen,
- dir von einem Fest zu einem anderen Fest ein bestimmtes Ziel zu setzen und durchzuhalten,
- des Öfteren daran zu denken, dass unser Leben mit körperlicher und geistiger Gesundheit nicht selbstverständlich ist und nicht immer währt.

7 Nutze in allem die Zeit, dich vorzubereiten auf die große Herrlichkeit, die sich dir einmal offenbaren möchte. *Ich bin nämlich überzeugt, dass die Leiden der gegenwärtigen Zeit nichts bedeuten im Vergleich zu der*

Herrlichkeit, die an uns offenbar werden soll (Römerbrief 8,18).
Jede Stunde deines Lebens ist kostbar. Fülle sie mit Wesentlichem, sodass du Proviant sammelst, von dem du leben kannst, wenn deine Reise weitergeht.
Selig der Knecht, den der Herr damit beschäftigt findet, wenn er kommt! Wahrhaftig, ich sage euch: Er wird ihn über sein ganzes Vermögen einsetzen (Lukas 12,43 f.).

Kapitel XX
Liebe die Einsamkeit und Stille

1 Es wird dir guttun und deinen Glaubensweg unterstützen, wenn du dich von Zeit zu Zeit in die Stille zurückziehst. Führe dir all das vor Augen, was du an Gutem in deinem Leben erfahren hast. Schau auch auf das Leben der Menschen, für die du Verantwortung mitträgst. Danke Gott für all das Gute, das du dir in Erinnerung rufst. Nimm in der kostbaren Zeit deiner Stille so wenig neue Eindrücke auf wie möglich. Wenn du lesen möchtest, schau in einen geistlichen Text, der dich aufbaut, und lass alles beiseite, was deine Neugier wecken könnte. Es ist wichtig, von der Oberfläche durch Schweigen nach innen zu gehen. Entziehe dich daher in dieser Zeit jedem überflüssigen Reden, laufe nicht wahllos und gelangweilt herum, lasse dich auf sogenannte Neuigkeiten und Gerüchte nicht ein und widme dich in der gewonnenen Zeit dem Gebet, der Meditation und den entsprechenden Übungen. Du darfst dich auch gern an großen Persönlichkeiten

orientieren, die immer wieder in die Stille gingen, um dort wesentlich zu werden und Kraft zu sammeln für neue Aufgaben.

2 „Sooft ich unter Menschen weilte, war ich beim Heimgehen weniger Mensch", sagt Seneca (Brief 7). Machen wir nicht oft dieselbe Erfahrung nach langen Unterhaltungen? Schweige lieber, als dass du zu viel redest, denn es ist nicht einfach, beim Reden das rechte Maß zu finden. Möchtest du, dass deine Innerlichkeit schneller zur Entfaltung kommt, ziehe dich oft in die Stille zurück und meide dann große Menschenansammlungen. Wenn Jesus immer wieder in die Einsamkeit ging, um zu beten: Um wie viel mehr haben wir es nötig, das Eine dem Vielen vorzuziehen? *Der Geheilte wusste aber nicht, wer es war. Jesus war nämlich weggegangen, weil dort eine große Menschenmenge zugegen war* (Johannes 5,13).

- Nur der kann sicher in der Öffentlichkeit auftreten, der auch gern im Verborgenen bleibt.
- Nur der ist sicher im Sprechen, der auch gern schweigt.
- Nur der kann eine gute Führungskraft sein, der aus Erfahrung gelernt hat und sich in die Lage des anderen versetzen kann.
- Nur der kann sichere Entscheidungen treffen, der in sich ruht und einen weiten Blick hat.
- Nur der kann sich wahrhaft freuen, dessen Leben äußerlich und innerlich wohl geordnet ist und der ein gutes Gewissen hat.

3 *Denn das ist unser Ruhm – und dafür zeugt auch unser Gewissen –, dass wir in der Welt, vor allem euch gegenüber, in der Aufrichtigkeit und Lauterkeit, wie Gott sie schenkt, unser Leben führten, nicht aufgrund menschlicher Weisheit, sondern aufgrund göttlicher Gnade* (2. Korintherbrief 1,12).

Die innere Sicherheit eines Menschen, aus der eine erfolgreiche äußere Handlungsweise hervorgeht, ist nicht nur auf eigene Leistung zurückzuführen, sondern auch auf eine besondere Gnadenzuwendung Gottes. Wer über diese hervorragenden Gaben verfügt und tiefere Zusammenhänge erkennt, wird dankbar sein. Bist du dagegen hochmütig und vermessen, stolz und anmaßend, wirst du all diese Gaben schnell verlieren und in Selbsttäuschung und Verblendung einen falschen Weg gehen.

4 Oft fallen diejenigen, die in der Öffentlichkeit ein hohes Ansehen haben, weil sie zu sehr auf ihr Selbstvertrauen gebaut haben. Es ist daher für viele besser, nicht ganz ohne Anfechtungen zu sein, mit denen man sich auseinandersetzen muss. Du kannst und darfst dich nicht nur auf dich selbst verlassen, denn eine absolute Sicherheit gibt es auf Dauer in dieser Welt nicht. Achte darauf, nicht zu viele Aufgaben und Funktionen zu übernehmen und dich damit zu überfordern. Die Erwartungen an dich werden immer größer, und du kannst nicht Nein sagen. Grenze dich daher beizeiten ab und versuche nicht, all deine Wünsche und die der anderen fortwährend zu erfüllen. Gewähre durch Stille und Gebet dem Göttlichen Raum

in dir. Setze all deine Hoffnung auf ihn und beginne damit, in allem von Gott und auf Ihn hin zu leben. Du darfst dich an einer größeren Ruhe deines Herzens und an einem tieferen Frieden deiner Seele erfreuen.

5 Richte deinen Tag so ein, dass du dich nicht in ihm verlierst, sondern dich findest. Dazu gehören die innere Einkehr und das Gebet. Um ganz zu dir selbst zu kommen und damit Gott näher, lass zeitweilig alles hinter dir: deine Pflichten und Freuden, deine Gedanken und Wünsche, dein Wollen und deine Vorstellungen – ja, sogar deine Vorstellung von Gott. Ziehe dich in dich selbst zurück, verschließe die Tür und lass dich im Gebet der Hingabe von ihm erneuern.
Erkennt doch: Wunderbar handelt der Herr an den Frommen;
der Herr erlöst mich, wenn ich zu ihm rufe. [...]
Bedenkt es auf eurem Lager und werdet still! (Psalm 4,4.5b).

Wohnst du in dir selbst, wirst du in deinem Inneren all das wiederfinden, was du draußen verloren hast. Hast du erst einmal den Anfang gemacht, zu dir zu kommen, wirst du aufgrund deiner guten Erfahrungen immer wieder danach verlangen, bei dir Einkehr zu halten und dich im Gebet der Ruhe für die Gaben Gottes zu öffnen.

6 Durch das Schweigen, dem du dich zweimal täglich für eine kurze Zeit hingeben solltest, und durch die tiefe Ruhe, die Körper, Geist und Seele so wohltuend erfahren, machst du in der Entwicklung

deiner Persönlichkeit große Fortschritte. Dass auch deine Seele gereinigt wird und sich weitet, kannst du daran erkennen, dass du den Sinn der Heiligen Schrift besser verstehst und sich dir ihre Geheimnisse mehr und mehr offenbaren. Dein Nervensystem und deine Seele geben in der tiefen Ruhe deines Gebetes all den Ballast ab, den sie unnötigerweise mit sich herumschleppen. Das kann sich in unbändiger Freude, aber auch durch Tränen zeigen, denn alle Eindrücke, die dich besetzt halten, müssen sich wieder ausdrücken, um dich dann endgültig zu verlassen. Möge es dir einleuchten: Der Weg zur Gotteserfahrung muss erst von Schlacken und Hindernissen befreit werden.

Trage deine Erfahrungen, die du auf diesem wunderbaren Weg zum Heil machst, nicht vor dir her oder gar zu Markte. Sie können dabei allzu leicht verloren gehen und die Quelle zum Heil verschließt sich dir. Bleibe daher – sooft es geht – bei dir zu Hause.

7 Warum willst du eigentlich so viel außer dir besichtigen und besitzen? *Das Prahlen mit dem Besitz ist nicht vom Vater, sondern von der Welt. Die Welt vergeht und ihre Begierde; wer den Willen Gottes tut, bleibt in Ewigkeit* (1. Johannesbrief 2,16b-17).

Vom vielen Ausgehen und nicht Bei-dir-selbst-Sein bringst du doch nur ein beschwertes Gewissen und ein zerstreutes Herz nach Hause. Ein ausgelassener Ausgang endet häufig mit einem getrübten Heimgang, ein vergnügter Abend zieht oft einen bewölkten Morgen nach sich. Vieles drängt sich schmeichelnd ein, um schließlich niederzudrücken und zu zerstören. *Schau nicht nach dem Wein, wie er rötlich schimmert, wie er funkelt im Becher: Er trinkt sich so leicht! Zuletzt beißt er wie eine Schlange, verspritzt Gift gleich einer Viper. Deine Augen sehen seltsame Dinge* (Sprichwörter 23,31-33a).

Bist du außer dir, kannst du die Dinge nicht sehen, wie sie wirklich sind. Wo du auch bist – wenn du bei dir selbst bist: Schaue auf, und du siehst den Himmel. Gehe in dich, und du findest ihn auch dort.

8 Betrachte alles, was von der Sonne beschienen wird, und du siehst, dass sich alles verändert und nichts für immer Bestand hat. Wenn du glaubst, hier irgendwo Beständigkeit zu finden, so irrst du. Satt werden kannst du in dieser Welt niemals für immer. Sähest du auch alles Gegenwärtige auf einmal und mit einem Blick: Es wäre nichts als leerer Schein, der im nächsten Augenblick bereits wieder vergangen ist. Erhebe daher deine Augen zu dem, was Bestand hat für immer – zu Gott, dem Ewigen. *Du aber, wenn du betest, geh in deine Kammer, schließ die Tür zu; dann bete zu deinem Vater, der im Verborgenen ist! Dein Vater, der auch das Verborgene sieht, wird es dir vergelten* (Matthäus 6,6). Nur hier wirst du den Frieden finden, den die Welt nicht geben kann. Wärest du nicht so viel ausgegangen und hättest nicht so viel auf das Geschwätz anderer gehört, wäre der Friede längst in dein Herz eingezogen. Da du aber manchmal Freude an belanglosen Nichtigkeiten hast und dich ihnen zuwendest, wird dein Herz zugleich auch Beklemmung spüren.

Kapitel XXI
Innere Einkehr

1 Wenn du weiterkommen möchtest, dann halte regelmäßig deine Gebetszeiten ein. Siehst du sie auch anfangs als Beschneidung deiner Freiheit an, so wirst du doch bald merken, dass Christus uns zur Freiheit befreit – zu einer Freiheit, die weit größer ist, als du sie dir vorstellen kannst. Dazu ist es notwendig, dass du dein Leben ordnest und dabei „die Spreu vom Weizen trennst". Du kultivierst deine Innerlichkeit durch rechtes Nachdenken, Reflektieren, in-Frage-Stellen und Sammlung – am meisten aber durch das innere Gebet, das in einem tiefen Schweigen mündet. Du kannst nur aktiv und erfolgreich sein, wenn du vorher die Ruhe des Herzens erfahren hast und Hindernisse von dir abgefallen sind. Halte daher immer erneut innere Einkehr, damit sich das gewonnene kostbare Gut nicht wieder durch Überaktivität, Zerstreuungen und Ablenkungen verflüchtigt. Sei dankbar, dass du einen geistlichen Weg zur Erneuerung gefunden hast, wo doch der Seele so viele Gefahren begegnen.

2 Wenn du dagegen keinen Zugang zu dir selbst hast, leichtfertig, gleichgültig oder gewissenlos lebst, wirst du vorerst kaum wahrnehmen und empfinden, wie sehr deine Seele leidet. Du verdrängst ihre Existenz und lachst, wo du zu Recht weinen solltest. Wahre Freiheit und echte Herzensfreude können nur dann zu einer Wesenseigenschaft werden, wenn wir unsere Seele erkennen und sie mit unserem Geist und

unserem Körper in Einklang steht. Wir können uns glücklich schätzen, wenn wir einen Weg gefunden haben, auf dem wir von allen Hindernissen und Zerstreuungen befreit werden. Wir können uns glücklich schätzen, dass durch innere Einkehr und das anschließende Gebet der Ruhe unser Gewissen entlastet und unsere Seele befreit wird. Gewohnheit wird durch Gewohnheit überwunden. Kannst du die Menschen lassen, so werden auch sie dich in Ruhe das Deine tun lassen.

3 Kümmere dich nicht um Dinge, die dich nichts angehen, und mische dich nicht in Angelegenheiten anderer Leute. Bevor du deine Freunde ermahnst, schaue zunächst auf dich und frage dich, wie du mit demselben Thema umgehen würdest. Findest du nicht genügend Anerkennung durch deine Mitmenschen, so sei nicht traurig darüber. Viel wichtiger ist es, wie Gott dich sieht, der dich ja durch und durch kennt. Die meisten Menschen reifen im Umgang mit ihren Mitmenschen. Oft bleiben Verständnis und liebevolle Zuwendung aus. Beides aber darfst du von Gott, deinem Schöpfer, erwarten. Du musst ihm allerdings auch die Möglichkeit geben, dich zu erreichen. Schenke ihm einen Teil deiner Zeit zurück und übe die Hingabe an ihn, sodass nicht mehr du mit deinem Willen und Wünschen im Mittelpunkt stehst, sondern er.

4 Jeder Mensch möchte – sowohl körperlich als auch seelisch – von allem Schweren, von allem Leid befreit werden. Denken wir im rechten Augen-

blick und in Ruhe darüber nach, sehen wir manchmal ein, dass wir Mitverursacher des Dunklen in uns waren. Wir sollten uns – anstatt deprimiert zu sein – immer wieder dem Licht, Christus, zuwenden. Und gerade in unserer Begrenztheit und Schwäche dürfen wir ihn um Erbarmen, Licht und Heilung bitten. Denke an dich und andere, und du wirst sehen, dass niemand in dieser Welt ganz ohne Leid und Schmerzen lebt und genauso erlösungs- und liebebedürftig ist wie du. Richte dich daher auch inmitten unseliger Verstrickungen immer wieder auf und bitte mit ganzer Hingabe den Herrn um Befreiung und Freiheit.

5 Du weißt um die Veränderung alles Sichtbaren. Beziehe diese Wirklichkeit auch auf dich selbst und dein Leben in dieser Welt. Denke daher des Öfteren – ohne es zu übertreiben – an deinen Tod und die Zeit danach. Diese Vorstellung hilft dir, neue Prioritäten zu setzen, nicht unter kleinen Misshelligkeiten zu leiden und eine gewisse Routine des Alltags besser zu ertragen. Hüte dich davor, mittelmäßig und träge zu sein. Wenn jemand oder etwas dir sehr schmeichelt, sei ebenso auf der Hut und schärfe deinen Blick. Bleibe im Aufbruch und lasse dich durch nichts aufhalten.

6 Und bedenke noch einmal: Körper, Geist und Seele gehören zusammen. Wenn du einem von ihnen etwas zufügst, leiden die anderen mit. Um diesen untrennbaren Zusammenhang noch besser zu erspüren, sei empfindsam in deiner Wahrnehmung. Um sen-

sibler wahrzunehmen, achte darauf, dass dein Leben ausgewogen ist.
- Weder die Ruhe noch die Aktivität darf Überhand gewinnen.
- Gönne dir Zeiten, in denen du allein bist und schweigen kannst.
- Schaffe dem Gebet einen Platz in deinem Alltag.
- Achte auf genügend Schlaf.
- Nimm nicht – besonders abends – zu schwere Nahrung zu dir.
- Halte dich mit voreiligen Äußerungen über andere Menschen zurück.
- Übe des Öfteren innere Einkehr: Nimm dich, was du fühlst, denkst, sprichst und tust, rückblickend wahr; lass aufkommende Gefühle jeglicher Art zu; ordne deine Gefühle wie auch deine Gedanken; beschäftige dich mit einem kurzen geistlichen Text und lass ihn auf dich wirken; gib im Gebet der Hingabe alles, was dich bewegt, ab und lass dich in der tiefer werdenden Ruhe in die Nähe Gottes führen.

Kapitel XXII
Lindere das Leid der Welt

1 Um dich anderen Menschen in ihrer Not und ihrem Leid zuwenden zu können, musst du zunächst einmal in dir selbst und in Gott gefestigt sein. Warum wirst du gleich uneins mit dir, wenn die Dinge nicht so laufen wie du es dir vorstellst? Wem gelingt

schon alles nach Wunsch und Willen? Niemand auf der Welt ist gänzlich ohne Angst und Leid in seinem Leben. Gibt es überhaupt eine Möglichkeit, sich angesichts der vielen dunklen Schattenseiten wohlzufühlen? Liegt in dem Schmerz, den viele Menschen ertragen müssen, irgendein Sinn? Wer kann es beantworten? Bist du in deinem Glauben und damit in Gott verankert, findest du weit eher annähernde Antwort.

2 Viele Menschen maßen sich an, das Leben anderer zu beurteilen. Sie richten sich dabei allzu oft nur nach den äußeren Gegebenheiten und sagen: „Sieh, was hat der ein gutes Leben, und wie wenig hat er dafür getan!" oder: „Wie reich, wie groß, wie mächtig und angesehen ist jener!". Enthalte du dich diesem Gerede und schau bei dir und anderen auf die wesentlichen Güter. Im Vergleich dazu wirst du feststellen, dass viele zeitliche Güter sogar beschwerlich sind, da man sie nicht ohne Sorge und Furcht besitzen kann.
Hat jemand auf dem geistlichen Weg gute Fortschritte gemacht, fühlt er sich einerseits in sich selbst gestärkt und glücklich, andererseits jedoch sieht er umso klarer die Unvollkommenheiten, die Schwächen der menschlichen Natur, die Fehler, die Unehrlichkeit und die Verdorbenheit sowie die Gebrechen vieler Menschen. Solange du in dieser Welt lebst, wirst du als verinnerlichter Mensch immer die Leiden und Schmerzen der Welt mittragen. Du selbst lebst bescheiden und stellst keine großen Ansprüche. Du bemühst dich, keine Fehler zu machen, um das Leid in der Welt nicht noch zu vergrößern.

3 Der innerliche Mensch, der seine Bedürfnisse und Neigungen immer mehr kultiviert und sich zu größerer Freiheit entwickelt, trägt die Not und das Leid anderer Menschen mit. Deshalb betet er inständig um Befreiung.
Ängste haben mein Herz gesprengt,
führ mich heraus aus meiner Bedrängnis! (Psalm 25,17).

Er übernimmt damit auch stellvertretend die Bitte um Befreiung für diejenigen, die infolge ihrer körperlichen oder seelischen Schmerzen nicht beten können, wie auch für die, die sich bewusst in Dunkelheit begeben und diese sogar noch „lieben". Viele Menschen sind durch ihre ständige Suche nach Lusterfüllung so stark an eine sich schnell verflüchtigende Freude gebunden, dass sie die Existenz des Reiches Gottes vergessen haben. Sie jagen von einer Befriedigung zur anderen und wünschen sich sogar, ewig in dieser Welt zu leben.

4 Es ist wichtig, gerade den Menschen beizustehen, für die nur das Fleischliche Geschmack hat. Sie müssten einen Weg geführt werden, der ihnen bewusst macht, wie vergänglich und nichtig das war und ist, was sie lieben. Zum Segen für sie und für uns alle gibt es Menschen, die nicht auf der Ebene des rein Fleischlichen und Vergänglichen verweilen, sondern sich geistlich ausrichten. Sie verändern sich auch nicht durch bestimmte Zeitströmungen oder Trends, die durch neue schnell wieder abgelöst werden. Indem sie bleibende Werte in sich entwickeln und von Chris-

tus her zu leben versuchen, werden sie tragfähig und bereit, nicht nur anderen durch ihr fürbittendes Gebet zu helfen, sondern auch da unterstützend und tatkräftig einzugreifen, wo das größte Leid ist. Freue dich, sei dankbar und verliere nicht die Zuversicht, auf dem geistlichen Weg fortzuschreiten, um das Leid in der Welt lindern zu können. Noch hast du Zeit.

5 Warum zögerst du noch? Warum willst du deine guten Vorsätze erst morgen ausführen? *Jetzt ist sie da, die Zeit der Gnade; jetzt ist er da, der Tag der Rettung* (2. Korintherbrief 6,2 b). Du wirst dringend gebraucht, denn das Leid in der Welt ist groß. Mach dich auf, deinen geistlichen Weg entschieden konsequenter zu gehen, sodass du durch Gebet und Tat andere mittragen kannst. Zögere nicht, selbst wenn du dich gerade in einer Krise befindest oder gar selbst Leid zu tragen hast. Musst du auch durch „Feuer und Wasser" gehen: Du wirst den Ort der Ruhe und der Kraft erreichen, um beides an andere weiterzugeben.
Wir gingen durch Feuer und Wasser,
doch du hast uns herausgeführt, hin zur Fülle (Psalm 66,12b).

Solange wir in dieser Welt leben, versagen wir immer wieder und können Schmerz und Leid nicht ausschließen. Wer möchte nicht frei sein von all dem und in wahrer Glückseligkeit leben? Wenn die Zeit jedoch noch nicht reif ist, müssen wir Geduld haben und Gott immer wieder für uns und für andere um Erbarmen bitten. *Solange wir nämlich in diesem Zelt le-*

ben, seufzen wir unter schwerem Druck, weil wir nicht entkleidet, sondern überkleidet werden möchten, damit so das Sterbliche vom Leben verschlungen werde (2. Korintherbrief 5,4).

6 Hast du dich aufgemacht, leidenden Menschen nicht nur durch dein Gebet, sondern auch tatkräftig zu helfen, sei nicht enttäuscht, wenn sie plötzlich wieder in ihre alten Fehler zurückfallen. Du weißt von dir selbst, wie groß die menschliche Schwäche ist. Heute bereust du eine ungute Handlung und nimmst dir vor, sie zu meiden, doch morgen schon begehst du sie wieder. Du nimmst dir vor, auf der Hut zu sein – und schon eine Stunde später handelst du, als hättest du keinerlei Vorsatz gefasst. So haben wir allen Grund, uns nicht über andere zu erheben, sondern erst einmal und immer wieder bei uns selbst zu beginnen, indem wir Einkehr halten, Demut und Hingabe im Gebet üben und um ein mitfühlendes und weites Herz bitten. Durch Nachlässigkeit können wir schnell wieder verlieren, was wir langsam und durch Gnade aufgebaut haben.

7 Viele Menschen sollten sich fragen, was am Ende ihres Lebens noch aus ihnen werden wird, da sie schon am Morgen alles Feuer auf ihrem Herd haben ausgehen lassen. Hüte dich davor, dich zu schnell zur Ruhe zu setzen und die Hände in den Schoß zu legen, so als gäbe es schon Frieden und Sicherheit in der Welt. *Während die Menschen sagen: Friede und Sicherheit!, kommt plötzlich Verderben über sie […]. Lebt nicht*

im Finstern, sodass euch der Tag nicht wie ein Dieb überraschen kann (1. Thessalonicherbrief 5,3a.4).

Was hältst du davon,
- dich tiefer mit dem christlichen Glaubensgut zu beschäftigen,
- ein geistliches Buch zu lesen, es in dich aufzunehmen und danach zu handeln,
- über einige Wochen „Exerzitien im Alltag" zu machen,
- unter guter Anleitung das „Ruhegebet" einzuüben oder es zu vertiefen,
- einen christlich orientierten Meditationskursus zu besuchen,
- dich einer Gruppe anzuschließen, die einen geistlichen Weg geht,
- dir einen geistlichen Begleiter oder gottnahen Menschen zu suchen, um mit ihm über deinen Glauben und über deine Erfahrungen zu sprechen?

Kapitel XXIII
Der Tod gehört zum Leben

1 Einer Wirklichkeit kann niemand ausweichen: dem Tod. *Heute noch reckt er sich hoch empor, morgen schon ist er verschwunden; denn er ist wieder zu Staub geworden und mit seinen Plänen ist es aus* (1 Makkabäer 2,63).

Viele Menschen verdrängen diese Wirklichkeit, sie denken ans Heute und übersehen das Morgen. Wir leben in der Gegenwart und wissen, dass sie durch unsere Vergangenheit geprägt ist. So wird auch unsere Zukunft zu einem großen Teil durch unser gegenwärtiges Tun und Lassen entschieden. Diese weitreichenden Zusammenhänge kannst du noch klarer einsehen, wenn du das innere Gebet praktizierst. Du machst die Erfahrung, dass während des Betens die Zeit fast aufgehoben scheint. Nach dieser Stille jedoch verfügst du über einen größeren Überblick: Wichtige Details deines vergangenen Lebens werden dir bewusster, der Blickwinkel für Gegenwärtiges wird größer und Ahnungen, wie dein künftiges Leben weitergehen wird, werden mehr und mehr zur Gewissheit. Der Tod als Übergang in eine neue Lebensform wird von dir nicht mehr als schrecklich und angstbeladen erlebt. Du versuchst, dein Leben so zu gestalten, dass es auf das zu erwartende kommende Leben keine Schatten wirft. *Der Gerechte aber, kommt auch sein Ende früh, geht in Gottes Ruhe ein. Denn ehrenvolles Alter besteht nicht in einem langen Leben und wird nicht an der Zahl der Jahre gemessen* (Weisheit 4,7-8).

2 Was hilft es, lange zu leben, wenn wir doch nicht die Chance ergreifen, unser Leben zum Besseren zu verändern und liebevoller zu werden? Das Älterwerden hat den eigentlichen Sinn, dem Ältesten, Gott, immer ähnlicher zu werden. Doch viele Menschen sehen das nicht. Sie laden durch Unzufriedenheit, mangelnde Einsicht und Eigenwilligkeit neuen unnötigen Ballast auf sich. Daher ist es umso wichtiger, dass der älter werdende Mensch liebevolle und religiöse Zuwendung erfährt, um den Sinn seines Lebens einzu-

sehen. Das Sterben gehört zum Leben. Vielleicht hast du schon einmal einen Sterbenden begleitet und dabei auch intensiv an deinen eigenen Tod gedacht? Diese Erfahrungen werden dir helfen, wesentlicher zu leben und selbst ruhiger sterben zu können.

3 In alten Anweisungen über die „Kunst des Sterbens" steht: „Wenn der Morgen kommt, so stelle dir vor, du würdest vielleicht den Abend nicht mehr erleben. Und am Abend versprich dir den kommenden Morgen nicht unbedingt." Sei also immer bereit und lebe so, dass der Tod dich nicht unvorbereitet antrifft. Viele Menschen sterben plötzlich und unerwartet. *Haltet auch ihr euch bereit! Denn der Menschensohn kommt zu einer Stunde, in der ihr es nicht erwartet* (Lukas 12,40). Wenn deine letzte Stunde kommt, wirst du dein ganzes vergangenes Leben in einem anderen Licht sehen. Du schaust dir selbst zu, wie du gehandelt hast, und siehst die Zusammenhänge klarer. Vielleicht erkennst du, dass du liebevoller hättest leben sollen.

4 Es ist klug, sein Leben so einzurichten, wie man im Tod angetroffen werden möchte. Die Unruhe vor dem Tod schwindet, und die Angst wird wesentlich geringer, wenn du
- Unerledigtes aufarbeitest,
- den Menschen, mit denen du in Spannung lebst, Versöhnung anbietest,
- dein schlechtes Reden über andere einstellst,
- durch dein Testament dein Erbe gerecht verteilst,

- lernst, Unabänderliches anzunehmen und geduldig zu ertragen,
- die Worte der Bergpredigt auf dein Leben beziehst und dich nach ihnen richtest,
- durch dein tiefes Gebet empfänglicher wirst für den Willen Gottes und ihn zu deinem eigenen Willen machst.

Solange du gesund bist, kannst du viel Gutes wirken. Bist du jedoch krank, weißt du nicht, was du noch vermagst. Genauso wie nur wenige durch Krankheit gebessert werden, werden auch nur wenige durch viele Wallfahrten heilig.

5 Abgesehen von wenigen Menschen, denen du lieb warst und sie dir: Verlass dich nicht darauf, dass Freunde und Verwandte für dich einmal beten werden. Sie werden dich schneller vergessen, als du glaubst. Es ist weitaus besser, du sorgst jetzt dafür, da du noch Zeit dazu hast, dein Leben in Ordnung und mehr Liebe in die Welt zu bringen. Falls du jetzt so unbesorgt dahinlebst: Wer wird in Zukunft um dich besorgt sein? Nutze daher die gegenwärtige Stunde, denn sie ist überaus kostbar. Jetzt sind die Tage des Heils, jetzt ist die Zeit der Gnade. Denke daran, dass vielleicht einmal der Augenblick kommt, in dem du sehnlichst verlangst, auch nur einen Tag oder nur eine einzige Stunde zu haben, um noch etwas in dir oder in der Welt in Ordnung zu bringen.

6 Nimm es dir zu Herzen und sieh ein, wie überaus kostbar jede Stunde deines Lebens ist. Lerne, jetzt zu leben und so zu leben, dass dich nichts beschwert, dass du nicht in Auseinandersetzungen verwickelt bist und deine Seele bereit ist, deinen Körper zu verlassen, wenn du zurückgerufen wirst. Lerne jetzt, inmitten dieser Welt, mit Christi Botschaft zu leben, damit du eines Tages für immer bei ihm sein kannst. *Sind wir nun mit Christus gestorben, so glauben wir, dass wir auch mit ihm leben werden* (Römerbrief 6,8).

7 Schiebe nichts auf, was du heute tun oder lassen kannst, und denke nicht an ein langes Leben, da dir doch kein Tag sicher ist. *Du Narr! Noch in dieser Nacht wird man dein Leben von dir zurückfordern. Wem wird dann das gehören, was du angehäuft hast? So geht es einem, der nur für sich selbst Schätze sammelt, aber vor Gott nicht reich ist* (Lukas 12,20-21).

Viele zählten auf ein langes Leben und täuschten sich, indem sie unerwartet abberufen wurden: durch einen Unfall, durch eine plötzlich auftretende Krankheit, durch Naturkatastrophen, durch Alkohol oder Rauschgift, durch Verbrechen, durch psychische Belastung, durch Krieg ... Das Ende aller ist der Tod – und das Leben zieht so schnell wie ein Schatten vorüber.

Der Mensch gleicht einem Hauch,
seine Tage sind wie ein flüchtiger Schatten (Psalm 144,4).

8 Denke daran, für die verstorbenen Menschen, die du gekannt hast und die dir etwas bedeutet haben,

zu beten. Wie schnell sind sie vergessen und kaum jemand denkt noch an sie. Möchtest nicht auch du nach deinem Tod durch Gebet, Erinnerung und gute Gedanken von deinen Lieben begleitet werden? Wir wissen nicht, was und wer nach dem Tod mit uns sein wird. Vielleicht unsere Eltern und die, die wir besonders geliebt haben? Wenn es in deinem Leben einen gottnahen, vorbildhaften Menschen gibt oder gab, wende dich an ihn und bitte ihn, dass er dir bei deinem Übergang in die kommende Welt helfen möge. Sicher gibt es einen Heiligen, der dich durch sein Leben und Werk anspricht. Rufe ihn an in deinem Gebet und besonders dann, wenn du weißt, dass du diese Welt verlassen musst. Jesus bittet uns, Freundschaften aufzubauen und zu pflegen, *damit ihr in die ewigen Wohnungen aufgenommen werdet, wenn es zu Ende geht* (Lukas 16,9b).

9 Hänge dein Herz und deine Seele nicht an Vergängliches, belade dich nicht mit Schuld und verstricke dich nicht in die Schicksale anderer Menschen. Betrachte dich wie einen Pilger auf Erden, der innerlich weiter und weiter geht, ohne für seine Seele ein festes Zuhause in dieser Welt zu haben. *Da ihr Fremde und Gäste seid in dieser Welt, ermahne ich euch: Gebt den irdischen Begierden nicht nach, die gegen die Seele kämpfen* (1. Petrusbrief 2,11).
Denn wir haben hier keine bleibende Stadt, sondern wir suchen die zukünftige (Hebräerbrief 13,14).
Richte dich täglich im Gebet und in allem, was du tust, auf Gott aus. Verhalte dich ihm gegenüber so wie

du bist: Freue dich, danke, seufze oder weine, wenn die Zeit dafür gekommen ist. Lebe auf ihn hin, dann wird auch deine Seele nach deinem Tod glücklich zu ihm gelangen.

Kapitel XXIV
Aktion und Reaktion

1 Deine Handlungen können viel bewirken, mehr noch deine Worte – am meisten jedoch deine Gedanken. Alles, was von dir ausgeht, trifft auf etwas und löst Entsprechendes aus. Vielen Menschen ist dieser weitreichende Zusammenhang nicht bewusst. Sonst wären sie weitaus zurückhaltender und vorsichtiger in ihrem Tun, Sprechen und Denken. Die Energie, die wir aussenden, ist nicht verloren, sondern sie bewirkt etwas zwischen Himmel und Erde und bleibt weiter mit uns in Verbindung. Sind es gute, Leben unterstützende Kräfte, tragen sie zu einem schnelleren Fortschritt im Guten bei – sowohl in dieser als auch in der kommenden Welt. Sind es dagegen dunkle, zerstörerische Kräfte, verlangsamen sie nicht nur unseren Schritt, sondern sie ziehen uns auch herunter, das heißt, sie bewirken einen größeren Abstand zwischen uns und dem Schöpfer – sowohl in dieser als auch in der kommenden Welt. Vor Gott wird alles offenbar – selbst die feinste Regung deines Herzens. Er, der Himmel und Erde geschaffen hat, sorgt, ohne dass er von sich aus strafend eingreift, für einen gerechten Ausgleich. Obwohl vieles für uns noch ein Geheimnis bleibt, bekommen wir doch eine Ahnung von tieferen Zusammenhängen zwischen

unserem Tun und Lassen und von dem, was Gott vorgesehen hat und will.

2 Unterstützend, reinigend und klärend sind für uns, für andere und die gesamte Schöpfung folgende Verhaltensweisen:
- Übe dich in Geduld. Voraussetzung dafür ist allerdings, dass du vorher deine Aggressionen auf heilsame Weise abgebaut hast.
- Gib nicht auf der gleichen Ebene das zurück, was dir ungerechterweise angetan wurde. Stelle nicht die Kränkung deiner Ehre in den Mittelpunkt, sondern schau vergebend auf den anderen, der dir ein solches Unrecht angetan hat.
- Bete für die, die dich nicht verstehen und dir Steine in den Weg legen, und verzeihe ihnen.
- Bitte auch du um Verzeihung, wenn dein Verhalten andere gekränkt hat.
- Erbarme dich eher, als dass du zornig wirst.
- Handle aus deiner Mitte, aus einer guten gesunden Intuition und nicht aus falsch gesteuerten Emotionen und eigenwilligen Wünschen.
- Lass dich nicht von deinen Vitalkräften beherrschen, sondern besitze du sie.

Diese und ähnliche Verhaltensweisen solltest du nicht auf später verschieben, sondern dich jetzt in sie einüben. So trägst du nicht nur zu deiner eigenen seelischen Entwicklung bei, sondern du unterstützt damit auch andere – wie auch die gesamte Schöpfung – auf ihrem Weg zum Heil.

3 Lebst du jedoch nachlässig und stellst in allem dein Ego in den Mittelpunkt, bist du eigenwillig und lebst auf Kosten anderer Menschen, wirst du unweigerlich einen Läuterungs- und Reinigungsprozess durchmachen müssen. Es können schmerzhafte Wege sein, die du geführt wirst – sowohl in dieser als auch in der kommenden Welt. Was sich in dir verhärtet hat, muss weich und fließend werden; was unwahrhaftig ist, wahrhaftig, und was verschattet, licht. Defizite werden ausgeglichen, ein Zuviel wird abgebaut und dir werden mehr und mehr die Augen und das Herz aufgehen. Du erkennst dich und deine Fehler und siehst voraus, wie du einmal sein wirst. Der Weg dorthin ist individuell verschieden – so wie du auf Erden gelebt hast.

4 Angst sei dir fern, doch gewinne jetzt und hier Einsicht, dass jeder Laut ein Echo hat und dass auf jede Aktion eine Reaktion folgt. Denkst du konsequent weiter und zu Ende, muss es dir einleuchten, wie kostbar die Freiheit ist, die dir heute zur Verfügung steht. Wie es morgen und danach mit uns weitergehen wird, wissen wir nicht. Doch wenn wir zum gegenwärtigen Zeitpunkt unsere Entscheidungsfreiheit recht und richtig nutzen und feste Grundsteine legen, können wir jetzt oder später, das heißt auch nach unserem irdischen Tod, unser Haus des ewigen Lebens darauf bauen.

Richten wir unser Leben danach ein und setzen andere Prioritäten, können wir leicht zum Anstoß für andere werden, ihnen missfallen und sie zu Gegnern haben. *Dieser war es, den wir einst verlachten und verhöhnten, wir Toren. Sein Leben hielten wir für Wahnsinn und sein Ende für ehrlos. Wie wurde er zu den Söhnen Gottes gezählt und hat bei den Heiligen sein Erbteil! Also sind wir vom Weg der Wahrheit abgeirrt; das Licht der Gerechtigkeit strahlte uns nicht und die Sonne ging nicht für uns auf* (Weisheit 5,4-6).

5 Hast du durch dein Leben ein wenig mehr Liebe und Licht in die Welt gebracht, anstatt zu zerstören und zu verdunkeln, dann
- wird dein „Gewand" im Glanz erstrahlen,
- wirst du auf deinem Weg durch nichts mehr aufgehalten,
- darfst du dir der Unterstützung des Himmels gewiss sein,
- wird dein gutes Gewissen dir Freude bereiten,
- wird dein Reichtum an Liebe schwerer wiegen als alle irdischen Schätze,
- wird dein innerliches Gebet dir zur größeren Nahrung werden als die erlesensten Speisen,
- wirst du durch Schweigen tiefere Erfüllung finden als durch langes Gerede,
- wird alles, was du in Geduld ertragen hast, für dich zur wahren Freude werden.

6 Wenn du in deinem Leben etwas mehr Liebe als Hass und etwas mehr Licht als Dunkelheit in die Welt gebracht hast, dann
- wirst du Schmerzen weitaus besser ertragen und vielleicht sogar ihren Sinn erkennen,

- werden deine Taten mehr gelten als alle schönen Worte,
- wirst du ungehindert deinen Weg ohne Angst und Furcht fortsetzen,
- wird dir manch Schweres erspart,
- wird dir die Gabe der Unterscheidung geschenkt,
- wirst du durch deine Liebe einen sicheren Zugang zu Gott finden.

Kehre immer und immer wieder bei dir selbst ein, um einmal ganz bei dir zu Hause zu sein. Betrachte von hier aus dein Leben und versuche mit der dir zukommenden Gnade, dich noch mehr zum Besseren zu verändern.

7 Wenn die Liebe noch nicht groß und stark genug in dir ist, musst du damit rechnen, dass sie dich nicht immer in Versuchungen beschützen und vor aller Angst bewahren kann. Gib deinem Herzen Chancen, sich zu öffnen und weiter zu werden. Gib der Liebe, die du in dir fühlst, die Chance zu wachsen. Wenn sie in Gott, deinem Schöpfer, gegründet ist und du einen solchen Zugang zu ihr findest, dass sie fließen kann, werden Unsicherheit und selbst die Angst vor dem Tod schwinden. *Denn ich bin gewiss: Weder Tod noch Leben, weder Engel noch Mächte, weder Gegenwärtiges noch Zukünftiges noch Gewalten, weder Höhe oder Tiefe noch irgendeine andere Kreatur können uns scheiden von der Liebe Gottes, die in Christus Jesus ist, unserem Herrn* (Römerbrief 8,38-39).

Kapitel XXV
Damit dein Leben gelingt

1 Was antwortest du auf die Frage: „Warum bist du auf die Welt gekommen?" Es ist von Zeit zu Zeit gut, dir diese Frage zu stellen und sie auf dich wirken zu lassen. Vielleicht wird es dir mehr und mehr geschenkt, dem Sinn deines Lebens auf die Spur zu kommen, ihn zu erkennen und einzusehen. Wenn du dich in der von Gott geschaffenen Welt umschaust, siehst du, dass alles in Bewegung und einer Veränderung unterworfen ist: das Meer, die Pflanzen, die Tiere, der Mensch, die Sonne, die Gestirne, der Kosmos. Auch du bist in die Bewegung und Veränderung eingebunden. Und zugleich besitzt du zutiefst in dir deine Seele, die etwas Unveränderliches, Ewiges in sich trägt. Die Religion zeigt uns Wege auf, wie sich unsere Sehnsucht erfüllt, diese Zeit überdauernde Dimension des Ewigen zu erfahren. Und wenn es nur Bruchteile von Sekunden sind, in denen wir den göttlichen Bereich in uns berühren dürfen, so findet gerade hierdurch unser Leben Erfüllung. Der tiefere Sinn geht uns auf, warum wir gerade zu dieser Zeit auf der Welt sind und worin unsere Aufgabe besteht. Doch können und dürfen wir uns niemals in Sicherheit wiegen, da unser Bewusstsein noch nicht vollkommen von der Liebe und dem Willen Gottes durchdrungen ist. Es ist gut so, dass wir auf dem Weg sind und bleiben, denn sonst würden wir entweder einschlafen oder hochmütig werden.

2 Einer jungen Frau, die einen geistlichen Beruf erwählt hatte, wurden die ersten Jahre äußerst schwer. Sie schwankte zwischen Resignation und Hoffnung. Die Spannung zwischen diesen beiden Extremen wurde im Laufe der Zeit immer größer, sodass ihr Herz angegriffen wurde. Eines Tages betete sie – fast verzweifelt – tief aus ihrem kranken Herzen: „Wüsste ich nur, ob ich aushalten werde!" Gleich darauf vernahm sie in ihrem Inneren die Antwort: „Was würdest du tun, wenn du es wüsstest? Tue jetzt, was du dann tätest; und du kannst ruhig und deiner Sache sicher sein." Im selben Augenblick fühlte sie sich gestärkt und getröstet, denn sie hatte sich zum ersten Mal ganz dem Willen Gottes hingegeben. Die Angst und die quälende Unsicherheit waren einem klaren Wissen um den nächsten Schritt und der Sicherheit, ihn auch gehen zu können, gewichen. Nach einiger Zeit traf sie eine aus innerer Überzeugung und aus einem gesunden Herzen kommende Entscheidung, die ihr Leben erfüllte. Zutiefst hatte sie aus schmerzlicher Erfahrung verstanden, sich immer und immer wieder auf den Schöpfer zu verlassen, damit Leben gelingt. Mit der Praxis „Dein Wille geschehe wie im Himmel so auf Erden" begann sie künftig all ihr Tun und konnte es auch entsprechend vollenden.

Gleicht euch nicht dieser Welt an, sondern lasst euch verwandeln durch die Erneuerung des Denkens, damit ihr prüfen und erkennen könnt, was der Wille Gottes ist: das Gute, Wohlgefällige und Vollkommene! (Römerbrief 12,2).

3 *Vertrau auf den Herrn und tue das Gute,*
wohne im Land und hüte die Treue! (Psalm 37,3).
Viele Menschen jedoch scheuen vor dem ersten Schritt zurück, sich auf den Herrn zu verlassen. Sie ahnen und wissen, dass sich dann einiges in ihrem Leben ändern wird. Angst kommt auf, etwas zu verlieren, von dem sie meinen, es zu besitzen. Wenn die Sonne aufgeht und mit ihrer ganzen Strahlkraft zu leuchten beginnt, werden auch die Schatten stärker. Und gerade dann bei sich zu bleiben und zu sich zu stehen, dem Licht den Vorrang zu geben und ihm die Treue zu bewahren, macht den Fortschritt im geistlichen Leben aus.
Lerne daher, deine Schatten, die sich durch das zunehmende Licht so eindeutig offenbaren, nicht nur anzunehmen, sondern erlaube ihnen auch, ausgeleuchtet zu werden und damit zu verschwinden.

4 Was jemand zu tragen hat, wie viel und wie lange es dauert, ist individuell verschieden. Wer jedoch den Weg einer tieferen Glaubenserfahrung beschritten hat und zusätzlich noch an sich selbst arbeitet, darf unbedingt mit einer Entlastung seiner dunklen Seiten rechnen. Er macht bessere Fortschritte als jemand, der weniger belastet ist, jedoch nichts für die Belichtung seiner Seele tut. Auf zwei Dinge solltest du besonders achten:
- Bleibe, selbst bei vorerst mangelndem Erfolg, auf dem von dir gewählten und begonnenen geistlichen Weg. Er muss erst von allen Hindernissen befreit werden, damit die göttliche Strahlkraft dir einleuchten kann.

- Unterstütze dieses so notwendige innere Geschehen, indem du alles versuchst, damit sich keine neuen Schatten auf deine Seele legen: Meide – wenn es eben geht – zu viele negative Eindrücke; sprich nichts Schlechtes über andere und baue bewusst die guten Eigenschaften auf, über die du noch nicht verfügst. Hüte dich auch davor, das zu tun, was dir an anderen am meisten missfällt.

5 Wo du dich auch befindest und mit wem du auch zusammentriffst: Du kannst aus jeder Situation etwas lernen, das dich auf deinem geistlichen Weg weiterbringt. Erfährst oder erlebst du Zerstörerisches, so entferne dich oder gehe unbeschadet mitten hindurch, wenn du nicht in der Lage bist, es in Gutes und Leben Unterstützendes zu wandeln. Gleich wie dein Blick auf andere fällt, so beobachten auch andere dich. Hast du das Glück, einem Kreis Gleichgesinnter anzugehören, so freue dich und sei dankbar. Du wirst gerade dann gehalten und getragen, wenn es dir nicht gut geht und du aussteigen möchtest. Wie viele Menschen gibt es, die ohne Halt auf sich allein gestellt sind und ihr Leben ruinieren. Oft ist es traurig und bedrückend, ihnen – ohne spontan helfen zu können – zusehen zu müssen. Wie viele Menschen kümmern sich um Dinge, die sie gar nichts angehen und die nur ihr Leben zerstören. Wenn es weit genug und tragfähig ist, nimm diese Unglücklichen in dein Herz auf und bete für sie.

6 Stelle dich des Öfteren und besonders in Situationen, in denen du dem Leid begegnest und ihm ohnmächtig gegenüberstehst, unter das Kreuz. Blicke auf Christus und bete für diejenigen, die dein Herz bedrücken, um seine liebende Zuwendung und dass er sie mit in die Auferstehung hineinnehme. Bete stellvertretend für die, die es nicht oder nicht mehr vermögen, sich in ihrem Leid an Christus zu wenden. In Christus begegnet dir Gott, der mit uns in die Passion und in den Tod geht, um allen nahe zu sein, die schweres Leid tragen und Gott abgewandt sterben. Bedenke das Wunderbare der entgegenkommenden Liebe Gottes: Keine Religion – außer das Christentum – sagt uns, dass Gott Mensch wird. Die Weisheit des Alten Bundes und die gegenwärtige und immerwährende Liebe Gottes ist darin enthalten. Betrachtest du das Leben, die Lehre, das Leiden, den Tod und die Auferstehung Jesu Christi, findest du darin alles, was zum Leben und für das ewige Leben notwendig ist. Nichts musst du außerhalb mehr suchen.

7 Hast du einen Zugang zur Quelle, die Christus uns wieder erschlossen hat, wird dir nichts mehr so schwer, als dass du es nicht durch, mit und in ihm tragen könntest. Du spürst den jeweils für dich nächsten Schritt, der deiner Gangart angemessen ist. Vor allem aber weißt du zu unterscheiden, dich abzugrenzen, und du verstehst es, durch rechtes Verhalten dich nicht mehr in Schicksale anderer Menschen zu verstricken.
Im Gegensatz zu vielen anderen geht von dir Freude

und Liebenswürdigkeit aus – ungewollt, spontan und natürlich. Du erkennst umso mehr deine Aufgabe, Licht in die Dunkelheit zu bringen und denen zu helfen, die sich nicht aus eigener Einsicht und Kraft auf den geistlichen Weg begeben können. Viele haben sich abhängig gemacht und wissen nicht einmal, welch großer Reichtum in ihnen ungenutzt schlummert. Sie verbauen sich den Zugang, indem sie ihren Pflichten aus dem Weg gehen und andere für ihr verschattetes Leben verantwortlich machen.

8 Bedenke, dass es überall in der Welt Ordensleute gibt, die es sich zur Aufgabe machen, nicht nur stellvertretend für andere zu beten, sondern auch ein asketisches Leben führen, um das Defizit in der Schöpfung wieder auszugleichen. Durch ihre Lebensweise, durch Enthaltsamkeit und ihr Gebet versuchen sie, das Vakuum zu füllen, das durch übertriebenes Konsumverhalten und mangelndes geistliches Leben vieler Menschen entstanden ist. Vielleicht kannst auch du auf eine dir angemessene Weise am Erlösungswerk Christi mitarbeiten, um Menschen vor dem Sturz in den Abgrund zu bewahren.

9 Wie viel Zeit setzen wir ein, um zu essen, zu trinken, zu schlafen, zur Körperpflege, zur Erholung …? Bestimmte Verpflichtungen der Natur gegenüber müssen selbstverständlich eingehalten werden. Doch wo bleiben in deinem Leben Raum und Zeit für das Gebet, für das Schweigen und die Ruhe, von der Gott am siebten Schöpfungstag spricht? Um in ein gesun-

des Gleichgewicht zu kommen oder in ihm zu bleiben, ist es neben unseren Aufgaben notwendig, ein Siebtel unserer Zeit in der von Gott geheiligten Ruhe zu verbringen. Die tiefe Ruhe für Körper, Geist und Seele befreit uns von schmerzhaften, im Wege stehenden Eindrücken und bringt uns dem Urgrund der Schöpfung, Gott, näher. Mögen doch mehr Menschen Einsicht erhalten in die tiefgreifenden Zusammenhänge zwischen der ruhevollen Wachheit und der Gottesnähe, die wir im Gebet erfahren, und unserer Aktivität, von der wir uns wünschen, dass sie erfolgreich und erfüllend sein möge.

10 Wenn wir damit beginnen, nicht mehr unseren Nächsten und die äußeren Umstände verantwortlich für unser Unwohlsein oder mangelnden Erfolg zu machen, beginnt unser Leben wahrhaftig zu werden. Erste Erfolge des Gebetes der Hingabe zeigen sich, und in unserem Inneren beginnt ein Gottesbewusstsein zu wachsen. Täglich und immer wieder legen wir alles, was wir sind, vertrauend in die Hände Gottes. Daraus entsteht eine neue, tiefgreifende Ausrichtung unseres Lebens. Gott, der uns alles in allem ist, wird zu unserem Mittelpunkt. Aus dieser Mitte agieren wir und spüren, wie uns der Himmel bei all unserem Tun unterstützt.

11 Denke daran, wie kostbar die Zeit ist und dass die verlorene Zeit nie wiederkommt. Bleibe im gesunden und mittebildenden Rhythmus von Ruhe und Aktivität, damit dein Leben hier und jetzt wie

auch später gelingt. Behandelst du dein Leben sowohl zur einen als auch zur anderen Seite nachlässig, schleicht sich Unbehagen ein, und du wirst es schlecht haben. Nimmst du aber immer wieder die tiefe Ruhe in dich auf und engagierst dich andererseits in dem, was deine Aufgabe ist, wirst du Frieden und Erfüllung ernten. Die Gnade und die Liebe Gottes begleiten dich; sie machen jede Anstrengung leicht, schenken dir Lebensfreude und bewahren dich vor falschen Entscheidungen.

Deine Mitarbeit aber ist in allem gefordert. Wenn du kleine Fehltritte durchgehen lässt, gerätst du Schritt für Schritt in größere. Du wirst dich abends freuen, wenn der Tag zum Gewinn für dich und andere geworden ist. Bist du dir deiner Verantwortung bewusst und handelst entsprechend, kannst du viel zum Heil der Welt beitragen, damit nicht nur dein Leben, sondern auch das Leben anderer Menschen gelingt und vor dem Schöpfer Bestand hat.

ZWEITES BUCH

Hinführung zu einem verinnerlichten Leben

Kapitel I
Der innere Wandel

1 *Das Reich Gottes ist mitten unter euch* (Lukas 17,21b). Wenn er uns diese wunderbare Zusage gibt, darf es keinen Zweifel mehr geben – selbst wenn das Reich Gottes in uns noch nicht direkt erfahrbar ist. Diese Hinführung zu einem verinnerlichten Leben möchte uns den Zugang erschließen.

Der erste Schritt besteht darin, unsere Aufmerksamkeit von der äußeren, sichtbaren Welt zurückzuziehen und nach innen zu lenken. Je tiefer wir die innere Ruhe erfahren und uns damit unserem Seelengrund nähern, umso lebensfreudiger und erfolgreicher erleben wir uns im aktiven Leben. Nur durch einen gesunden Wechsel zwischen der Ruhe, die es einzuüben gilt, und der Erfüllung unserer Aufgaben und Pflichten, beginnt das „Reich Gottes" in uns zu wachsen und uns bewusst zu werden. *Denn das Reich Gottes ist nicht Essen und Trinken, sondern Gerechtigkeit, Frieden und Freude im Heiligen Geist* (Römerbrief 14,17).

Seit dem Neuen Bund ist es Christus, der Sohn des ewigen Vaters, der das Reich Gottes in uns offenbar macht. Wenn wir uns sowohl in unserem Tun als auch in unserem Schweigen nach ihm, dem Weg, der Wahrheit und dem Leben, richten, erfüllt sich unsere Sehnsucht, und unser Vorhaben wird gelingen. Bist du lebenswahrhaftig auf dem Weg in deine Innerlichkeit, wird dir seine Liebe und Herrlichkeit entgegenstrahlen. Du fühlst dich getragen, nicht allein. Du erhältst Antwort auf deine Fragen und spürst eine liebevolle

Zuwendung, so als ob jemand, der es unendlich gut mit dir meint, zu dir spräche.

2 Schaffe in dir einen weiten Raum, damit Seine Gegenwart ihn fülle. *Wenn jemand mich liebt, wird er mein Wort halten; mein Vater wird ihn lieben und wir werden zu ihm kommen und bei ihm Wohnung nehmen* (Johannes 14,23).
Wenn von Ihm, Christus, alles Sein und alle Liebe ausströmt: Was benötigst du mehr? Tue alles dir Mögliche, um den Zugang zu Ihm in deinem Inneren nicht erneut zu verschatten oder gar zu blockieren. Setze deine ganze Hoffnung auf Ihn. Er wird für dich sorgen und tritt für dich ein, auf Ihn kannst du bauen. Selbst wenn Menschen ihre Meinung ändern oder dich verlassen: Er bleibt dir treu. *Siehe, ich bin mit euch alle Tage bis zum Ende der Welt* (Matthäus 28,20b).

3 Mit Ausnahme weniger Menschen kannst du dich kaum auf andere verlassen. Sei nicht traurig oder deprimiert, wenn du enttäuscht wirst und jemand dir zuwiderhandelt und widerspricht. Wer heute zu dir steht, kann morgen schon gegen dich sein und umgekehrt. Die Menschen schlagen oft unerklärlicherweise um wie der Wind. Setze zuerst dein ganzes Vertrauen auf Gott und schaffe dir damit eine unerschütterliche Basis, von der aus du alle schmerzhaften Veränderungen tragen und ertragen kannst. *Mit ganzem Herzen vertrau auf den Herrn, bau nicht auf eigene Klugheit; such ihn zu erkennen auf all deinen Wegen, dann ebnet er selbst deine Pfade* (Sprichwörter 3,5-6).

Er wird dich beschützen und das für dich tun, was für dich das Beste ist. Hänge dein Herz nicht an vergängliche Dinge; sie können dir niemals die Ruhe und Erfüllung schenken, nach der dein Herz und deine Seele sich sehnen. Betrachte dich in dieser Welt als einen Pilger, der unterwegs ist, um seine Heimat wiederzufinden. Der Ausgangspunkt und das Endziel der Schöpfung sind bereits in dir. So besteht der Weg des Pilgers darin, das Ziel allen Lebens in sich selbst zu entdecken.

4 Suche die Stätte der Ruhe nicht außerhalb von dir. Wenn du nicht den Weg zu dir selbst findest, ist alles Suchen in der Welt vergeblich. Sieh zu, dass du nicht an Vergänglichem haftest, sonst wirst du daran hängenbleiben und deine kostbare Zeit geht ungenutzt vorüber. Suche in allem den Höchsten, Gott, zuerst und wende dich immer wieder im inneren Gebet an Christus. Die Betrachtung Seines Lebens, Seiner Lehre, Seines Leidens und Seiner Auferstehung möge dir helfen, einen leichteren Zugang zum inneren Gebet zu finden. Aus ihm kannst du große Kraft schöpfen, sodass deine Wunden, auch die, die dir andere zugefügt haben, heilen. Durch dein Gebet und dein Tun, dessen Impulse aus deinem Beten geboren werden, verankerst du dich immer tiefgründiger in Gott. Das Gottesbewusstsein, in das du langsam hineinwächst, lässt es nicht mehr zu, dass du unter verleumderischen Worten und verachtenden Blicken anderer leidest.

5 Du kannst es nicht allen recht machen und nur Freunde und dir Wohlgesinnte um dich haben. Wenn du konsequent deinen Weg gehst, wirst du ungewollt andere provozieren, die dann alles Mögliche gegen dich ausrichten. Schau auf Christus. Seine Art zu leben und zu lehren gefiel vielen Menschen nicht. Sie fühlten sich zwar zutiefst angesprochen, gaben es jedoch nicht zu, da sie nicht bereit waren, sich zu verändern. Daher waren sie ihm schlecht gesonnen und verachteten ihn. Schau auf Christus, wie er mit seinen Gegnern und Widersachern umgegangen ist. In seiner äußersten Not wurde er sogar von seinen Jüngern und Freunden schmählich im Stich gelassen. Gehst du deinen Weg mit Christus, wirst du Widriges und Unangenehmes tragen müssen, das auch dir zugefügt wird. Es ist nicht möglich, unbeschadet durch diese Welt zu gehen – besonders wenn du versuchst, nach dem Evangelium zu leben. *Bemühe dich darum, dich vor Gott zu bewähren als ein Arbeiter, der sich nicht zu schämen braucht, der das Wort der Wahrheit geradeheraus verkündet* (2. Timotheusbrief 2,15).

6 Bejahst du das Unabänderliche und gehst deinen Weg mit Christus weiter, fließen dir ungeahnte Gnaden zu. Und selbst wenn du nur einen Funken von seiner brennenden Liebe zu dir in deinem Herzen auffangen würdest: Dein Leben würde sich verändern. Du suchst nicht mehr in allem deinen eigenen Vorteil; du wirst tragfähiger und gewinnst Einsicht in tiefere Zusammenhänge von Tod und Auferstehung; du gestaltest dein Leben zielgerichteter und dein Ge-

bet wird erfüllend. Auf deinem Weg in eine noch tiefere Innerlichkeit wirst du mehr und mehr frei von deinen ungeordneten Neigungen und Wünschen. Du verstehst es, deine Seele vor neuen Verschattungen zu bewahren, sodass sie sich ungehindert zu Gott erheben kann. Du wächst über dich selbst hinaus und dein Bewusstsein wird weit. Einmal wirst du die tiefe Ruhe, die du im Gebet erfährst, auch außerhalb deines Gebetes als all deinem Tun zugrunde liegend wahrnehmen.

7 Wer so weise ist, dass er alle Dinge für das ansieht, was sie wirklich sind, und nicht für das, wofür sie von anderen gehalten werden, hat seine Weisheit mehr von Gott als von Menschen gelernt. Wem es geschenkt ist, den Dingen ohne Umschweife auf den Grund zu sehen und sie richtig einzuordnen, der wird – ohne sie reflektieren zu müssen – an jedem Ort und zu jeder Zeit sofort Zugang zum inneren Gebet finden. Daher wird derjenige, der sich mehr oder weniger in der Außenwelt verliert, mehr Zeit benötigen, um sich zu sammeln und im Gebet innerlich zur Ruhe zu kommen. Ströme von Gedanken und viele Bilder werden sich ihm zunächst in den Weg stellen. Er muss es lernen, ihnen nicht bewusst nachzugehen, sondern sie einfach kommen und wieder gehen zu lassen. Bist du in dir selbst zu Hause, hast du die richtige Einstellung und bist ausgeglichen. Du wirst weder während des Gebetes noch während deiner Arbeit von Gedanken und Gefühlen abgelenkt, die sich auf das Fehlverhalten anderer Menschen beziehen. Du wirst nur so

weit auf deinem Weg in die Innerlichkeit gehindert und abgelenkt, wie du die unguten äußeren Dinge an dich herankommen lässt.

8 Es wird eine Zeit kommen, in der du zu allen und allem die richtige Einstellung hast, in der dein inneres Leben so geläutert ist, dass alles, was du fühlst, denkst und tust, dir zum Segen und Fortschritt gereicht. Wenn du allerdings dich immer wieder verkrampfst, dich über dich selbst und andere ärgerst, in Zweifel und Verwirrung gerätst und dich von äußeren Dingen abhängig machst, beunruhigt es dein Herz und belastet deine Seele. Nichts beunruhigt und belastet uns so sehr wie eine unlautere Liebe, sowohl zu materiellen Dingen als auch zu Menschen. Das innere Gebet befreit dich von allen Abhängigkeiten und macht den Weg frei, sodass sich dir das allem zu Grunde liegende Wesen, die Liebe Gottes, in Fülle offenbaren kann. Und du wirst häufig herzlich und seelisch glücklich sein.

Kapitel II
Bescheidenheit und Demut

1 Lege keinen besonderen Wert darauf zu wissen, wer für dich ist oder wer gegen dich ist. Doch achte darauf, dass bei allem, was du denkst und tust, deine Verbundenheit zum Schöpfer nicht unterbrochen wird. Dann kannst du ruhigen Gewissens mit ihm deinen Weg gehen. Wenn dir Gott helfen will, so mögen noch so viele Menschen gegen dich sein: Dir wird keiner schaden können. Nicht nur im Gebet der Ruhe hast du gelernt, dich Gott ganz zu überlassen. Du beginnst, diese Haltung der Hingabe in deinen Alltag zu übernehmen. Verstehst du, den rechten Zeitpunkt abzuwarten und zu schweigen, wird er dir seine Hilfe nicht versagen. Er allein weiß, wann es Zeit ist, dich von deiner Angst, deinen Verstrickungen und Belastungen zu befreien. Deine Haltung sollte eine demütige sein. Sie wird wesentlich verstärkt, wenn andere Menschen um deine Schwächen und Fehler wissen und dich bei passender Gelegenheit darauf aufmerksam machen.

2 Gestehst du dir bestimmte Fehler ein und versteckst sie auch nicht vor anderen, so entwaffnest du manchen Gegner und gibst ihm die Chance, sich mit dir zu versöhnen. Du musst dich zwar behaupten, um im Leben und vor Gott bestehen zu können, doch erhebe dich niemals über andere. *Denn Gott tritt Stolzen entgegen, Demütigen aber schenkt er seine Gnade. […] Werft all eure Sorge auf ihn, denn er kümmert sich um euch* (1. Petrusbrief 5,5b.7).

Kannst du dir diese Einstellung und Verhaltensweise zu eigen machen,
- wirst du beschützt und erfährst Befreiung,
- wirst du nicht nur von Menschen, sondern auch von Gott geliebt, und du erhältst Zuwendung,
- werden dir Demütigungen, Intrigen und Ignoranz nicht mehr viel ausmachen,
- spürst du umso deutlicher die anziehende Liebe Gottes,

- offenbaren sich dir mehr und mehr die göttlichen Geheimnisse,
- schenken sich dir, auch inmitten der Dunkelheit, lichtvolle Augenblicke,
- wirst du einen dauerhaften Frieden deiner Seele erfahren und nicht mehr in der Welt, sondern in Gott fest gegründet sein.

In Demut schätze einer den andern höher ein als sich selbst. Jeder achte nicht nur auf das eigene Wohl, sondern auch auf das der anderen. Seid untereinander so gesinnt, wie es dem Leben in Christus Jesus entspricht (Philipperbrief 2,3b-5).

Kapitel III
„Suche den Frieden und jage ihm nach"

1 Ordne dein Leben und schaffe Frieden in dir, erst dann kannst du auch andere zum Frieden bringen. Ein Mensch kann noch so hoch gebildet sein: Hat er keinen Frieden und strahlt er keinen Frieden aus, nutzt ihm seine Bildung nicht viel. Ein unsteter, nicht in sich ruhender Mensch sieht selbst in Gutem schlimme Folgen und lenkt es somit zum Bösen. Er glaubt lieber einer schlechten Nachricht als einer guten. Wer dagegen den Frieden lebt und liebt, besitzt die wunderbare Gabe, alles zum Guten zu lenken. Er denkt von niemandem etwas Schlechtes. Nimmt er es jedoch bei anderen wahr, bringt er es nicht durch Gerede in die Öffentlichkeit, sondern versucht dem Betroffenen

auf angemessene Weise zu helfen. Ein unzufriedener und ständig missmutiger Mensch dagegen schöpft überall Verdacht. Er findet selbst keine Ruhe und lässt auch andere nicht zur Ruhe kommen; er redet oft, was er nicht reden sollte, und versäumt, was er besser hätte tun sollen. Was andere tun oder unterlassen, das registriert er genau und vergisst darüber seine eigene Pflicht.

Lerne aus den schlechten Beispielen anderer, es selbst besser zu machen. Arbeite an dir, bete und lass die Gnade wirken – erst dann beginne damit, dich um deinen Nächsten zu kümmern und ihm gute Ratschläge zu geben.

2 Frage dich, ob du nicht allzu gern bereit bist, dich vor anderen zu rechtfertigen, wenn du kritisiert oder getadelt wirst. Entschuldigt sich dagegen jemand bei dir für sein Tun: Neigst du vielleicht dazu, die Entschuldigung nicht anzunehmen? Es wäre gerechter, dich lieber selbst zu beschuldigen und deinen Nächsten zu entschuldigen. Wenn du von anderen getragen werden möchtest, so trag und ertrag du sie zuerst. *Seid demütig, friedfertig und geduldig, ertragt einander in Liebe und bemüht euch, die Einheit des Geistes zu wahren durch das Band des Friedens* (Epheserbrief 4,2-3). Besitzt du bereits Nächstenliebe und Demut in dem Maße, dass du niemanden verurteilst, ihn ablehnst oder zu Unrecht kritisierst? Es gehört nicht viel dazu, mit sanftmütigen und friedvollen Charakteren umzugehen. Auch bedeutet es nichts Großes, mit guten und liebenswürdigen Menschen auszukommen. Es ist

den meisten angenehm, unangefochten und bequem durch ihr Leben zu kommen und von Gleichgesinnten anerkannt zu werden. Mit schroffen Naturen jedoch, mit unzufriedenen Menschen, die uns widersprechen, friedlich leben zu können: Das bedingt viel Gnade und verdient hohes Lob.

3 Es gibt Menschen, die mit sich selbst in einem dauerhaften Frieden sind und auch mit anderen in Frieden leben. Andere wiederum, die selbst keinen Frieden haben, lassen auch ihre Mitmenschen nicht in Frieden leben. Sie fallen anderen zur Last – sich selbst jedoch am meisten. Bist du mit dir selbst eins, strahlst du Frieden aus, der ansteckend ist. Oft besteht unser ganzer Friede auch nur darin, das unvermeidlich Unangenehme geduldig und demütig zu ertragen. Wer ihn, Christus, den Sieger über alles Leid und den Tod, anruft und um Erbarmen bittet, dem hilft er, sein Kreuz zu tragen, sodass es leicht wird. *Seid untereinander eines Sinnes; strebt nicht hoch hinaus, sondern bleibt demütig! Haltet euch nicht selbst für klug! Vergeltet niemandem Böses mit Bösem! Seid allen Menschen gegenüber auf Gutes bedacht! Soweit es euch möglich ist, haltet mit allen Menschen Frieden!* (Römerbrief 12,16-18).

Kapitel IV
Einfach und aufrichtig

1 Zwei Flügel tragen den Menschen über vieles Schwere hinweg: Einfachheit und Aufrichtigkeit.

Einfachheit soll unser Denken und unseren Willen erfüllen, Aufrichtigkeit unser Empfinden. Bist du innerlich von allen Hindernissen befreit, von allem, was nicht zu deinem Wesen gehört, wird dir alles gelingen, da dich die Schöpfung und der Schöpfer unterstützen. Hast du Christus und deinen Nächsten im Blick und in deinem Herzen, wirst du innere Freiheit genießen. Ist dein Herz gänzlich ohne Falsch, dann spiegelt jedes Geschöpf für dich das Leben wider, und die Kinder – wie Gott sie geschaffen hat – werden für dich zu einem Lehrbuch der Liebe. Ja, auch das kleinste und unscheinbarste Geschöpf trägt eine Spur von Gottes Güte in sich. *Seit Erschaffung der Welt wird nämlich seine unsichtbare Wirklichkeit an den Werken der Schöpfung mit der Vernunft wahrgenommen, seine ewige Macht und Gottheit* (Römerbrief 1,20).

2 Wenn du in deinem Inneren von allen Hindernissen befreit bist, einen hellen ungetrübten Blick besitzt, die rechte Einsicht hast: Dann kannst du alles, was dir begegnet, verstehen. Ein reines Herz durchdringt Himmel und Erde. Wie du innerlich bist, so beurteilst du auch andere Menschen und die Welt, in der du lebst. Hast du eine unbeschwerte Seele und ein reines Herz, wird dir Freude über Freude schon in dieser Welt zuteil. *Not und Bedrängnis wird das Leben eines jeden Menschen treffen, der das Böse tut; doch Herrlichkeit, Ehre und Friede werden jedem zuteil, der das Gute tut* (Römerbrief 2,9a.10 a).

Wie das Eisen im Feuer den Rost verliert und ganz aufglüht, so wird auch der Mensch, der sich durch Hingabe ganz in Gott versenkt, von all seinen Schlacken gereinigt und in einen neuen Menschen gewandelt.

3 Wer dagegen träge ist und zur Oberflächlichkeit neigt, scheut bereits den geringen Aufwand, sich für das Gebet Zeit zu nehmen und sich zurückzuziehen. Die Gefahr, sich ganz in Äußerlichkeiten zu verlieren, ist groß und der Weg nach innen erscheint schwer. Beginnst du jedoch mit dem ersten Schritt, machst du die Erfahrung, dass alles wie von selbst und leicht geht. Deine eventuellen Bedenken und Zweifel schwinden, wenn sich dir auf einmal eine neue Tiefendimension deines Lebens öffnet. „Nichts ist schwer, sind wir nur leicht."

Kapitel V
Nimm dich wahr

1 Sorge dafür, dass du deine gesunde Mitte findest, sie immer wieder auslotest und aus ihr lebst. Versuche zu spüren, was du dir zutrauen kannst. Sei darauf bedacht, dich nicht zu überheben. Andererseits: Unterfordere dich nicht. Bei manchem Tun fehlt es uns einfach an Einsicht und Verständnis. Wir überschätzen und überfordern uns, sodass unser inneres Licht überschattet wird und zu erlöschen droht. *Geht euren Weg, solange ihr das Licht habt, damit euch nicht die Finsternis überrascht. Wer in der Finsternis geht, weiß nicht, wohin er gerät* (Johannes 12,35b).
Achte auf dein inneres Licht und hüte es besonders,

wenn es noch schwach und empfindsam ist. Wir merken oft gar nicht, wie blind wir gegen uns selbst sind. Oft handeln wir aus falscher Überzeugung und wundern uns, dass uns nichts gelingt. Wenn wir uns zudem noch rechtfertigen, machen wir uns gänzlich unglaubwürdig. Indem wir so über unsere eigenen Fehler hinweggehen, maßen wir uns sogar noch an, die Fehler der anderen lauthals zu kritisieren. Wir fühlen uns schnell getroffen und sind überempfindlich gegenüber dem, was andere uns antun. Wir übersehen aber, was wir den anderen zufügen. Wer sein eigenes Handeln jedoch richtig abwägt, hat keinen Grund, einen anderen zu verurteilen.

2 Wer sich selbst kennt, seine Grenzen und seine Fehler, der wird nicht gleich über andere herziehen, wenn er an ihnen Fehler entdeckt. Von anderen zu schweigen und erst einmal auf sich selbst zu achten, gehört mit zu den ersten Schritten in eine bewusst gelebte Innerlichkeit. Äußere Umstände, Äußerlichkeiten und Oberflächlichkeiten werden dir nicht mehr viel ausmachen, wenn du bei dir selbst wohnst und von hieraus mit dem Schöpfer in Verbindung stehst. Wo bist du, wenn du nicht bei dir selbst bist? Wie kannst du auf deinem geistlichen Weg Fortschritte machen, wenn du dich um alles kümmerst – außer um dich selbst? Möchtest du zu dir selbst kommen, deine eigene Mitte wahrnehmen und Gelöstheit und inneren Frieden spüren: Dann fange bei dir selbst an, um dich von hieraus zu Gott zu erheben.

3 Wenn in deinem Leben die Sorgen Oberhand gewinnen, versperren sie dir den Weg nach innen. Damit diese Sorgen dich nicht besitzen und ganz besetzen, solltest du sie immer wieder im Gebet der Hingabe in die Hände Gottes legen, um von ihm neue Kraft zu empfangen. Kommst du dann aus dem Gebet, siehst und empfindest du vieles anders. Einiges ist für dich nicht mehr so wichtig wie vorher, und das, was du vorher kaum in den Blick genommen hast, erscheint dir auf einmal in einem ganz neuen Licht.

Du spürst, dass du beschützt und geliebt bist und dass ein anderer da ist, der letztlich für dich und für alles sorgt. Aus der Erfahrung dieses wachsenden Vertrauens beginnst auch du, Gott zu lieben. Und ganz allmählich erahnst du – und daraus wird ein Wissen –, dass der unendlich gute und barmherzige Gott alles mit seiner Liebe erfüllen und zu sich zurückrufen möchte. Solltest du da eine Ausnahme sein? Lege das, was keinen Bestand hat, aus deinen Händen, und empfange die Liebe, die dir zuströmen möchte.

Kapitel VI
Unbelastetes Bewusstsein

1 Können unsere Gefühle, unsere Gedanken, Worte und Handlungen ungehindert aus ihrem Quellgrund in uns aufsteigen und sich entsprechend ausdrücken, empfinden wir Erfüllung und innere Freude. *Denn das ist unser Ruhm – und dafür zeugt auch unser Gewissen –, dass wir in der Welt, vor allem euch gegenüber,*

in der Aufrichtigkeit und Lauterkeit, wie Gott sie schenkt, unser Leben führten, nicht aufgrund menschlicher Weisheit, sondern aufgrund göttlicher Gnade (2. Korintherbrief 1,12).
Ist dein Bewusstsein von allem Unrat befreit und dein Inneres wohlgeordnet, dann kannst du viel ertragen – ohne die Freude des Herzens und die Heiterkeit der Seele zu verlieren. Du wirst die wunderbare Ruhe, die von Gott ausgeht, nur erfahren, wenn dein Herz dir keine Vorwürfe macht. *Wir werden vor ihm unser Herz überzeugen. Wenn das Herz uns aber nicht verurteilt, haben wir gegenüber Gott Zuversicht; und alles, was wir erbitten, empfangen wir von ihm* (1. Johannesbrief 3,19b.21-22a).
Wer dagegen noch viel wiedergutzumachen hat, weil sein Gewissen belastet ist, lebt in Unruhe und häufig mit Ängsten. Wahre Freude und innerer Friede können sich nicht entfalten und dauerhaft werden. Wenn man auch glaubt, man lebe in Frieden und es könne kein Unheil kommen, ist es ein Irrtum.

2 Dem Liebenden fällt es nicht schwer, sein Kreuz anzunehmen und das Kreuz anderer Menschen mitzutragen. Er lebt durch Jesus Christus im Geheimnis des Glaubens, sodass ihm bereits im Kreuz Auferstehung zuteilwird. Nur aus dieser alles überwindenden geheimen Kraft der göttlichen Liebe ist auch bei dir inmitten alles Vergänglichen und des Todes neues und ewiges Leben möglich. So wertvoll auch Trost und Hilfe von Menschen anzusetzen sind: Hier stoßen sie an Grenzen, die bisher kein Lebender überschritten hat. Die Welt kann dich nur bis zu einem

gewissen Punkt begleiten. Danach bist du so lange auf dich selbst angewiesen, bis du dem Schöpfer deine Hände reichst, damit er dich an sich ziehen kann. Hast du ein unbelastetes Gewissen und ist deine Seele leicht, erfüllt sich von selbst die Sehnsucht deines Herzens – bedingt in dieser Welt und vollendet in der kommenden Welt. Die liebende Anziehung Gottes kann dich erreichen und deine Seele bewegen. Sie atmet die Gegenwart Gottes, wird ihm immer ähnlicher, bis sie einmal ganz eins mit ihm wird. *Und ich [Jesus Christus], wenn ich über die Erde erhöht bin, werde alle zu mir ziehen* (Johannes 12,32).

3 Ist dein Inneres befreit von allen unguten Anhänglichkeiten, kehren von selbst Friede und Ruhe bei dir ein. Lob macht dich nicht besser und Tadel nicht schlechter: Du bist, was du bist. Nichts kann dich größer oder kleiner machen, als du vor Gott dastehst. Wenn du das wahrnehmen kannst, was du wahrhaft bist, wird es dir nichts ausmachen, was andere Menschen über dich reden. *Gott sieht nämlich nicht auf das, worauf der Mensch sieht. Der Mensch sieht, was vor den Augen ist, der Herr aber sieht das Herz* (1 Samuel 16,7b). Der Mensch legt auf die Waage, was andere Menschen tun; Gott aber sieht auf die verborgene Liebe im Herzen eines Menschen und wägt die Absicht. Das Kennzeichen einer großen Seele ist: das im Einklang mit dem göttlichen Plan Stehende tun, das, was recht ist, und dabei bescheiden und demütig bleiben. Bist du in dir und gleichzeitig in Gott gefestigt, bindest du niemanden mehr an dich. Du kannst geliebten Menschen

die Freiheit gewähren, ihren individuellen Weg zu gehen – selbst wenn dieser von dir wegführt.

4 Wer keine Bestätigung für sein Tun mehr benötigt und kein äußeres Zeugnis zu seinen Gunsten sucht, zeigt, dass er sich ganz in die Hände Gottes gegeben hat. *Wer sich also rühmt, der rühme sich im Herrn. Denn nicht, wer sich selbst empfiehlt, ist anerkannt, sondern der, den der Herr empfiehlt* (2. Korintherbrief 10,17-18).
Im Inneren mit Gott verbunden sein und von keiner Äußerlichkeit mehr gestört werden: Das macht den inneren Menschen aus.

Kapitel VII
Die alles umfassende Liebe

1 Gott ist in Jesus Christus Mensch geworden, in allem uns gleich – außer der Sünde. Glücklich ist der, der seine Botschaft versteht und sein Leben nach ihr ausrichtet. Selbst wenn wir ihm nicht als Mensch begegnen, können wir ihn liebgewinnen, denn er sagt von sich und ist es:
- *Ich bin das Brot des Lebens; wer zu mir kommt, wird nie mehr hungern, und wer an mich glaubt, wird nie mehr Durst haben* (Johannes 6,35).
- *Ich bin das Licht der Welt. Wer mir nachfolgt, wird nicht in der Finsternis umhergehen, sondern wird das Licht des Lebens haben* (Johannes 8,12).
- *Ich bin die Tür; wer durch mich hineingeht, wird ge-*

rettet werden; er wird ein- und ausgehen und Weide finden (Johannes 10,9).
- *Ich bin der gute Hirt. Der gute Hirt gibt sein Leben hin für die Schafe. Der bezahlte Knecht aber, der nicht Hirt ist und dem die Schafe nicht gehören, sieht den Wolf kommen, lässt die Schafe im Stich und flieht; und der Wolf reißt sie und zerstreut sie* (Johannes 10,11-12).
- *Ich bin der Weg und die Wahrheit und das Leben; niemand kommt zum Vater außer durch mich. Wenn ihr mich erkannt habt, werdet ihr auch meinen Vater erkennen* (Johannes 14,6-7a).
- *Ich bin der Weinstock, ihr seid die Reben. Wer in mir bleibt und in wem ich bleibe, der bringt reiche Frucht; denn getrennt von mir könnt ihr nichts vollbringen* (Johannes 15,5).

Kann es eine größere Zusage der uns entgegenkommenden Liebe Jesu Christi geben? Unabhängig von deiner Liebe zu einem Menschen oder zu mehreren Menschen darfst du dich auf den Weg machen, ihn auf die Weise, die sich dir jeweils offenbart, wiederzulieben. Christus wird zu dir halten und dich nicht verlassen, selbst wenn
- du seine Freundschaft nicht gleich erwiderst,
- du durch eine falsche Entscheidung vom Weg abgekommen bist,
- du dich von ihm abgewandt hast und nichts von ihm wissen möchtest,
- du schuldig geworden bist und nichts rückgängig machen kannst,
- alle dich verlassen und du einsam bist,

- du unterzugehen scheinst,
- du von allen lieben Menschen und aus dieser Welt scheiden musst.

2 Halte dich an Jesus Christus und richte dich nach ihm aus. Wenn alle und alles versagen, kann er allein dir helfen. Ob im Leben oder Sterben: Überlass dich seiner Treue. Ziehe nichts und rein gar nichts der Hinwendung zu ihm vor. Er, der dich umschließt mit seiner Liebe, er, der ewig Seiende, der der Anfang und das Ende alles Geschaffenen ist, sollte in deinem Bewusstsein den höchsten Stellenwert einnehmen. Alles andere, und was es auch sei, kommt erst danach.

Schenke ihm durch dein Gebet einen Teil der dir geschenkten Zeit zurück. Rufe im einfachen Gebet der Hingabe wiederholt seinen Namen an und bitte um sein Erbarmen. Er wird für dich sorgen und dir die Kraft verleihen, dein Leben zu bestehen – freudig und erfolgreich in guten Tagen, ausdauernd und voll Hoffnung in weniger guten und schlechten Zeiten. Von ihm darfst du – im Gegensatz zu menschlichem Entgegenkommen – alles erwarten. Du darfst ihn um alles bitten, und er wird dir das geben, was für dich das Beste ist. *Alles Fleisch ist wie das Gras und all seine Treue ist wie die Blume auf dem Feld. Das Gras verdorrt, die Blume verwelkt, wenn der Atem des Herrn darüber weht. Wahrhaftig, Gras ist das Volk. Das Gras verdorrt, die Blume verwelkt, doch das Wort unseres Gottes bleibt in Ewigkeit* (Jesaja 40,6b-8).

3 Rufe dir die sechs „Ich bin"-Worte Jesu aus dem Johannesevangelium ins Gedächtnis. Sie werden dir helfen, dich auf ihn auszurichten und dir eine Ahnung von dem zu vermitteln, wer Jesus Christus wirklich und in Wahrheit ist. Gestalte von ihm her – von seiner Lehre und seiner Liebe zu dir – dein Leben. Von ihm kommend besitzt du die nicht in Worte zu fassende Fähigkeit, andere Menschen und die gesamte Schöpfung zu lieben. Gehe daher immer wieder zu ihm zurück, der der Weg, die Wahrheit und das Leben ist, damit du dich nicht in Äußerlichkeiten verstrickst, Schicksale anderer Menschen zu deinem eigenen Schicksal machst und keine Erwartungen an Menschen stellst, die sie nicht erfüllen können.

Hältst du dich an Jesus Christus und pflegst die Freundschaft mit ihm, werden dir Enttäuschungen, mancher Schmerz und manches Leid erspart bleiben. Wisse auch um die Verantwortung, die du dir, deinen Mitmenschen und der gesamten Schöpfung gegenüber hast.

Kapitel VIII
Freundschaft mit dem Weg, der Wahrheit und dem Leben

1 Lebst du im Christus-Bewusstsein – du gehst den Weg mit ihm, ohne dass du dich von ihm trennst – fällt es dir leicht, in der von ihm ausgehenden Wahrheit und Liebe zu leben. Durch deine Intuition spricht seine Stimme zu dir. Wie du ihn im Gebet anrufst, so

ruft auch er zu dir. Nur ein einziges Wort aus seinem Mund erfüllt deine Seele mit unendlicher Freude. Maria Magdalena weinte um den Tod ihres Bruders Lazarus. Stand sie nicht eilends vom Ort ihrer Trauer auf, als Marta ihr sagte: *Der Meister ist da und lässt dich rufen* (Johannes 11,28b)? War es nicht für sie und ist es nicht für uns eine glückselige Stunde, wenn Jesus von der Traurigkeit zur Freude des Geistes ruft? Alles ist letztlich dunkel und kalt, wenn nicht vom „Licht der Welt" Helligkeit und Wärme ausgeht.

2 Jesus sagt, dass er der Weinstock ist und wir die Reben. *Wer in mir bleibt und in wem ich bleibe, der bringt reiche Frucht* (Johannes 15,5a).
Du lebst dauerhaft in diesem Christus-Bewusstsein, wenn sich dein gesamtes Leben durch, mit und in ihm gestaltet. Durch dieses wunderbare Geschenk des Himmels kannst du zwar die vorübergehende Existenz der Dunkelheit, des Bösen und der Kriege nicht ausschalten oder übergehen, doch leistest du durch dein Leben mit Christus einen wesentlichen Beitrag zum Frieden in der Welt.
Er steht dir zur Seite und niemand vermag dir etwas anzutun. Hab keine Angst! Selbst wenn Menschen dich nicht verstehen: Gehe deinen Weg zusammen mit dem „Licht der Welt" weiter, und keine Dunkelheit und kein Schatten wird dich mehr einholen. Bleibst du mit ihm, dem Sieger über alles Böse und den Tod, verbunden, besitzt du den größten Reichtum, der niemals vergeht. *Ein treuer Freund ist ein starker Schutz, wer ihn findet, hat einen Schatz gefunden. Für einen treuen*

Freund gibt es keinen Gegenwert, seine Kostbarkeit lässt sich nicht aufwiegen. Ein treuer Freund ist eine Arznei des Lebens und es werden ihn finden, die den Herrn fürchten (Jesus Sirach 6,14-16).

3 Setze alles daran, diese Freundschaft nicht wieder zu verlieren. Das Christus-Bewusstsein ist Voraussetzung, wenn du den weiteren Weg durch diese Welt mit ihm zusammen gehen willst. Auf diesem Weg, der Christus ist, lebenswahrhaftig zum Ziel, dem ewigen Leben, fortzuschreiten, wird dir zur ureigensten Aufgabe. In der Welt, wie sie dir mit ihren Licht- und Schattenseiten begegnet, musst du dich „richtig" verhalten, um deiner Seele keinen Schaden zuzufügen und die göttliche Freundschaft in deinem Herzen nicht zu verlieren. Um das Christus-Bewusstsein, das auch dein Herz und deine Seele umfasst, zu pflegen und zu bewahren,

- ziehe dich täglich mehrere Male zum Gebet in die Stille zurück,
- beginne mit dem Gebet der Hingabe und lass Fürbitte, Lob und Dank darauf folgen,
- meide möglichst die Situationen, die das schwächste Glied in deiner Lebenskette zerreißen möchten,
- sage niemals etwas Schlechtes über andere. Sieh an ihnen die guten Seiten und trage dazu bei, dass sich diese vervielfachen,
- versuche auch dann die Ruhe zu bewahren, wenn dich Aufregung und Lärm umgeben,
- fühle, denke, spreche und handle, wie es dir von seinem Heiligen Geist eingegeben wird. Bist du unsicher, schweige, bis die rechte Zeit kommt,

- unterstütze und fördere die dir zuströmende Gnade durch den Empfang der Sakramente, den Besuch von Gottesdiensten, durch das Lesen der Heiligen Schrift und geistlicher Literatur.

Zu wem anders solltest du deine Zuflucht nehmen in der Erwartung, dass du immer Hilfe erfährst, als zu dem, der dich unendlich liebt und auf den du dich verlassen kannst?

4 Alles um dich herum verändert sich und wird einmal vergehen. Das wahre Wesen von allem, die Seele, ist dagegen Zeit überdauernd und ewig. Zeit überdauernd und ewig ist ebenso die Liebe, die du empfangen hast, und die Liebe, die du anderen schenkst. Die Erfahrung menschlicher Liebe bildet die Grundlage zur Erfahrung göttlicher Liebe. Weißt du dich geliebt, wird dein Herz weit und fähig, uneigennützig wiederzulieben. Da Gott, unser Schöpfer und Vater, uns in Jesus Christus, der es unsagbar gut mit uns meint, entgegenkommt, fällt es uns leicht, ihn um der Liebe willen zu lieben. Übertrifft er nicht alle an Güte und Treue? Wenn du seine Gegenwart noch nicht ständig spürst, kannst du ihn überall und jederzeit anrufen und um seine liebevolle Zuwendung und um seine Gegenwart in dir bitten. Bitte aber auch stellvertretend für andere Menschen, dass auch sie ihn als das „Brot des Lebens" oder als das „Licht der Welt" erkennen und lieben lernen.

Lerne es, durch Übung und Gebet deine Gangart dem dir von Gott zugedachten Lebensrhythmus anzupassen. Wenn du die entsprechenden Voraussetzungen schaffst, wird die Liebe Gottes durch dich offenbar, und es erfüllt sich die Bitte: *Dein Reich komme, dein Wille geschehe wie im Himmel, so auf der Erde* (Matthäus 6,10).

5 Das Entscheidende ist immer wieder, frei zu werden für das Wesen Gottes, das uns sucht und in uns anwesend sein möchte. Durch das Gebet der Hingabe werden im ersten Schritt alte, unverarbeitete Eindrücke in dir gelöst. Du wirst frei von Abhängigkeiten und sorgst dafür, dass du von nichts und niemandem gefangen genommen wirst. Der Raum in deiner Seele und in deinem Herzen weitet sich und ist bereit, sich mit göttlicher Liebe und Unendlichkeit füllen zu lassen. Diese neue, alles tragende Wirklichkeit wird für dich zu einer erfüllenden Erfahrung. *Kostet und seht, wie gut der Herr ist* (Psalm 34,9a).

Aus eigener Kraft und durch Leistung wirst du hier nichts erreichen. Du kultivierst ein Feld – bereitest deine Innerlichkeit –, sodass der göttliche Gärtner in dir einen paradiesischen Garten anlegen kann. Und deine Seele beginnt zu grünen, zu blühen und Früchte zu tragen. Wenn diese Gnade dich berührt und du aus ihr leben kannst, darfst du mit Recht sagen: *Alles vermag ich durch den, der mich stärkt* (Philipperbrief 4,13).

Dazu gehört jedoch auch, Zeiten der Dürre und der vermeintlichen Gottesferne unbeschadet zu durchstehen. Halte dich an Jesus Christus, der dir nicht nur in seiner Herrlichkeit, sondern auch in seinem Leiden liebend entgegenkommt und dich in seine Auferstehung hineinruft. Auf den Winter folgt der Sommer, auf die Nacht der Tag und dem Unwetter weicht der strahlend blaue Himmel.

Kapitel IX
Dunkelheit wartet auf das Licht

1 Stehst du im Licht und wirst von göttlicher Gnade getragen, ist es leicht, über die Dunkelheit zu sprechen und darüber, wie man sie überwinden kann. Wenn dich jedoch Dunkelheit umgibt, dein Herz belastet ist und deine Seele schwer, scheint es dir, als gäbe es überhaupt kein Licht. Selbst licht- und gnadenvolle Zeiten, die du erlebt hast, kommen dir unwirklich vor. Gerade dann vertrauend durchzuhalten, wenn wir menschliche und göttliche Zuwendung entbehren müssen, ist etwas sehr Großes. Selbst wenn du glaubst, ein in die Dunkelheit Ausgestoßener zu sein, darfst du auf einen neuen Sonnenaufgang hoffen. Du darfst und solltest dich an die Hochzeiten in deinem Leben erinnern, in denen du menschliche Liebe – und somit auch göttliche Liebe – in Fülle erfahren durftest. Da Jesus genau wusste, wie schnell wir Gutes, das es in unserem Leben gab, wieder vergessen und Dunkelheit sich ausbreitet, hat er die Feier seines Gedächtnisses in die Mitte unseres Christseins gestellt. Ziehe aus der Erinnerung, die in der heiligen Messe zu einer neuen Wirklichkeit wird, die uns von Christus zugesagte Kraft. Mit ihr kannst du deinen Alltag bestehen, Brücken über Abgründe bauen und hoffnungsfroh auf ihn, das Licht der Welt, zugehen. Bereits inmitten

der Dunkelheit erfährst du das Aufgehen des Lichtes, das allmählich die Dunkelheit zum Schwinden bringt. Und erneut kannst du deinen Weg – getragen von der Gnade Gottes – fortsetzen.
Im Licht und im Blick auf das Ziel wirst du die dir auferlegte Last nicht mehr so gravierend spüren. Sie wird leicht, und dir gelingt es, Unabänderliches bejahend anzunehmen.

2 Um von der dunklen Nacht unserer Seele befreit zu werden, solltest du dich immer wieder Christus, dem Licht, zuwenden, anstatt dich von der Dunkelheit beherrschen zu lassen. Sie wird schwinden, wenn du sie nicht zu deinem Mittelpunkt machst, sondern dem Licht Türen und Fenster öffnest, sodass es dir „einleuchten" kann.
Ein einfacher, zum Heil führender Weg ist das Gebet der Ruhe. Du wendest dich in einer kurzen Anrufung, die du oftmals wiederholst, an Jesus Christus und lässt die Dunkelheit, die Gedanken und Vorstellungsbilder unbeachtet. Durch das Aufgehen des Lichtes und der Gnade Gottes geraten sie in Bewegung und verlassen dich.
Habe keine Angst, wenn durch die Kraft des Heiligen Geistes die dunkle Wolkendecke aufreißt, sodass dich die Sonne mit ihren lichten und warmen Strahlen berühren kann. Habe auch keine Sorge, wenn sich erneut Wolkenfetzen vor die Sonne schieben. In dem Bewusstsein, dass nichts verloren ist, sondern alles zu deinem Besten geschieht, wirst du auch die schnell vorübergehende Zeit neuer Schatten hoffnungsvoll

durchstehen. In der Stille deines Gebetes schenkst du diesem reinigenden Vorgang Raum – genau wissend, dass er als Erstes notwendig ist, damit dir Neues und Wesentliches einleuchten kann.

3 Scheue nicht zurück, wenn du immer wieder von Schatten eingeholt wirst. Sie sind flüchtige Wirklichkeit, aber auf deinem geistlichen Weg und dem Licht gegenüber unbedeutend. Halte durch, denn nur so kannst du dem Licht, Christus, dem Sieger über die Dunkelheit und den Tod, bleibenden Raum in dir gewähren. Verlässt du dich dagegen auf dich selbst, auf deinen Verstand und deinen Willen, wirst du zwar vorübergehend die Dunkelheit ausschließen können, doch auflösen kannst du sie nur mit ihrem Gegenteil. Überlege daher sorgsam, wie du mit deiner kostbaren Zeit, die du nur einmal zur Verfügung hast, verantwortlich umgehst. Du kannst vor der Dunkelheit nicht fliehen; sie holt dich ein. Wenn du sie aber über dich ergehen lässt – ganz ohne Kreuz ist diese unsere Welt nicht denkbar – und dich an den Schöpfer des Lichtes, der Wahrheit und der Liebe hältst, wirst du dein Leben, gereift durch viele Versuchungen, Einsamkeiten und Schmerzen, erfolgreich bestehen.

4 Du wirst bei vielem, was du tust, die Unterstützung des Himmels erfahren. Nimm sie dankbar an, bleibe dir jedoch bewusst, dass es eine Gabe Gottes ist, die du nicht durch eigenen Verdienst erworben hast. Erhebe dich nicht und bleibe auch dann bescheiden, wenn dir gelingt, was du dir vorgenommen hast.

Siehst du größere Zusammenhänge ein, wird dir noch tiefer bewusst, dass der Schöpfer für dich sorgt und deinen Weg bereitet. Er, der immer aus Liebe handelt, kann dich jedoch auch durch Prüfungen und Versuchungen schicken, um deinen Weg zu ihm zu ebnen. Zweifle nicht an ihm und seiner Liebe zu dir, und wisse um die Notwendigkeit möglicher Reinigungsprozesse. Halte durch und warte in Geduld, bis du das Licht des Himmels wieder siehst. Dann wirst du eine wunderbare Erfahrung machen: Du bist fähig geworden, wesentlich mehr Licht und göttliche Güte in dich aufzunehmen als zuvor.

Dieser Wechsel von Licht und Schatten, von Gottesnähe und scheinbarer Gottesferne ist denen, die mit Gottes Wegen vertraut sind, weder etwas Neues noch etwas Unerhörtes. Wie du aus dem Leben vieler Gott naher Menschen und aus dem Leben der Heiligen und Propheten weißt, haben auch sie diesen Wechsel an sich erfahren.

5 David drückt diesen Wechsel in seinem Lied „Dank für die Rettung aus Todesnot" mit den folgenden Worten aus:

Im sicheren Glück dachte ich einst:
Ich werde niemals wanken.
Herr, in deiner Güte
hast du meinen Berg gefestigt.
Du hast dein Angesicht verborgen.
Da bin ich erschrocken.
Zu dir, Herr, will ich rufen
und zu meinem Herrn um Gnade flehn:

Höre, Herr, und sei mir gnädig!
Herr, sei du mein Helfer!
Du hast mein Klagen in Tanzen verwandelt,
mein Trauergewand hast du gelöst und mich umgürtet mit
Freude
(Psalm 30,7-9.11-12).

Möge dir dieser Psalm Beweis dafür sein, dass der Herr niemanden bevorzugt und niemandem schon in dieser Welt letzte Sicherheit verleiht. Lass den Mut nicht sinken, wenn du nach Hochzeiten deines geistlichen Lebens ein Tief durchstehen musst und somit auch Gottesferne zu erfahren glaubst. Der Geist Gottes kommt und geht, wie er will.

6 Worauf und auf wen kannst du dich verlassen und deine Hoffnung setzen? Die Barmherzigkeit Gottes und seine Gnade sind das einzig wahre und tragende Fundament, auf das du bauen kannst.
Ich aber bin wie ein grünender Ölbaum im Haus Gottes,
ich vertraue auf die Güte Gottes immer und ewig (Psalm 52,10).

Seid nüchtern und setzt eure Hoffnung ganz auf die Gnade,
die euch bei der Offenbarung Jesu Christi geschenkt wird
(1. Petrusbrief 1,13).

Mögen auch in Zeiten geistlicher Dürre liebe, Gott nahe Menschen um dich sein, treue Freunde, geistliche Bücher, Musik oder gregorianische Gesänge – du fühlst dich trotzdem einsam und leidest, da, wie es dir scheint, die göttliche Gnade dich verlassen hat. Zum Heil führen dich deine Geduld und das Gebet der Hingabe, indem du deinen Willen aufgibst und dich vertrauend in die Hände Gottes legst.

7 Es gibt wohl keinen Menschen – selbst wenn er in seiner geistlichen Entwicklung noch so fortgeschritten ist –, der nicht immer wieder oder von Zeit zu Zeit leidvolle Phasen und das schmerzliche Gefühl von Gottesferne durchzustehen hat. Niemand, der in dieser Welt lebt, ist so hell und dauerhaft erleuchtet, dass er nicht auch früher oder später heftige Versuchungen auszuhalten hat. Eine Prüfung weist mit Sicherheit auf bald darauf eintretende besondere Gnadenzuwendungen Gottes hin. *Wer siegt, dem werde ich zu essen geben vom Baum des Lebens, der im Paradies Gottes steht* (Offenbarung 2,7b).

8 Göttliches Heil strömt dir in Fülle zu, weil dich der Vater liebt und eins mit dir werden möchte. Versuchungen, Prüfungen und Durststrecken lässt er dann zu, wenn es für dich keinen anderen Weg zum Heil gibt, außer über diese Umwege. Erhältst du das Gute aus seiner Hand, erfüllt es nicht nur dein Herz, sondern es will dir auch helfen, kommende Stürme besser und schneller zu überstehen. Der Wechsel zwischen Gottesnähe und Gottesferne, den jeder mehr oder weniger erfährt, lässt dich niemals überheblich und stolz werden. Er vermittelt dir jedoch auch nicht das Gefühl ständiger Verlassenheit und Hoffnungslosigkeit. In dieser Welt wird uns noch kein vollkommenes

Leben zuteil; wir bleiben auf dem Weg und müssen immer wieder mit Gefahren, Unwegsamkeiten und Anfeindungen rechnen.

Kapitel X
Dankbar aus vollem Herzen

1 Niemand von uns wird verschont, ein Kreuz zu tragen. Du weißt aus deiner eigenen Lebenserfahrung, dass Zeiten der Freude und des inneren Erfülltseins immer wieder abgelöst werden durch ihr Gegenteil. Übe dich daher in Geduld, wenn dunkle Seiten in dir hochkommen, die das innere Licht vorübergehend verschatten. Jeder Mensch – selbst wenn er seine Religion nicht praktiziert – hat das innere Verlangen nach einem andauernden Zustand, in dem er glücklich sein kann. Es ist eine Sehnsucht, die nicht durch Vergängliches erfüllt wird, sondern nur durch geistliches und ewiges Leben. Mitten in unserem Alltag – mit seinen Aufgaben und Verpflichtungen – ist es möglich, geistliches Leben einzuüben. Im ersten Schritt lösen sich alle Verkrampfungen, und alle ungelösten Eindrücke beginnen sich auszudrücken. Auch während dieser Phase innerer Entwicklung können uns bereits himmlische Augenblicke geschenkt werden. Genießen wir sie als wunderbare Gabe Gottes solange und ausgiebig, wie sie uns zuteilwerden.

2 Bilden wir uns jedoch auf unseren Status etwas ein oder gehen wir mit unserer inneren Freiheit nicht verantwortungsvoll um, verschließen wir damit die Quellen, die uns die Güte Gottes erschlossen hat. Um den Zugang zum Wesensgrund alles Seienden, zu Gott, nicht zu unterbrechen oder gar zu versperren, kommen uns bestimmte Aufgaben zu.

- Bleibe in der Bewegung des Abgebens und Empfangens.
- Halte nichts fest, damit die Schöpfung durch dich nicht ins Stocken gerät.
- Gib einen Teil deiner Zeit dem Schöpfer zurück, indem du das Gebet der Ruhe pflegst.
- Hast du von ihm in der Tiefe deiner Seele Gnade empfangen, schenke sie an andere Menschen weiter, damit dir neue Gnade zuströmen kann.
- Vor allem aber: Sei Gott dankbar für seine liebevolle Zuwendung und für all die Gaben, die er dir zur Unterstützung und Vervollkommnung deines Lebens schenkt.

3 Je weiter du fortschreitest, desto größer wird auch die Gefahr, dass du dich infolge deiner geistlichen Erfahrungen über andere stellst und sie nach deinen Maßstäben beurteilst. Achte in ganz besonderer Weise darauf und bleibe bescheiden. Lass dich nicht blenden, denn

- nicht alles, was hoch ist, ist auch heilig,
- alles Angenehme ist nicht immer gut,
- vieles, was als wertvoll gilt, hat letztlich keinen Wert,
- nicht jede Liebe ist Gott gefällig,
- hinter manchen Wünschen steckt eine lebenszerstörende Kraft,

- vieles, was als natürlich bezeichnet wird, ist es in Wirklichkeit nicht,
- nicht alles, was den Menschen gefällt, gefällt auch Gott.

Du darfst davon ausgehen: Wahre Gnade lässt dich bescheiden sein; sie führt eher zur Demut als zur Überheblichkeit. Du wirst wachsamer und umsichtiger, mehr bereit, dich im Gebet auf Gott zu verlassen. Wer durch die Gnade, die er empfangen hat, wissend, und durch die Gnade, die er schmerzlich wieder verloren hat, weise geworden ist, der befindet sich auf dem rechten Weg und ist Vorbild für andere Menschen. Danke Gott für seine liebevolle Zuwendung, für seine Gnade – aber auch für die Zeiten, in denen du gegenteilige Erfahrungen machst. Sie lassen dich reifen und von Mal zu Mal weiser werden.

4 *Wenn du eingeladen bist, geh hin und nimm den untersten Platz ein, damit dein Gastgeber zu dir kommt und sagt: Mein Freund, rück weiter hinauf!* (Lukas 14,10). Das Oberste hat ohne das Unterste keinen festen Boden; die Höhe ist niemals ohne einen stabilen Grund denkbar. Ein wirklich großer Mensch sieht sich selbst nicht als groß an. Er weiß um seine eigenen Grenzen und um die Grenzenlosigkeit Gottes. Mit seinem Aufstieg wächst auch seine Demut. Je höher Gott ihn zu sich erhebt, desto tiefer neigt er sich vor ihm. Jemand, der diese innere Haltung besitzt und lebt, weiß, dass alles Gute, was er empfangen hat, allein dem Schöpfer zuzuschreiben ist. Vor dieser unendlichen Güte

Gottes treten die Ehre und die Anerkennung, die sich Menschen gegenseitig erweisen, zurück. *Wie könnt ihr zum Glauben kommen, wenn ihr eure Ehre voneinander annehmt, nicht aber die Ehre sucht, die von dem einen Gott kommt?* (Johannes 5,44).

5 Sei dankbar für das Geringste, das dich würdig macht, Größeres zu empfangen. Lass dir die geringste Gabe so lieb sein, als wäre sie die höchste. Wenn du auf die Würde des Gebers siehst, so ist keine Gabe gering und kein Geschenk unbedeutend. Was Gott, der Allerhöchste, dir schenkt, kann nicht gering sein. Selbst wenn er dir etwas schickt, was dir nicht angenehm ist, sollte es dankenswert sein, da alles zu unserem Heil beiträgt, was er uns zukommen lässt. Wer Gottes Gnade behalten möchte, der sei dankbar für die empfangene Gnade und bleibe geduldig, wenn sie ihm entzogen wird. Er sollte beten, dass sie wiederkehrt, und sollte behutsam und demütig sein, damit er sie nicht erneut verliert.

Kapitel XI
Trage und überwinde dein Kreuz – zusammen mit Christus

1 Ein Leben in dieser Welt ganz ohne Leid ist nicht vorstellbar. Sowohl körperliche Schmerzen als auch seelisches Leid können einen Menschen an den Rand seiner Existenz führen – ja, ihn sogar dazu bewegen, sich selbst das Leben zu nehmen. In Jesus

Christus ist Gott Mensch geworden, um uns in allem, was unser Leben ausmacht, nahe zu sein und uns beizustehen. Doch leider sind viele Christen nicht oder noch nicht in der Lage, ihr Kreuz mit Christus zusammen zu tragen. Sie verstehen es zudem nicht, in guten Tagen einen Teil ihrer Kraft und Zeit denjenigen anzubieten, die unter der Last ihres Kreuzes zusammenbrechen. *Wer nicht sein Kreuz trägt und hinter mir hergeht, der kann nicht mein Jünger sein* (Lukas 14,27).
Einer trage des anderen Last; so werdet ihr das Gesetz Christi erfüllen (Galaterbrief 6,2).

- Viele hören begeistert die Worte der Bergpredigt – wenige jedoch sind bereit, sie auch konsequent zu leben.
- Viele sehnen sich nach der Auferstehung – wenige sind aber willens, vorher ihr Kreuz anzunehmen.
- Viele möchten mit Christus zusammen essen und trinken – wenige aber wollen auch mit ihm fasten. *Es gibt einen Freund als Tischgenossen, am Tag deiner Not bleibt er nicht* (Jesus Sirach 6,10).
- Viele genießen das Leben in Fülle – wenige jedoch üben zwischenzeitlich Enthaltsamkeit.
- Viele erfreuen sich an ihrem Christsein – wenige sind allerdings bereit, mit Christus auszuhalten.
- Viele folgen Jesus bis zum Brechen des Brotes – wenige folgen ihm jedoch bis zum Trinken des Leidenskelches. *Ihr wisst nicht, um was ihr bittet. Könnt ihr den Kelch trinken, den ich trinken werde?* (Matthäus 20,22).
- Viele sind erfüllt von den Wundertaten Jesu – wenige aber können mit ihm die Last des Kreuzes aushalten.

- Viele loben und ehren den Herrn, solange es ihnen gut geht – wenige halten jedoch die Verbindung zu ihm aufrecht, wenn ihnen Widriges zustößt.
- Viele sind nur dann von ihrem Glauben überzeugt, wenn ihnen Gnade zuströmt – wenige Menschen aber nur verlieren ihren Mut nicht und klagen nicht, wenn sich Christus verbirgt oder sie kurze Zeit allein lässt.

2 Diejenigen, die in einer tiefen Verbundenheit mit Jesus Christus leben und ihn nicht nur wegen eigener Vorteile lieben, sind keinen Schwankungen unterworfen und zweifeln nicht. Sie ehren und lieben ihn auch dann, wenn ihr Herz bedrängt und die Welt um sie finster ist. Gnadenreiche Erfahrungen, die sie einmal gemacht haben, sind so tief in ihr Bewusstsein graviert und in ihr Herz geschrieben, dass keine Macht der Welt sie auslöschen kann.

3 Die reine Liebe zur Wahrheit und zum Leben, das Christus selbst ist, diese Liebe ohne Eigennutz, vermag unendlich viel. Beweisen nicht diejenigen eher Eigenliebe als Christusliebe, die nur auf ihren persönlichen Vorteil und Gewinn bedacht sind? Wo findest du den, der aus tiefer Überzeugung und liebendem Herzen bereit ist, uneigennützig der Botschaft Jesu zu folgen und damit Gott und der gesamten Schöpfung zu dienen?

4 Du kannst diesen Weg gehen; er ist einfach und führt dich von selbst weiter, wenn du zunächst

einmal im Gebet der Hingabe die „Armut im Geiste" einübst, von der Jesus am Beginn der Bergpredigt spricht. Indem du bewusst keine eigenen Gedanken aufnimmst, sondern eine einfache Bitte um Erbarmen innerlich wiederholst, nimmt deine gedankliche Aktivität von selbst ab. Du kannst somit allen geistigen Besitz loslassen, sodass dein Geist ganz einfach und leicht in der strengen Armut dieser kurzen Gebetsanrufung schwingen kann. Im Gebet der Ruhe leben, ja, atmen wir diese Armut immer mehr. Es ist die einfache, in sich selbst schwingende Ruhe, die den Reichtum der gesamten Schöpfung in sich enthält, die Ruhe, von der am siebten Schöpfungstag Gott selbst spricht. Dieses wunderbare Ruhegebet übertrifft alle Perlen an Wert. Gäbe ein Mensch all seine Habe, so könnte er diesen Wert nicht aufwiegen. Ist Reichtum auch begehrenswerter Besitz im Leben: Was ist dann reicher als die ruhevolle göttliche Weisheit, die in allem wirkt? Wenn sie in dir durch das Gebet der Ruhe zum Leben erwacht und wirksam ist: Wer in der Welt ist ein größerer Meister als sie? Wenn du den Sinn allen Lebens verstehen möchtest und nach reicher Erfahrung strebst: Die in dir ruhende göttliche Weisheit kennt das Vergangene und offenbart dir das Kommende. Würdest du auch über alles Wissen verfügen, große Werke vollbringen und Buße auf dich nehmen, so fehlt dir noch viel. Hättest du die besten Lebensqualitäten entwickelt, dich erfolgreich in den Tugenden geübt und die Gebote beachtet, so wäre das alles nichts gegen das Eine, das Notwendige. Was ist denn das Eine, das Unentbehrliche?

Jesus sagt es mit einem für viele Menschen unverstehbaren Wort: *Wer aber sein Leben um meinetwillen verliert, wird es finden. Was nützt es einem Menschen, wenn er die ganze Welt gewinnt, dabei aber sein Leben einbüßt?* (Matthäus 16,25b-26a).

Im Gebet der Hingabe, im Gebet der wahren Nachfolge Jesu, verlässt du alles – vornehmlich dich selbst, dein Wollen, Denken und Fühlen. Was in der Tat kann vollkommener oder höher sein, als die Bewusstwerdung Gottes im einfachen Gebet der Hingabe geschehen zu lassen? Was kann erfüllender sein, als durch das Dahinströmen-Lassen einer einzigen kurzen Gebetsschwingung alle sichtbare Begrenztheit zu überschreiten und sich Gott, dem unbegrenzt Ewigen, dem Urgrund der Liebe, zu nähern?

5 Mit der Hingabe an ihn, mit der du alles gibst, was du besitzt und bist, legst du dich voll Vertrauen in die Hände Gottes. Hier erfüllt sich das Wort Jesu vom Verlieren des Lebens, um es durchstrahlt von der Liebe Gottes neu zu empfangen. Hier werden die durch den Verstand nicht einsehbaren Worte Jesu zu einer realen Erfahrung.

- *Dein Wille geschehe wie im Himmel, so auf der Erde* (Matthäus 6,10).
- *Wer der Erste sein will, soll der Letzte von allen und der Diener aller sein* (Markus 9,35).
- *Wenn ihr nicht umkehrt und werdet wie die Kinder, werdet ihr nicht in das Himmelreich hineinkommen. Wer sich so klein macht wie dieses Kind, der ist im Himmelreich der Größte* (Matthäus 18,3-4).

- *Mit dem Himmelreich ist es wie mit einem Schatz, der in einem Acker vergraben war. Ein Mann entdeckte ihn und grub ihn wieder ein. Und in seiner Freude ging er hin, verkaufte alles, was er besaß, und kaufte den Acker* (Matthäus 13,44).
- *Auch ist es mit dem Himmelreich wie mit einem Kaufmann, der schöne Perlen suchte. Als er eine besonders wertvolle Perle fand, ging er hin, verkaufte alles, was er besaß, und kaufte sie* (Matthäus 13,45-46).
- *Ich bin das lebendige Brot, das vom Himmel herabgekommen ist. Wer von diesem Brot isst, wird in Ewigkeit leben. Das Brot, das ich geben werde, ist mein Fleisch für das Leben der Welt* (Johannes 6,51).
- *Meine Gnade genügt dir; denn die Kraft wird in der Schwachheit vollendet. [...] Denn wenn ich schwach bin, dann bin ich stark* (2. Korintherbrief 12,9a.10b).

Kapitel XII
Das Kreuz – ein königlicher Weg

1 Für viele ist das Wort Jesu vom Kreuz unverständlich, für andere ist es eine Herausforderung, und wieder andere wissen nicht, wie sie es verwirklichen sollen. *Wenn einer hinter mir hergehen will, verleugne er sich selbst, nehme sein Kreuz auf sich und folge mir nach* (Matthäus 16,24).
Daraufhin zogen sich viele seiner Jünger zurück und gingen nicht mehr mit ihm umher. Da fragte Jesus die Zwölf: Wollt auch ihr weggehen? (Johannes 6,66-67).
Verlängerst du den horizontalen Kreuzbalken, um-

fasst er den gesamten Erdkreis; lässt du den Längsbalken über sich hinauswachsen, verbindet er die Erde mit dem Himmel. Das Zeichen des Kreuzes wird am Himmel stehen, wenn am Ende der Zeiten Christus wiederkommt. *Danach wird das Zeichen des Menschensohnes am Himmel erscheinen* (Matthäus 24,30a).
Und spätestens zu dieser Zeit wird jedes Kreuz, das sich die Menschen selbst auferlegten oder das ihnen auferlegt wurde, Erlösung finden und in eine Himmel umspannende Freude gewandelt werden. *Ich bin nämlich überzeugt, dass die Leiden der gegenwärtigen Zeit nichts bedeuten im Vergleich zu der Herrlichkeit, die an uns offenbar werden soll* (Römerbrief 8,18).

2 Einerseits hat das Kreuz etwas sehr Belastendes und Abschreckendes an sich – und es stellt sich die Frage, woher es kommt und warum es nicht zu umgehen ist. Andererseits hat das Kreuz, das Christus überwunden hat, erlösenden und befreienden Charakter. Nimmst du das dir zugedachte Lebensschicksal mit all seinen Hochzeiten und seinen Zeiten des Kreuztragens bejahend an, werden dir vor allem die schweren Zeiten leichter fallen – und letztlich der Tod, der in ein neues Leben führt. Unumgängliches trage zusammen mit Christus, der dir den Weg in die Überwindung des Kreuzes zeigt. Fliehe also weder vor den Konsequenzen deiner falschen Handlungen noch vor dem, was dir aus vielleicht noch nicht einsehbaren Gründen auferlegt wurde. Schaust du in der Hoffnung auf Erlösung von allem Schweren auf Christus, der aus Liebe zu dir dein Kreuz mitträgt und es dir ab-

nimmt, wirst du den königlichen Weg über das Kreuz richtig verstehen.

Du wirst im folgenden „Lobpreis" des Kreuzes sehen, dass es nicht darum geht, das Kreuz zu suchen, sondern es anzunehmen und es mit Christus, der uns in seine Auferstehung hineinnimmt, zu überwinden. Aus dieser Heilsgewissheit und aus eigener Erfahrung kannst du vielleicht die folgenden Worte besser verstehen.

- Betrachte das unausweichlich zu tragende Kreuz als Brücke, die dich zum Himmel führt.
- Im Kreuz, das du zusammen mit Christus trägst, ist Heil und Leben.
- Im Kreuz, das dich über dich selbst hinausführt, ist Schutz vor widergöttlichen und zerstörerischen Kräften.
- Du erfährst innere Stärkung, wenn du die dir zukommende Last annimmst, um sie mit Christus aufzulösen.
- Obwohl du vielleicht das Kreuz als Unheil ansiehst, ist bereits im Kreuz – da es von Gottes anziehender Liebe durchstrahlt ist – vollendete Heilung.

Nimm also dein Kreuz auf dich und folge Christus nach. Er ist dir vorausgegangen und immer bei dir, damit auch du einmal vor dem Tod und damit vor dem Übergang in das ewige Leben keine Angst mehr zu haben brauchst. *Sind wir nun mit Christus gestorben, so glauben wir, dass wir auch mit ihm leben werden* (Römerbrief 6,8).

3 Mit der Kreuzesnachfolge Jesu Christi bis in den Tod darfst du dir unter keinen Umständen ein gänzlich dem Tode geweihtes Leben im Suchen von Leid vorstellen. Als Erstes bittet er dich, immer wieder dich zu „verleugnen". Damit meint er, nicht unser Ego, unseren Willen und unsere Vorstellungen in den Mittelpunkt von allem zu stellen, sondern uns zwischenzeitlich immer wieder „aufzugeben", das heißt, uns in Hingabe in Gott fallen zu lassen. Du empfängst dabei neue Kräfte und Einsichten, die dein vielleicht verhaftetes Leben umgestalten. Verstehe von hier aus den Sinn des Wortes, mit Christus zu sterben, um zu leben.

Es ist ein königlicher Weg, den du täglich einüben solltest. Du brauchst dabei nichts zu leisten, sondern darfst, wenn du alles aus der Hand legst und dich auch innerlich öffnest, neue Lebenskraft empfangen und mit Christus auferstehen. Dass dieser Weg über das Kreuz führt – über die bejahende Annahme des Lebens, wie es uns zugedacht ist –, ist unabwendbar. Die Zusage, täglich im Gebet der Hingabe sich selbst zu sterben, um im wahren inneren und dauerhaften Frieden zu leben, bezieht sich nicht nur auf die kommende Welt, sondern ebenso auf das Hier und Jetzt.

Wende dich, wohin du willst – suche, was immer du willst: Du wirst keinen einfacheren und schnelleren Weg zum Heil finden als das Gebet der Hingabe, in das allerdings auch das Kreuz einbezogen ist. Doch gerade das wirst du auf dem weiteren Weg in die Auferstehung überwinden.

4 Es gibt Zeiten, in denen du glaubst, von Gott verlassen zu sein. Es gibt Zeiten, in denen dir die Mitmenschen viel zu schaffen machen. Und wiederum gibt es Zeiten, in denen du dir selbst im Wege stehst und dir zur Last wirst. Diese Phasen in deinem Leben können für dich zu einem Kreuzweg werden, den du weder abschütteln noch umgehen kannst. Im Hinblick auf das Ziel – die Erlösung und die Befreiung von allem Leid – wirst du ihn bis zu seinem Ende durchgehen können. Doch schon mitten auf diesem Weg wirst du spüren, dass jemand anderer dein Kreuz mitträgt und hier bereits durch ihn Wandlung geschieht. Und was und wer wirst du erst einmal sein, wenn die Last und die Qual des Kreuzes von dir abgefallen sind und du Wandlung erfahren hast? Du bist Christus und seinem wahren Wesen nähergekommen und gestaltest dein Leben neu – noch tiefer und inniger verbunden mit ihm.

Doch eines wisse: Du kannst nur reifen, in deiner Persönlichkeitsentwicklung Fortschritte machen und dem Geheimnis des Lebens auf die Spur kommen, wenn du durch Hingabe an Gott „stirbst" und dich vom ihm auferwecken lässt zu neuem Leben. Sage Ja zum Geheimnis des Glaubens, ohne es intellektuell ständig durchdringen zu wollen. Sage Ja zu dir selbst, zu dem, was hinter dir liegt, zu dem, wovon du dich trennen musst, und vor allem zu dem, was dich an Wunderbarem erwartet.

Und noch eines wisse: Wohin du auch gehst, du nimmst dich selbst mit. Und was und wo du auch suchst, du findest dich selbst. Wende dich aufwärts, wende dich abwärts, wende dich nach außen, wende dich nach innen: Überall und in allem begegnet dir die Sehnsucht nach Erlösung und die Chance, an einer Kreuzung den richtigen weiterführenden Weg zu finden.

5 Wenn du Ja sagst zu den unabwendbaren Konsequenzen deines Lebens und sogar noch bereit bist, Schweres, das du nicht einsiehst, und vielleicht auch das Schwere anderer Menschen, ein Stück weit mitzutragen, wird das Kreuz, das du somit auf dich nimmst, dich selbst über weitaus gefährlichere Abgründe tragen. Durch die Annahme eines vorübergehend notwendigen Leidens wirst du am schnellsten und sichersten zu dem ersehnten Ziel, dem Ende des Leidens, geführt. Trägst du jedoch das dir zukommende Kreuz unwillig, so machst du es damit noch schwerer. Wirfst du dein Kreuz ab, so wirst du mit Sicherheit ein anderes auf dich nehmen müssen, das weitaus schwerer wiegt.

6 Glaubst denn du, das vermeiden zu können, was kein Mensch bisher vermeiden konnte – dem zu entkommen, an dem kein Sterblicher vorbeigehen konnte? Jesus Christus hat uns den Weg geebnet, der für uns – ihm folgend – zu einem königlichen Weg geworden ist. *So steht es geschrieben: Der Christus wird leiden und am dritten Tag von den Toten auferstehen. [...] Musste nicht der Christus das erleiden und so in seine Herrlichkeit gelangen?* (Lukas 24,46.26).
Und du willst eventuell einen weitaus mühsameren

Weg im Alleingang einschlagen als diesen königlichen Weg, den Christus für uns geheiligt hat und für dich durch seine Gegenwart immer neu heiligt?

7 Du erfährst im Gebet der Hingabe und bereits schon nach einiger Zeit auch außerhalb deines Gebetes eine tiefe, wohltuende Ruhe und inneren Frieden. Es ist wohl von jedem nachvollziehbar, dass du den Wunsch hast, diese innere Ausgewogenheit, die tiefe Ruhe und der Friede deiner Seele mögen dich nie mehr verlassen. Diese Sehnsucht wird sich allerdings in dieser Welt noch nicht dauerhaft erfüllen. Schau auf Jesus Christus: Auch er musste es zulassen, dass die hohen Zeiten, die er im Gebet und zusammen mit seinen Jüngern erleben durfte, für ihn als Mensch nicht zu einer bleibenden geistigen Heimat wurden. Das Kreuz stellte sich ihm fordernd in den Weg, und er nahm es schweigend an – in der Gewissheit, es tragen und überstehen zu können. Als Erhöhter möchte er allen bis zum Ende der Zeiten in Gefahren, Ängsten und Schmerzen beistehen, damit sie mit seiner Hilfe das ihnen auferlegte Kreuz leichter überwinden können.

8 Solltest du diese Erfahrung bisher noch nicht grundlegend gemacht haben, so halte die Zusage Jesu Christi, dir in Not und Gefahr besonders nahe zu sein, nicht für eine auf ferne Zukunft hinweisende Hoffnung. Er möchte dich schon jetzt aus der Gefangenschaft deiner engen Vorstellungswelt und deines kleinen Ego befreien, dich sehender machen für die

Wunder und Schönheiten der Schöpfung und dich stärken, dass du auf dich zukommende Belastungen tragen kannst. Wenn du dich der Quelle der Liebe in dir öffnest, wird dir kein Unheil mehr etwas anhaben und dich vom Weg mit Christus abbringen können.
Förderst du durch dein Gebet und dein Tun die Nähe zu ihm, erlebst du schon bald, wie deine Last leicht und das dir auferlegte Kreuz lichtvoll verwandelt wird. Dir fließen ungeahnte Kräfte zu, die es dir erlauben, zeitweilig das Kreuz anderer Menschen mitzutragen und es zur Wandlung zu führen. Aus eigenem Willen jedoch und ohne die hinzukommende Gnade Jesu Christi vermag sich weder bei dir noch bei anderen eine Wandlung zum Heil zu vollziehen.

9 Es liegt nicht in der Natur des Menschen, das Kreuz gern und freiwillig anzunehmen, ja, sogar das Kreuz zu lieben. Wir möchten unbeschwert sein und sehnen uns nach einem dauerhaften glücklichen Zustand. Ihm jedoch steht nur allzu häufig Störendes im Wege, das zunächst abgebaut und aufgelöst werden muss. Und das bedeutet für die meisten Menschen, dass sie zeitweilig einen Kreuzweg gehen und Leid erfahren. Aus uns selbst vermögen wir diese notwendige Arbeit nicht zu leisten. Wenn wir vor ihr fliehen, wird sie eines Tages umso größer und noch wesentlich angstmachender sein.
Wende dich immer, in guten und in schlechten Zeiten, an den Herrn und bitte ihn um seine Zuwendung und sein Erbarmen. Mit ihm, dem Sieger über das Kreuz und alle Kreuze der Welt, wirst du selbst zum Sieger

über die Dunkelheit in dir. Weder eine Macht der Welt noch die Mächte der Unterwelt können dir etwas anhaben, wenn du dich zu Christus bekennst, dich unter das Kreuz stellst, um von ihm angezogen und verwandelt zu werden. *Und ich, wenn ich über die Erde erhöht bin, werde alle zu mir ziehen* (Johannes 12,32).

10 Mit dieser anziehenden Kraft der Liebe Gottes wirst du einerseits einen tieferen Einblick in die Abgründe der Welt gewinnen, andererseits aber so gefestigt sein, dass du für dich selbst und für andere zu einer festen Brücke über dem Abgrund wirst. Du hast es gelernt – und das ist das größte Mittel gegen das Leid, die Angst und die Dunkelheit –, dich selbst anzunehmen und zu ertragen. Du hast bereitwillig aus dem Kelch, den der Herr dir gereicht hat, getrunken, bist zu seinem Freund geworden und hast Anteil an ihm.

11 Aus dieser Verbundenheit mit dem Höchsten bist du fähig geworden, dich vom Leid nicht gänzlich niederdrücken zu lassen, sondern Gegenkräfte zu entwickeln, die zum Heil führen. Der Schöpfer wendet sich dir auch inmitten der Verschattungen deines eigenen Herzens zu und erfüllt dich mit seiner lichtvollen Gnade. Du weißt, wie unendlich gut er es mit dir meint und dass du immer zu ihm zurückkehren kannst, wenn du dich von ihm entfernt hast. Solange du dich aber gegen Unangenehmes und Belastendes, das du durchstehen solltest, wehrst oder gar davonläufst, wird es dich einholen, und du fühlst

dich unwohl. Angst macht sich in dir breit und verfolgt dich überall.

12 Gehst du jedoch konsequent und ohne Umschweife den dir zugedachten und auferlegten Weg, ohne dich vor irgendeiner Last und letztlich vor dem Tod zu fürchten, wird sich dein Leben schnell zum Besseren wandeln. Du wirst Frieden finden und Lebensfreude ausstrahlen. Es gehört zu unserem Erbteil in dieser Welt, dass wir das Leiden zwar verringern können – ganz ausschließen können wir es jedoch niemals.

13 Der Herr bittet Hananias, der sich zunächst dagegen sträubt, Saulus die Hände aufzulegen. *Geh nur! Denn dieser Mann ist mir ein auserwähltes Werkzeug: Er soll meinen Namen vor Völker und Könige und die Söhne Israels tragen. Denn ich werde ihm zeigen, wie viel er für meinen Namen leiden muss* (Apostelgeschichte 9,15-16).
Um des Namens Jesu willen, das heißt für den rechten Weg, die Wahrheit und für ein Leben in innerer und äußerer Freiheit einzutreten, ist es zeitweilig unvermeidbar, Leiden auf sich zu nehmen. Wie viel neue Lebenskraft käme dir zu, wie jubelten diejenigen, die dein Leben aus höherer Warte sehen, und wie berührt wären auch viele deiner Mitmenschen, wenn du um des Namens Jesu willen etwas mehr aushalten würdest? Viele sprechen zwar von dieser Bereitschaft und der hinzukommenden Geduld, doch nur wenige sind um des Glaubens willen belastbar und geduldig.

14 Betrachte dein Leben und das der anderen, und du wirst als Erstes sehen, dass alles einem ständigen Wechsel unterlegen ist. Nur durch das wiederholte Sterben mit Christus mitten im Leben wird dir ganz allmählich die sich nicht verändernde, ewige Dimension des Lebens bewusst. Du erfährst diesen verlässlichen Grund in dir, und es wird für dich zu einer großen inneren Freude, für Gott zu leben. Kannst du auf diesem Weg immer wieder das lassen, was nicht zu dir gehört, wirst du fähig, Himmlisches zu erfassen. Deine Sehnsucht wird sich nur dann dauerhaft erfüllen, wenn du im Abgeben – und damit im „Sterben" – dich selbst täglich neu in die Hände Gottes zu legen vermagst.

15 Gäbe es einen sichereren Weg zum Heil als Hingabe, so hätte uns Jesus Christus diesen durch sein Wort und sein Beispiel gelehrt. In seiner Nachfolge führte er uns den Weg, den er selbst ging und gehen musste: Er bejahte von Grund auf das Leben, wich der Notwendigkeit, das Kreuz zu tragen, nicht aus und überwand in der Auferstehung alle Dunkelheit und Schwere. Da er, Christus, weiß, dass wir davor zurückschrecken, das Kreuz anzunehmen, um zur Erlösung zu gelangen, ist er uns den Weg vorausgegangen. *Zu allen sagte er: Wenn einer hinter mir hergehen will, verleugne er sich selbst, nehme täglich sein Kreuz auf sich und folge mir nach* (Lukas 9,23).

DRITTES BUCH

Innerlichkeit leben

Kapitel I
Christus spricht zur Seele

1 *Ich will hören,
was Gott redet* (Psalm 85,9a).

- Wohl dem, der in seinem Inneren eine leise Stimme hört, die ihm die Botschaft Gottes vermittelt.
- Wohl dem, der Ohren hat, die wahrhaft hören, und der sich nicht durch unwahres Zuflüstern täuschen lässt.
- Wohl dem, der Augen hat, die sich zeitweilig dem Äußeren verschließen, um nach innen zu blicken und die zarten Regungen der Seele wahrzunehmen.
- Wohl dem, der Zugang zu seiner Seele hat, die ihm himmlische Geheimnisse offenbart.
- Wohl dem, der durch sein Gebet das Ewige berührt und aus dieser Kraft sein Leben gestaltet.
- Wohl dem, der keine neuen Hindernisse aufschichtet und einen immer weiteren Zugang zur Quelle allen Lebens findet.
- Wohl dem, der durch Übungen gelernt hat, seiner Natur zu folgen und sich im Gebet Gott ganz hinzugeben.

Beachte diese sieben Wahrheiten, nimm dir Zeit, schließe die Fenster deiner äußeren Wahrnehmung und wende dich nach innen, damit du hören kannst, was der Herr, dein Gott, in dir spricht. *Verleih daher deinem Knecht ein hörendes Herz, damit er [...] das Gute vom Bösen zu unterscheiden versteht* (1 Könige 3,9a).

2 So spricht der, der dich sucht und mit seinem Wesen in dir anwesend sein möchte: Ich bin dein Heil, ich bin dein Friede, ich bin dein Leben. Komm zu mir und halt dich fest an mir. So wirst du tiefe Ruhe und inneren Frieden finden. Klammere dich nicht an das Vergängliche, sondern suche das Beständige, das Ewige. Was können dir schon äußere Dinge geben, und was nutzen dir alle Geschöpfe, wenn du keine Verbindung zum Schöpfer hast? Suche den Höchsten zuerst und verzichte dabei auf alles, denn das Notwendige wird dir danach von selbst zufallen. ·

Kapitel II
Wahrheit offenbart sich wortlos

1 Der Mensch:
Rede, denn dein Diener hört (1 Samuel 3,10b). *Gib mir Einsicht, damit ich deine Zeugnisse erkenne!* (Psalm 119,125).
Mach mich aufgeschlossen für dein Wort, dass auch mein Herz deine Botschaft vernimmt. Herr, sprich du zu mir – allein du. Keiner außer dir soll mich unterrichten – weder Mose noch sonst ein Prophet, weder ein Engel noch sonst ein Gesandter, weder ein König noch sonst irgendein Mensch. Du selbst, Herr, hast sie ja alle gelehrt und erleuchtet. Ohne dich konnten und können sie nichts ausrichten.

2 Du, Herr, verleihst den Geist der Einsicht, den Geist der Erleuchtung und den Geist der Vollkommenheit. Wenn du schweigst, vermögen wir zwar das Wort zum Klingen zu bringen, doch das Herz erreichen und entzünden wir durch das Wort nicht. Wir können Buchstaben aneinanderreihen, doch nur du kannst uns ihren wahren Sinn erschließen wie den Emmaus-Jüngern, denen du die Augen und das Herz für das Verständnis der Schrift öffnetest (vgl. Lukas 24,45).

Wir können zwar über die Geheimnisse des Glaubens reden, doch nur du besitzt den Schlüssel, um sie uns zu erschließen. Was nutzen uns alle Ge- und Verbote, die von Menschen aufgestellt werden, wenn wir nicht einmal genau wissen, ob sie auch dir entsprechen? Und selbst zum Erfüllen der göttlichen Weisung musst du uns die Kraft geben. Unsere Lehrer zeigen den Weg, doch die Kraft, ihn zu gehen, stammt von dir. Von außen geben sie uns Hinweise, doch du, Herr, belehrst und erleuchtest das Herz und machst uns zu wahrhaft Sehenden. Was nutzen uns viele Worte, wenn wir ihren Sinn nicht verstehen? *So ist weder der etwas, der pflanzt, noch der, der begießt, sondern nur Gott, der wachsen lässt* (1. Korintherbrief 3,7).

3 Du, Herr, belehrst mich und unterweist mich in der ewigen Wahrheit. Wie viel Wissen habe ich von außen aufgenommen und wie viele Worte habe ich gehört, die es nicht vermochten, mich zu begeistern? Ja, Herr, du hast mich begeistert durch dein Wort. Oft habe ich es zwar gehört, aber nicht befolgt, und die Begeisterung wurde durch äußere Einflüsse schnell überlagert. Ich habe dein Wort erkannt, aber

nicht geliebt; du hast es mir anvertraut, doch ich habe es nicht bewahrt. Sprich noch einmal zu mir, Herr, damit meine Seele gesund wird und die Fülle deiner Liebe in mir Platz findet und bleibt. *Herr, zu wem sollen wir gehen? Du hast Worte des ewigen Lebens* (Johannes 6,68).

Sprich zu mir, damit ich mein Leben umgestalte. Dir sei Lob und Ruhm und Ehre immerdar.

Kapitel III
Verstehe die leise Sprache Gottes

1 Der Herr:
Höre meine Worte. Sie übertreffen alles Wissen dieser Welt; sie stehen über der Weisheit der Philosophen, aller Denker und Gelehrten. *Die Worte, die ich zu euch gesprochen habe, sind Geist und sind Leben* (Johannes 6,63).

Du kannst die Worte, die ich zur dir spreche und sprechen werde, nicht an menschlichen Begriffen messen. Wenn du sie verstehen und beherzigen möchtest, darfst du sie nicht nur mit deinem Verstand erwägen, sondern du solltest sie in der Stille wahrnehmen, dich von ihnen berühren und wandeln lassen. Mache sie dir zu eigen, sodass ihre Wahrheit dich auch künftig begleitet.

2 Der Mensch:
Ich freue mich, Herr, und bin dankbar, dass du dich mir zuwendest. Du kennst meine Gedanken und

die aller Menschen: Sie sind nichts als ein Hauch. Selig dürfen sich diejenigen schätzen, die du, Herr, unterweist und durch dein Wort belehrst. Du schenkst ihnen Ruhe und bewahrst sie vor bösen Tagen (vgl. Psalm 94,11-13).

3 Der Herr:
Von Anfang an habe ich zu den Propheten und zu allen Menschen gesprochen. Viele jedoch haben sich meinem Wort verschlossen und zeigen ein hartes Herz. Sie hören lieber auf die verlockenden Töne eines schnell vergehenden Zeitgeistes als auf die leise Sprache des Schöpfers. Obwohl ich Höchstes und Ewiges in Aussicht stelle, erfahre ich Ablehnung. *Schäme dich, Sidon, denn das Meer hat gesprochen* (Jesaja 23,4).
Und willst du wissen, warum, so höre: Für einen kleinen materiellen Gewinn machen viele Menschen weite Wege, doch um des ewigen Lebens willen heben sie kaum den Fuß von der Erde. Wegen Geringfügigkeiten werden untereinander Prozesse geführt; man läuft Kleinigkeiten nach, um sie zu besitzen, die bald darauf wie Sand zerrinnen. Doch für ein Gut, das ewig währt, für ein Licht, das keine Dunkelheit kennt, und für eine überströmende Liebe, die keinen Anfang und kein Ende hat, scheint die geringste Anstrengung zu groß zu sein.

4 Viele laufen vom Licht in die Dunkelheit und merken es nicht – in den Tod anstatt ins Leben. Sie tauschen die Wahrheit gegen Unwahrheit ein und verlassen den Weg, den der Vater vor ihnen ausgebreitet

hat. Auf Vergängliches aufgebaute Hoffnungen schlagen fehl und enttäuschen. Doch durch Verheißungen, die ich gebe, wird niemand irregeführt. Was ich verspreche, halte ich, was ich zusage, erfülle ich. Bleibe in meiner Liebe, und du wirst die Anfeindungen unbeschadet überstehen. Bleibe in meiner Liebe, und die Frucht deines Lebens wird reich sein.

5 Nimm meine Worte auf und präge sie deinem Herzen ein. In Zeiten der Dunkelheit werden sie dir Licht und in den Zeiten der Versuchung große Hilfe sein. Mache dir keine Sorgen, wenn du im Augenblick nicht alles verstehst – doch ist die Zeit dafür reif, gebe ich dir Einsicht. Lass aber auch Prüfungen zu, die ich dir schicke, damit du durch sie über dich hinauswachsen kannst, klare Entscheidungen triffst, um auf dem begonnenen Weg erfolgreich voranzuschreiten. Wenn du meine Worte hörst und danach handelst, bleibst du nicht in der Finsternis, denn ich bin das Licht, das in die Welt und zu dir gekommen ist. *Ich habe nicht von mir aus gesprochen, sondern der Vater, der mich gesandt hat, hat mir aufgetragen, was ich sagen und reden soll. Und ich weiß, dass sein Auftrag ewiges Leben ist* (Johannes 12,49-50a).

6 Der Mensch:
Mein Herr und mein Gott, du bist die Quelle und das Ziel allen Lebens. Du bist das höchste Gut. Ich frage mich, wer ich bin, dass ich zu dir reden darf. Mein Mund vermag deinen heiligen Namen nicht auszusprechen, mein Verstand kann deine Größe nicht den-

ken und mein Herz deine Liebe nicht fassen. Du allein, Herr, bist gut, gerecht und heilig. Du vermagst alles, gibst alles und erfüllst alles. Denk an dein Erbarmen, Herr, und erfülle mein Herz mit deiner Gnade.
Du erhältst mich am Leben, jetzt, hier auf dieser Welt und in Ewigkeit. Was wäre ich ohne dich, wenn dein Erbarmen und deine Gnade mich nicht stärkten? Wende dich mir zu und erhelle die Dunkelheit in mir, denn meine Seele dürstet nach dir wie trockenes Land ohne Wasser. Lehre mich deinen Willen zu tun, denn du bist mein Gott. Dein guter Geist leite mich auf ebenem Pfad. Du bist meine Weisheit, nach der ich mich richte, du kennst mich in Wahrheit und weißt um mich, noch bevor ich geboren wurde.

Kapitel IV
Lebe wahrhaftig

1 Der Herr:
Wenn du auf deinen Weg achtest und aufrichtig mit ganzem Herzen und ganzer Seele vor mir lebst, wird es dir niemals an Notwendigem fehlen. Du bist vor Angriffen geschützt, und die Wahrheit wird dich befreien. Wenn dich die Wahrheit befreit, bist du wirklich frei, und kein Gerede der Menschen kann dir etwas anhaben.
Der Mensch:
Herr, was du lehrst, soll in mir wahr werden. Deine Wahrheit soll mich lehren, sie soll mich behüten und mein Leben auch jenseits dieser Welt bewahren. Du

selbst bist die Wahrheit, und so bitte ich dich, mir zu helfen meine schlechten Gewohnheiten abzulegen, meine Liebe zu kultivieren und mich von allen unguten Eigenschaften zu befreien.

2 Der Herr:
Ich will dich in Wahrheit lehren, was recht ist und was deinen Lebensweg unterstützt und bereichert. Denke weder allzu oft an deine vergangenen Sünden – ich weiß ja um dich und habe sie dir längst vergeben – noch an das Gute, das du getan hast. Glaube nicht, etwas Besonderes zu sein aufgrund deiner guten Werke. Allein wichtig ist, wie du mit deiner augenblicklichen Lebenssituation fertigwirst und was du aus ihr für die Zukunft gewinnst.
Achte darauf, dich nicht in Schicksale anderer Menschen zu verstricken. Das heißt nicht, sie nicht zu lieben, kein Mitleid zu haben und ihnen nicht zu helfen, so gut du es vermagst. Doch mache ihr Leben nicht zu deinem Leben. Du nimmst dann von dem, was ihnen gehört, und vernachlässigst das, was dir zu eigen ist und der Reifung bedarf. Wenn du fällst, reiche ich dir die Hand zum Aufstehen; bist du beunruhigt, gebe ich dir Ruhe; bist du entmutigt, empfange neuen Mut. Achtest du dich zu gering und zweifelst an dir, schenke ich dir gesundes Selbstbewusstsein. Bist du schwach, verleihe ich dir Stärke.

3 Bleibe jedoch in allem, was du tust, demütig und bescheiden. Deine guten Gedanken und Werke sind bei mir aufgehoben, und sie helfen, über den Weg

der Erlösung das Reich meines Vaters im Herzen der Menschen zu errichten. Nur dieses Reich, das ewig ist, ist wahrhaft groß, wahrhaft lobens- und wünschenswert. Finde Gefallen an der ewigen Wahrheit, wenn sie dir in dir selbst und in anderen Menschen begegnet oder wenn du sie auf deinem Weg in der Schöpfung aufleuchten siehst. Bleibe im Licht der Wahrheit und lass es geschehen, dass die dunklen Flecken deiner Seele ausgeleuchtet werden. Und hüte dich davor, deine Seele neu zu verschatten.
Manche Menschen sind jedoch nicht aufrichtig vor mir. Sie haben nicht auf meine Stimme gehört, mir nicht die Treue gehalten und den Weg meiner Wahrheit verlassen. Sie suchen unter dem Einfluss einer gewissen Neugier und Vermessenheit meine Geheimnisse zu ergründen, sie wollen die Tiefen der Gottheit durchforschen – doch die Kultur ihrer eigenen Seele vernachlässigen sie. Infolge ihres Hochmuts entfernen sie sich dabei von der eigentlichen Wahrheit und fallen somit leichter in Versuchung, der sie dann erliegen.

4 Wenn doch die Menschen erkennen würden, dass sie sich durch Unwahrheit in ihrem Denken, Sprechen und Handeln mehr und mehr von der Quelle des Heils entfernen und somit Leid auf sich nehmen müssen, das ihnen eigentlich erspart bleiben sollte! Strenge dich nicht unnötig an, die Wege Gottes zu erforschen. Wenn du und die Zeit reif sind, leuchten dir bestimmte Zusammenhänge von selbst ein. Strebe nicht zu hoch hinaus, sondern bleibe eher bei dem,

was du fassen kannst und verantworten musst. Der wahre Kontakt zu meinem Vater und zu mir vollzieht sich im Heiligen Geist, der sich dir nicht durch Willensanstrengung, sondern durch Hingabe schenkt.

Manche beziehen ihr religiöses Wissen ausschließlich aus Büchern, Bildern, Vorstellungen oder anderen äußeren Zeichen, doch die eigentlichen Erfahrungen mit Körper, Geist und Seele machen sie nicht. Viele nennen mich zwar durch ihren Mund bei meinem Namen, doch in ihr Herz aufgenommen haben sie mich nicht. Andere jedoch, und damit spreche ich auch in besonderer Weise dich an, haben meinem Wesen in ihrem Herzen Raum gegeben. Sie mussten Gottesferne schmerzlich erfahren, Durststrecken aushalten und sind durch Schicksalsschläge gereift. Jetzt lassen sie sich nicht mehr durch die Wünsche und den Willen ihres kleinen Ichs bedrängen, äußere Eindrücke haben nicht mehr die Macht, ihre Seele zu besetzen und niemand kann sie mehr davon abhalten, den Weg der Wahrheit, der zum ewigen Leben führt, zu verlassen. Ihnen bin ich nahe – und sie mir. Sie vernehmen, was der Geist der Wahrheit in ihrem Inneren spricht. Er lehrt sie einen klaren Blick für Menschliches und darüber hinaus spricht der Geist der Wahrheit zu ihrer Seele, die jetzt Himmlisches wahrnehmen kann.

Kapitel V
Liebe vermag alles

1 Der Mensch:
Vater im Himmel, Vater meines Herrn Jesus Christus, ich danke dir aus tiefstem Herzen, dass du dich durch deinen Sohn offenbarst und mich mit hineinnimmst in das Geheimnis deiner Liebe. Gepriesen bist du, der Vater des Erbarmens und der Gott allen Trostes. Du tröstest mich in all meiner Not, damit ich die Kraft habe, alle zu trösten, die in Not sind. Ich sage dir Dank für all deine Liebe, die du mir durch deinen Sohn im Heiligen Geist geschenkt hast. Wenn deine Liebe mich berührt, jubelt mein Herz, und ich möchte dein Kommen hinausrufen in alle Welt. Auch in Tagen, die in Dunkelheit getaucht sind, bist du, Herr, meine Hoffnung und meine Zuflucht am Tag der Not.

2 Meine Liebe zu dir, Herr, ist noch sehr schwach und unvollkommen. Ich bedarf der Stärkung und bitte dich, mir in allem nahe zu sein und mich durch deinen Heiligen Geist zu unterweisen. Doch befreie mich zuvor und immer wieder von ungeordneten Neigungen, Anhänglichkeiten und Leidenschaften, die unserer Begegnung im Wege stehen. Heile mein Herz und mache es weit, damit ich fähig werde, dich weitaus tiefer zu lieben als bisher. Gib mir die Kraft, Leiden, die ich immer wieder auf mich nehmen muss, zu ertragen. Gib mir den Mut durchzuhalten, um mit dir gemeinsam das Kreuz zu überwinden.

3 Der Herr:
Die Liebe ist wahrhaft groß. Sie ist ein erhabenes Gut, macht alles Schwere leicht und erträgt gleichmütig alles Ungleiche. Der Liebe wird nichts zu viel. Sie erleichtert jede Last und verwandelt das Bittere in Wohlgeschmack. Sie gibt sich nicht mit Geringem zufrieden, sondern treibt zu jeweils Größerem an. Die Liebe drängt nach äußerer und innerer Freiheit und lässt sich durch nichts binden und festhalten. Sie will frei sein. Nichts kann ihren Aufschwung hemmen, kein materieller Vorteil sie blenden und von keinem vorübergehenden Unheil wird sie niedergeschlagen. Es gibt nichts im Himmel und auf Erden, das stärker, höher, umfassender, weiter, wohltuender und vollendeter wäre als die Liebe. *Die Liebe ist aus Gott und jeder, der liebt, stammt von Gott und erkennt Gott. Wer nicht liebt, hat Gott nicht erkannt; denn Gott ist die Liebe* (1. Johannesbrief 4,7-8).

4 Die Liebe hat Flügel, und hoch ist ihr Flug. Ihre Freude ist rein und absichtslos, und ihr Sinn besteht darin, sich zu verschenken. Der Liebende gibt allen alles und hat alles in allem, denn er ruht über allem in dem Einen, der die Quelle von allem ist. Der Liebende sieht nicht auf Geschenke, sondern wendet sich über alle Gaben an den Geber. Die Liebe kennt oft kein Maß – sie entgrenzt alle Vorstellungen und Maße. Die Liebe fühlt keine Last, scheut keine Mühe, klagt nicht über Unmöglichkeit, denn ihr ist alles möglich und zugänglich. Eben darum taugt sie zu allem und hat auch da noch Erfolg, wo der kraftlos versagt, der keine Liebe hat.

5 Die Liebe ist immer wach – sie schläft auch im Schlafen nicht. Keine Mühe ermüdet sie, keine Erschöpfung lässt sie erschlaffen, keine Not bedrängt sie, kein Schrecken erschreckt sie, keine Angst macht sie ängstlich und nichts kann sie in Verwirrung bringen. Wie eine lebendige Flamme steigt sie geradlinig empor und nimmt sicher ihren Weg. Wer liebt, der weiß, was Liebe heißt. Ihr Ruf dringt überall durch und findet bei Gott Gehör.

6 Der Mensch:
Herr, mache mein Herz weit und fülle es mit Liebe. Diese Liebe möge so überwältigend und stark sein, dass nichts sie mindern oder verdrängen kann. Ich möchte ergriffen werden von deiner Liebe und über mich selbst hinauswachsen. Das Lied der Liebe möchte ich singen und dich, Herr, bitten, dass sie mich niemals mehr verlassen möge. Deinen Namen will ich lobsingen und dich mit all meiner Kraft des Herzens wiederlieben. Alle, die dich lieben, möchte auch ich lieben. Das Gesetz der Liebe hast du lichthell in unsere Seelen geschrieben.

7 Der Herr:
Die Liebe sucht niemals sich selbst, sondern immer nur das Du des anderen. Wer aber sich selbst sucht, verleugnet die Liebe und hat sie längst verloren. Die Liebe ist ehrlich, sie ist stark, geduldig, getreu, klug, langmütig und selbstlos. Sie ist behutsam, demütig und gerade, nicht weichlich und nicht eitel, sondern nüchtern und klar, aufrecht, in sich ruhend und Herr

über die Sinne. Die Liebe ist Gott ergeben, sie ist voll Dank und Zuversicht, sie hofft auch auf Gott in Zeiten der Not. Sie kennt keine Klage und weiß unabwendbares Leid zu tragen.

8 Wer nicht bereit ist, für seinen Geliebten alles auf sich zu nehmen, verdient den Namen eines Liebenden nicht. Wer liebt, muss auch harte und bittere Zeiten um des Geliebten willen annehmen und sich durch keine Widerwärtigkeiten von ihm trennen lassen.

Kapitel VI
Wahre Liebe bewährt sich

1 Der Herr:
Du bist mir zwar zugetan, doch deine Liebe hat noch nicht Licht und Kraft genug.
Der Mensch:
Warum nicht, Herr?
Der Herr:
Vor dem geringsten Hindernis oder einer kleinen Widrigkeit schreckst du schon zurück, verlässt deinen Vorsatz und kommst von dem Weg ab, den du gerade betreten hast. Und dann rufst du um Hilfe … Wer starke Liebe besitzt, hält den Versuchungen stand und lässt die listigen Einflüsterungen des Feindes nicht an sich heran.

2 Wer aus Liebe klug ist, sieht weniger auf die Gabe des Liebenden als auf die Liebe des Gebenden. Er schätzt mehr das Herz, das von Liebe überfließt, als den Gewinn, der aus der Liebe erwächst. Der wirklich Liebende begnügt sich nicht mit der Gabe. Er ruht in der Liebe Gottes, von dem zwar alles ausgeht, doch der unbeschreiblich mehr ist als alles zusammen.

Es kommt vor – und sicher kennst du es aus eigener Erfahrung –, dass du dich mir gegenüber, ohne es zu wollen, gleichgültig fühlst. Du erlebst einen gewaltigen Unterschied zu der Zeit, als dein Innerstes von augenblicklicher Gnade durchströmt war. Mache dir keine Sorgen: Ich bin immer bei dir, und einmal wirst du einsehen, warum die göttlichen Zuwendungen kommen und gehen. Der Weg muss zwischenzeitlich immer wieder frei werden von Hindernissen, die das Fließen der Gnade aufhalten. Was dich einmal beeindruckt hat und dich festhält, wird sich durch Hingabe lösen und dich für immer verlassen. Lebe jedoch so, dass du keine neuen schlechten Einflüsse in dich aufnimmst, dass du widergöttlichen Eingebungen absagst und versuchst, in allem, was dir begegnet, Leben unterstützende Kräfte zu entdecken.

3 Lass dich durch nichts verwirren. Steigen dunkle Gedanken und Vorstellungen oder fremdartige Fantasiebilder und Wünsche in dir auf, behaupte die gerade Richtung deines Herzens zu Gott. Bleibe auch ruhig und gelassen, wenn du große Gnadenzuwendungen empfängst und deine Freude an Gott sich ins Unermessliche steigern möchte. Auch dieser Zustand wird kein bleibender sein, und es ist nicht selten, dass er in sein Gegenteil umschlägt. Das Kommen und Gehen kannst du nicht willentlich herbeiführen. Die hohen Zeiten werden dir geschenkt, und die dunklen Zeiten musst du aushalten oder gar erleiden, bis sie sich auflösen und den Strahlen der Sonne wieder Platz machen.

4 Bedenke und wisse: Dein Feind sucht im Grunde nichts anderes, als deine Sehnsucht nach dem Guten und nach Liebe zu durchkreuzen und dich an jeglichem geistlichen Fortschritt zu hindern. Er stellt sich dir besonders massiv in den Weg, wenn du betest und meditierst, dich mir zuwendest und mit mir Zwiesprache hältst, Vorsätze fasst, die gegen ihn gerichtet sind, und entschlossen bist, den Heilsweg nicht wieder zu verlassen. Dein Feind bestürmt dich mit allerlei bösen Gedanken, um dir das Gebet, die Betrachtung und die geistliche Lesung zu verleiden. Er hasst das Bekenntnis deiner Schuld und möchte dich auch vom Empfang des Abendmahls zurückhalten. Glaube seinem Wort nicht und kümmere dich nicht um ihn. Und ganz besonders im Gebet der Hingabe kehre zu deiner Anrufung Gottes zurück und lass alles andere unbeachtet.

Du musst wissen, dass es zu deinem Feind gehört, dir Schlechtes und Unreines anzuhängen. Sind seine Attacken jedoch allzu stark, dann wende dich ihm zu, mache ein Kreuzzeichen und sprich: „Fort mit dir, du unreiner Geist! Verlasse mich auf der Stelle, du wirst keinen Anteil an mir haben. Schweige! Verstumme!

Der Herr ist mein Licht und mein Heil: Vor wem sollte ich mich fürchten? Der Herr ist die Zuflucht meines Lebens: Vor wem sollte mir bangen? Mag ein Heer mich belagern: Mein Herz wird nicht verzagen. Mag Krieg gegen mich toben: Ich bleibe dennoch voll Zuversicht (Psalm 27,1.3).
Der Herr hilft mir, er ist meine Rettung und mein Erlöser."

5 Solltest du dennoch deinem Feind erliegen und fallen, so steh mutig wieder auf und sammle neue Kräfte. Mit großer Zuversicht darfst du neue und größere Gnaden von mir erwarten. Hüte dich jedoch davor, dir selbst zu gefallen oder gar hochmütig zu werden. Wenn viele Menschen nach ihrem Fall durch mich wieder aufgerichtet werden, überfällt sie der Stolz und sie verlieren mich aus ihren Augen und ihren Herzen. Jetzt werden sie von der widergöttlichen Kraft erst recht in die Irre geleitet und mit Blindheit geschlagen. Lass dir den Sturz solch hochmütiger und vermessener Menschen zur Warnung werden, damit du wachsam und demütig bleibst.

Kapitel VII
Bewahre die Gnade, indem du bescheiden bleibst

1 Der Herr:
Das Sicherste und Beste ist es für dich, vorerst die Gnade, die dir aus der Hingabe erwächst, geheim zu halten. Trage sie also nicht nach außen, und vor allem:

Bilde dir nichts darauf ein und erhebe dich nicht über andere. Erinnere dich an Zeiten, in denen du keine Unterstützung erfuhrst. Sei dankbar und wisse, wie schnell unsere Verbundenheit wieder gestört werden kann. Hänge auch dein Herz nicht an Gefühle, die dich in beglückenden Zeiten überkommen. Du weißt, wie austauschbar Gefühle und Gedanken sind, da sie kommen und gehen. Die beste Grundhaltung besteht darin, nichts zu erwarten und nichts festzuhalten.

Der wirkliche Fortschritt im geistlichen Leben besteht nicht nur darin, dass du das Gute, was dir zuströmt, genießt, sondern dass du auch bei weichender Gnade dein Herz in Geduld bewahrst, das Gebet der Hingabe übst und all deine täglichen Aufgaben und Pflichten erfüllst. Tue das dir Mögliche und gib dich unter keinen Umständen auf, wenn Bedrängnis oder gar Angst dich überfallen.

2 Es gibt viele, die, wenn es nicht nach ihren Vorstellungen und Wünschen geht, ungeduldig werden und ihr Gebet aufgeben. Der Mensch vermag seinen Weg nicht allein zu bestimmen – beim Gehen kann er seine Schritte nicht allein durch seinen eigenen Willen lenken. Das Leben und der Weg eines Menschen liegen in der Hand Gottes. Er bietet dir in Liebe Auswahlmöglichkeiten. Wenn du dich jedoch gegen ihn entscheidest, bleibt Leiden nicht aus. Gott, unser Vater, gibt und nimmt, wie er will, doch du kannst die Gründe noch nicht einsehen, wenn du erst am Anfang deines geistlichen Lebens stehst. Viele Menschen wollen mehr tun, als sie können, und überspannen dabei

das Maß ihrer Kräfte. Sie neigen nur allzu oft dazu, sich ausschließlich nach den Gefühlen ihres Herzens zu richten und lassen dabei die Vernunft außer Acht. Übertriebener Eifer artet schnell aus und führt vom Weg ab.
Hüte dich also davor, die dir gegebenen Möglichkeiten zu überziehen, gewaltsam deinen Rahmen zu sprengen und die dir eigene Gangart nicht einzuhalten. Wer gewaltsam und zu schnell über sich hinauswachsen möchte, läuft Gefahr, die ihm zukommende Gnade zu verlieren. Er sitzt auf einem zu hohen Berg und denkt: Wer stürzt mich hinab? Erhebt er sich jedoch noch weiter als der Adler und baut sein Nest zwischen den Sternen, wird er von dort hinabgestürzt. Er muss es erst lernen, bescheidener und demütiger zu werden, nicht mit eigenen Flügeln zu hoch zu fliegen, sondern sich Gott anzuvertrauen. *Er beschirmt dich mit seinen Flügeln, unter seinen Schwingen findest du Zuflucht, Schild und Schutz ist seine Treue* (Psalm 91,4).

3 Anfänger und Unerfahrene auf dem geistlichen Weg sollten sich einen Begleiter suchen, damit sie nicht Täuschungen unterliegen oder Irrwege einschlagen. Sie sollten sich vorerst nicht auf ihre eigenen Meinungen und Ansichten allein verlassen, sondern Rat, Bestätigung oder Korrektur von Erfahrenen einholen. Diejenigen, die sich selbst für weise halten, können es nicht ertragen, sich von anderen leiten zu lassen. Viel zu wissen ist zwar lobenswert, doch führt es leicht zur Selbstüberschätzung und zur Selbstgefälligkeit. Stehst du auf dem geistlichen Weg auf eigenen Füßen und

Freude umgibt dein Herz, so habe Acht, dass du dich nicht in der Freude verlierst. Die Vernunft dabei zu übergehen ist nicht ganz unbedenklich. Denke daher zwischenzeitlich auch an die Lebensabschnitte, in denen du nicht so reich beschenkt wurdest, in denen dich Dunkelheit umgab und du viel entbehren musstest.

Aber auch dem fehlt es an Weisheit und Einsicht, der sich in Zeiten der Bedrängnis zu Boden drücken und den Mut sinken lässt, anstatt Zuversicht und Vertrauen zu mir zu haben. Er sollte mich in guten und schlechten Zeiten in seinem Herzen bewahren, an mich glauben und sich auf mich verlassen.

4 Wer sich in Zeiten des Friedens in Wohlgefallen und Sicherheit verliert, der zeigt sich in Zeiten des Sturmes niedergeschlagen und furchtsam. Finde dein inneres Gleichgewicht und deine gesunde Mitte, bleibe maßvoll und demütig auch in den Bewegungen deines Herzens und regle weise dein Denken und Fühlen, so gerätst du weniger in Gefahr, die Aufgabe und das Ziel deines Lebens zu verfehlen. Ein guter Rat: Bleibe auf deinem Weg niemals stehen und halte nichts fest. Wie alles in der Schöpfung in Bewegung ist – so auch du. Du wirst lichtvolle Zeiten erleben – aber sie schwinden wieder. Du darfst dich an sie erinnern und aus ihnen neue Kraft schöpfen, doch gleichzeitig solltest du auch dem Kommenden gegenüber offen sein und es annehmen. Alles geschieht zu deinem Vorteil und Fortschritt, damit du tiefer in deinem Ursprung gegründet wirst und du dauerhaftes Gottesbewusstsein entwickeln kannst.

5 Lass geistige Bewegung in dir zu und wisse: Viele Prüfungen, die dich bis an die Grenzen herausfordern, sind notwendig und nützlich für dich. Es kann und darf nicht immer alles nach deinem Wunsch und Willen gehen – bis es einmal keinen Unterschied zwischen deinem und dem göttlichen Willen mehr gibt. Auf diesem Weg zählt Hingabe, nicht das Wissen oder gar eine große Kenntnis der heiligen Schriften, nicht dein Verdienst oder deine Leistung. Auf diesem Weg zu mir und durch mich zu meinem Vater wirst du nur weiterkommen, wenn du

- Demut und Bescheidenheit übst,
- Gottes Tiefen nicht intellektuell zu ergründen suchst,
- im Gebet der Hingabe nicht auf deinem Willen bestehst, sondern dich dem göttlichen Willen öffnest,
- die Aufgabe, die du gewählt hast oder die dir zugefallen ist, gewissenhaft und zum Wohl anderer ausführst,
- in all deinem Fühlen, Denken, Sprechen und Tun Nächsten- und Gottesliebe zum Ausdruck bringst,
- bei besonderen Gnadenzuwendungen gefasst und ruhig bleibst und über sie nur sprichst, wenn du gefragt wirst,
- du dich regelmäßig im Gebet der Hingabe in die Liebe Gottes versenkst – ohne Erwartung, ohne Selbstbeobachtung, ohne dein Wünschen und Wollen.

Kapitel VIII
Wer bist du vor Gott?

1 Der Mensch:
Ich will zu meinem Herrn sprechen, obwohl ich nicht annähernd an das heranreiche, was du mir gesagt hast. Ich möchte mich nicht für mehr halten als das, was ich in Wahrheit bin. Herr, vielleicht habe ich jedoch einige deiner Worte begriffen und sie sind in mein Herz gefallen. Du hast mich das Gebet und die Haltung der Hingabe gelehrt und ich habe bereits erfahren, dass ich dir näher sein darf als bisher. Ich weiß, dass es dir gefällt und mir zu einem großen geistlichen Gewinn wird, wenn ich im Gebet deinen Namen anrufe, ihn innerlich oftmals wiederhole und dabei lerne, meine eigenen Gedanken und letztlich mich selbst loszulassen.

Durch dein Leben, besonders durch dein Gebet am Ölberg und am Kreuz, führst du mich in das rechte Beten ein – die Hingabe an den Vater. Alles, was ich bin und habe, lege ich in deine Hände. Ich darf zusammen mit dir, Herr, die wunderbare Erfahrung machen: Wenn ich im Gebet mich selbst aufgebe, meine Gefühle, meine Gedanken und Vorstellungen, meine Wünsche und Erwartungen, dann kommst du mir mit deiner Gnade entgegen, mein Herz wird weit und meine Seele licht. In diesem Licht zeigst du mir, was ich bin, was ich war, woher ich kam und wohin ich gehe. Bliebe ich mir dagegen selbst überlassen – möge es nicht geschehen –, ohne dich wäre ich nichts, könnte ich nichts und mein Leben hätte weder Sinn noch gäbe es ein Ziel.

Du wendest dich mir zu, Herr, und mein Leben erhält Sinn; du zeigst mir den Weg, der zum Ziel führt, das ich in meinem Herzen trage. Du schaust mich an und sogleich strömt mir neue Lebenskraft zu und Freude erfüllt mich. Wie ist es nur möglich, dass ich mich so erhoben und so liebevoll von dir angenommen fühle, wobei mich doch die Erdenschwere nach unten zieht?

2 Dies bewirkt deine Liebe, die mir trotz meiner Fehler und Unaufrichtigkeiten zukommt. Sie hilft mir in belasteten Lebenssituationen, bewahrt mich vor Gefahr und rettet mich vor unzähligen Abgründen. Ja, Herr, ich habe mich eigennützig selbst zu sehr geliebt und mein Ich zur Mitte von allem gemacht. Und dabei habe ich mich selbst und dich verloren. Und dann sprachst du zu mir. Ich habe dich erkannt und in deinem Licht mich selbst wiedergefunden. Deine Liebe hat meine Liebe zu dir geweckt und mich fähig gemacht, wiederzulieben. Seither gehe ich meinen Weg mit dir, oder besser: Seither gehe ich deinen Weg mit dir. Deine Liebe, die du, Herr, mir erweist, übersteigt alles, was ich zu hoffen oder zu bitten wage.

3 Gepriesen seist du, mein Herr und mein Gott. Obwohl ich es nicht verdient habe, beschenkst du mich reich durch deine Güte. Obwohl ich mich von dir entfernt habe, bist du mir nahe. Verzeihe mir meine mangelnde Einsicht und meine Undankbarkeit.
Ich spreche diesen Lobpreis auch im Namen meiner Familie und Freunde. Bekehre du uns zu dir, damit durch deine Gnade unser Leben neu erblühen und er-

starken kann, damit wir das Geheimnis deiner Liebe tiefer erkennen und wir durch das Gebet der Hingabe näher zu dir kommen und niemals mehr von dir getrennt werden. Denn du bist unser Heiland und Freund, unsere Stärke und unser Heil.

Kapitel IX
Das Ziel allen Lebens

1 Der Herr:
Möchtest du Fortschritte machen, die dein Leben umfassend ändern, muss das Ziel deines Weges fest in deinem Bewusstsein verankert sein sowie in deinem Herzen und in deiner Seele. Der Ursprung von allem und das Ziel ist Gott, der Vater des Himmels und der Erde. Ich zeige dir immer neu den Weg zu meinem Vater und zu mir, denn wir sind eins. Indem du dich in deinem Gebet und in deinem Tun auf dieses Ziel ausrichtest, wird dein Inneres von allem im Wege Stehenden gereinigt, und dir wird mehr und mehr klar, was für dich wichtig und was für dich unwichtig ist. Vieles war oder ist für dich manchmal noch vorrangig, das diesen Stellenwert in deinem Leben niemals haben dürfte. Denke ein wenig darüber nach, ob

- du dich nicht allzu leicht selbst in den Mittelpunkt stellst,
- zu viele deiner Handlungen auf die Befriedigung deines eigenen Ichs ausgerichtet sind,
- du dich schnell zurückziehst, wenn jemand dich kritisiert,

- du um der Wahrheit und meinetwillen vorübergehend Isolation aushalten kannst,
- es „begehrenswerte" Kräfte gibt, die dich von deinem guten Vorhaben abhalten,
- dich materielle und vergängliche Ziele so faszinieren können, dass du darüber dein geistliches Leben vergisst,
- es in deinem Leben Begegnungen oder Hilfen aus großer Gefahr gibt, die du eindeutig der Liebe Gottes zu dir zuschreiben kannst.

2 Du darfst in erster Linie alles Seiende und Werdende auf den beziehen, von dem alles herkommt und zu dem alles zurückkehren möchte. Ohne Zweifel kannst du diese Aussage auch anwenden auf alles, was sich von Gott entfernt hat – selbst wenn es nicht den Anschein hat, als wolle es zu ihm zurückkehren. Aus der Quelle des Leben spendenden Wassers, die ich bin, schöpfen und trinken alle: die Kleinen und Großen, die Armen und Reichen, die Gesunden und Kranken. Denn alle möchten leben, alle haben den Wunsch zu lieben und geliebt zu werden, und alle hegen – bewusst oder unbewusst – die Sehnsucht, ewig zu leben.

Wer mir in seinem Fühlen, Denken und Verhalten entgegenkommt und mich aufnimmt, der wird auch Gnade um Gnade empfangen. Wer jedoch sein Leben und sein Glück außer mir sucht, findet keine wahre und bleibende Erfüllung, und sein Herz weitet sich nicht. Für ihn werden sich unüberwindbare Hindernisse aufschichten und Angst und Leid sind die Folge. Allein vermagst du nicht viel. Wende dich mir, der

Quelle und dem Ziel allen Lebens, immer wieder zu, und das Schwere wird leicht, das Dunkle licht, das Untragbare tragbar, die Freude beständig, und das Glück wird greifbar.
Auf Erden gab ich alles, damit auch du durch mich lernst, alles zu geben, um alles zu erhalten.

3 Nimm diese Wahrheit von mir an, damit du den Weg, der zum Ziel führt, nicht verfehlst, sondern auf ihm große Fortschritte machst. Lässt du wahre Liebe und himmlische Gnade zu, werden sie dich ganz erfüllen, dein Herz weiten und dunklen Kräften keinen Raum mehr geben. Gottes Liebe und seine Gnade dringen dann bis in die tiefsten Tiefen deiner Seele vor, verleihen ihr Kraft und weiten sie bis ins Unendliche. Wird dir diese Weisheit zur Erfahrung, findest du den Himmel in dir – die Quelle und gleichzeitig das Ziel des Lebens. Möge es dir leicht werden, den Weg dorthin zu entdecken und ihn zu gehen. Meiner Zuwendung und Hilfe darfst du – wenn du dich mir öffnest – alle Zeit gewiss sein.

Kapitel X
Das Höchste zuerst

1 Der Mensch:
Nun kann ich nicht länger schweigen. Ich muss vor meinem Gott, vor meinem Herrn und König, mein Herz ausschütten. *Wie groß ist deine Güte, die du bewahrt hast für alle, die dich fürchten* (Psalm 31,20a).

Was aber bist du erst für jene, die dich lieben und dir mit ganzem Herzen zugetan sind? Was der Liebende von dir erwarten darf, ist unaussprechlich. Du lässt ihn deine liebende Güte erfahren und holst ihn näher zu dir. Herr, wie sehr du mir zugetan bist, hast du mir gezeigt und bewiesen, indem du, als ich noch nicht war, mich erschufst. Und als ich mich weit von dir entfernte und umherirrte, führte deine liebende Hand mich zurück. Du hast mir deine Liebe ins Herz gelegt, sodass auch ich lieben kann.

2 Du, Herr, bist der Quell ewiger Liebe. Sprachlos und staunend stehe ich vor dir. Deine Liebe hast du mir niemals entzogen. Auch dann hast du mich geliebt, als ich mich von dir abwandte und sündigte. Mehr als ich je hoffen durfte, gewährst du mir Vergebung und schenkst mir dein Erbarmen. Du legst deine Hand auf mich und gibst mir deine Gnade und Freundschaft. Wie soll ich dir danken, Herr? Nicht jedem ist es gegeben, der Welt wie auch bestimmten Lebenskräften zu entsagen und ein kontemplatives Leben in einem Orden zu führen. Es ist nichts Großes, Herr, wenn ich versuche, dir auf meine Weise zu dienen. Allein groß und wunderbar ist es in meinen Augen, dass du mich nicht verstößt, mir nichts nachträgst und trotz der Last, die ich auf mich geladen habe, mich so liebst, als gäbe es sie nicht.

3 Wenn ich es genau betrachte, Herr, gehört alles dir, was ich bin und was ich besitze. Und wenn ich mich aufmache zu dir, bist du es, der mir weit mehr entge-

genkommt. Und wenn ich glaube, etwas Gutes für dich zu tun, bist du mir längst zuvorgekommen, indem du seit Anbeginn das Beste für mich getan hast und tust. Himmel und Erde hast du erschaffen. Sie atmen deine Liebe und deine Schöpferkraft wider. In ihr dürfen wir uns geborgen und zu Hause fühlen. Und auch die Engel hast du beauftragt, der gesamten Schöpfung zu dienen und sie in die Ruhe bei dir zurückzuführen. Du beauftragst deine Engel sogar, mich auf all meinen Wegen zu behüten, mich auf ihren Händen zu tragen, damit mein Fuß nicht an einen Stein stößt. Doch all dies wird unvergleichlich weit übertroffen: Du selbst, Herr, bist Mensch geworden, um uns, um mich aus der Dunkelheit und den Schatten des Todes zu erlösen.

4 Was kann ich tun, Herr, um dir für diese unzähligen Gaben deiner entgegenkommenden Liebe zu danken? Wäre ich doch nur imstande, dir wenigstens einen einzigen Tag würdig zu widmen! Ich will versuchen, auch in den kleinen unscheinbaren Dingen des Lebens dir die Ehre zu geben. Ich will versuchen, auch in den Widerwärtigkeiten des Alltags mir deine liebende Gegenwart bewusst zu machen. Und mein Gebet, mein Rufen zu dir – und sei es noch so beladen und unvollkommen – möge dich erreichen. Lass mich wissen, was ich für dich tun kann. Ich möchte dankbar sein und dir dienen. Du bist mein Herr und mein Gott. Ich möchte mich dir ganz zur Verfügung stellen, damit dein Wille an mir geschehe. Ich will deinen Namen anrufen und dich bitten, deine Liebe möge all das ergänzen, was mir fehlt.

5 Es bedeutet mir alles, wenn ich mich dir zuwenden darf, um von dir Gnade über Gnade zu empfangen. Ich weiß, dass alles andere in meinem Leben danach kommt und du, Herr, die erste Stelle einnimmst. Ich weiß, dass es dir gefällt, wenn ich mich im Gebet dir zuwende und mich immer wieder ungezwungen in deinen Dienst stelle. Ich darf durch dich eine wunderbare Wandlung erfahren: Dunkles und Widergöttliches verlassen mich, ungeordnete Gefühle werden kultiviert, und die Kraft deines Heiligen Geistes erfüllt mein Herz und meine Seele mit Liebe und Licht. Damit ich mich immer dir verbunden fühle, rufe ich deinen Namen an, verzichte auf das, was mich von dir ablenkt, und bescheide mich in dieser Welt, damit ich ganz in dir beheimatet bin.

6 Du führst mich zu der Erkenntnis, dass dieser Weg der hingebenden Liebe wahrhaft frei und glücklich macht und zur Vollkommenheit führt. Ich danke dir, Herr, für deine Begleitung und deine Liebe, die du mir niemals entziehst. Möge ich sie auch dann spüren, wenn mich alles zu verlassen scheint. Wie hebst du die Menschen an, die sich dir zuwenden und damit dem Bösen eine Absage erteilen! Mit dir versöhnt zu sein, deine liebende Nähe zu spüren und von dir auch durch dunkle Nächte sicher geführt zu werden, bedeutet für mich das höchste Gut. Du, Herr, möchtest mich mit Freude erfüllen, die kein Ende kennt.

Kapitel XI
Kultiviere die Wünsche deines Herzens

1 Der Herr:
Ich freue mich darüber, dass dir Wesentliches einleuchtet und du es mir gegenüber so wunderbar ungezwungen zur Sprache bringen kannst. Doch etwas solltest du noch lernen, was du nicht recht begriffen hast.

Der Mensch:
Was ist das, Herr?

Der Herr:
Das musst du noch lernen: dein Wünschen und Wollen in Einklang zu bringen mit den natürlichen Kräften in der Schöpfung, das heißt mit meinem Willen, der im Himmel geschieht und auf Erden geschehen sollte. Du musst es noch lernen, deine Eigenliebe loszulassen, um dich besonders im Gebet der Hingabe ganz in die Liebe und in den Willen Gottes versenken zu können. Ich sehe bei dir, wie dich oft Begierden und geheime Wünsche antreiben und du durch sie vollkommen eingenommen bist. Sie entzünden dein Inneres und besetzen den Raum, der unserer Begegnung vorbehalten ist. Frage dich daher, welcher Lebensbereich bei dir unerfüllt ist und woran es liegt, dass du so leicht vom Wesentlichen abgelenkt wirst. Gehe jeden Weg, den du gehst oder den du – von geheimen Wünschen getrieben – gehen möchtest, mit mir zusammen. Planst du jedoch dein Leben ohne mich im Eigenent-

wurf, mischt sich unweigerlich Selbstsucht ein. Durch sie wirst du gefesselt, aufgehalten und beunruhigt.

2 Gehe den Weg, wie auch immer er sein wird, mit mir zusammen. Sind wir Freunde, wirst du mir gegenüber kein Geheimnis haben. Du wirst offen sowohl zu dir selbst als auch zu mir zu deinen Schwächen stehen. Bin ich an deiner Seite, kannst du dir jederzeit Rat von mir holen, denn vieles kommt aus deinem Herzen, was dich überfordert und worauf du keine Antwort weißt. Lass es uns gemeinsam tragen und lösen. In deinem Eigensinn erschien dir vieles als begehrenswert und lohnend, was dir heute missfällt. Vieles erschien dir als das Bessere, was du jetzt mit größerer Einsicht von dir weist und verwirfst. Folge nicht gleich allem, was dir gut zu sein scheint. Lass dir Zeit und erwäge alles, bevor du aus vordergründiger Begeisterung spontan und dann meist falsch handelst. Oft verbirgt sich in nicht so angenehmen Dingen eine große geistige Kraft, die es dann freizusetzen gilt. Lerne es daher, besonnener zu sein, dich vor ungestümen Begierden zu schützen und dich auch in der Verwirklichung guter Wünsche etwas mehr zurückzuhalten. Allzu leicht nur kannst du durch ein unüberlegtes Vorgehen anderen zum Ärgernis werden. Du beschwörst unter Umständen heftigen Widerstand herauf, der dich in Verwirrung, aber auch zu Fall bringen kann.

3 Was dir die Sinne mitteilen, muss nicht immer der letzten Wahrheit entsprechen. Sei achtsam und lass dich nicht so schnell von etwas beeindrucken,

das zunächst einer sorgfältigen Prüfung bedarf. Ich bin an deiner Seite und jederzeit bereit, dir auf deinen Wunsch hin einen Hinweis oder eine Antwort zu geben. Gib dem Widergöttlichen keine Chance und dem Göttlichen Raum und Zeit, dass es dich mit Heiligem Geist durchdringt. Gestaltest du dein Fühlen, Denken, Sprechen und Tun durch, mit und in mir, werde ich dich schützen und behüten. Du wirst die Fülle des Augenblicks tiefer genießen, Freude haben an allem Einfachen, dich mit Wenigem begnügen und gleichzeitig einen großen inneren Reichtum erfahren.

Kapitel XII
Sei geduldig und lerne zu unterscheiden

1 Der Mensch:
Mein Herr und mein Gott, ich sehe ein, dass mir Geduld und innere Ruhe fehlen, um das Leben zu bestehen. Zu viele Spannungen und Widerwärtigkeiten gibt es auszuhalten, die ich weder zu neutralisieren noch aufzulösen vermag. Was ich auch unternehme, um Frieden in meinem Herzen und in meiner Umwelt zu haben: Alles wird immer wieder von Unfrieden, unlauteren Machenschaften und von Schmerzhaftem durchkreuzt. Bleiben mir denn, wenn ich auf dem rechten Weg bin, Schmerz und Leiden nicht erspart?

2 Der Herr:
Deine Vermutung ist richtig, und deine Erfahrungen bestätigen, dass kein Leben nur sanft und

friedvoll verlaufen kann, sondern der Mensch immer wieder vor neuen Fragen steht und Widerständen ausgesetzt ist. Um Fortschritte zu machen und zu reifen, musst du Reibungen und Auseinandersetzungen ertragen und aktiv mitgestalten. Daraus ergeben sich neue Aufbrüche und Einsichten, die dein Herz weit und dein Bewusstsein groß machen.
Es gibt in dieser Welt keinen Frieden, der dich dauerhaft von allen Versuchungen und Leiden befreit. Zu dem ersehnten wahren Frieden gelangst du, wenn du dich dem Leben, das an dich herangetragen wird, stellst, Konflikte löst, Prüfungen bestehst und aus all diesen Erfahrungen lernst. Vielleicht sagst du, dass dieser Anspruch dir zu hoch sei und du kaum deine augenblickliche Situation aushalten und lösen kannst. Vergiss nicht, dass ich bei dir bin, und suche Wege, meine Gegenwart sowohl körperlich als auch seelisch zu erfahren. Gemeinsam erreichen wir alles.

3 Der Mensch:
Ich habe den Eindruck, dass viele Menschen, die nicht geistlich und religiös eingestellt sind, oft ein leichteres Leben haben, mehr Freude im jeweiligen Augenblick genießen und auch nicht so viel leiden müssen. Und wenn Schwierigkeiten und Leiden auftreten, nehmen sie diese nicht so schwer. Sie setzen ihren eigenen Willen ein, wo sie nur können, und erhalten das, was ihr Herz begehrt.

4 Der Herr:
Zugegeben: Sie erhalten zeitweilig alles, was sie

sich wünschen – aber für wie lange? Ihr Glück ist wie die Pracht der Auen; es schwindet dahin wie Rauch (vgl. Psalm 37,20). Keine Erinnerung an diese Freuden und kein Nachempfinden werden ihnen bleiben. Glaubst du denn, dass die Menschen, die alles Geistliche ausschlagen, in ihren vorübergehenden Freuden wahre Ruhe finden können? Allzu leicht nur mischen sich Bitterkeit, Überdruss, Sinnlosigkeit und Angst in ihre Vergnügungen. Und gerade das, was ihnen Genuss bereitet, verursacht oft im Nachhinein körperlichen oder seelischen Schmerz.

In allem waltet das göttliche Gesetz der Ordnung und der Gerechtigkeit. Handelt jemand diesem Gesetz zuwider, lehnt es ab oder glaubt es gar besser zu wissen, muss er auf die Dauer damit rechnen, vom Schöpfer korrigiert zu werden. Je nach dem Grad der Abweichung kann eine derartige Zurechtweisung sehr schmerzhaft sein. Trotz dieser schöpferischen Eingriffe nehmen viele Menschen die hinter allem stehende ordnende und heiligende Kraft Gottes nicht einmal wahr und setzen ihr Gott abgewandtes Tun fort. Sie merken es nicht, wie sich ihre Seele mehr und mehr verdunkelt und damit ihr eigentliches Wesen nicht mehr durchscheinen kann.

Folg nicht deinen Begierden,
von deinen Gelüsten halte Abstand!
Wenn du deiner Seele das Begehrte gewährst,
macht dich das zum Gespött deiner Feinde.
Freu dich nicht über großen Genuss!
Verlange nicht nach Umgang mit ihm!
Werde nicht arm durch Gelage aus geliehenem Geld! (Jesus Sirach 18,30-33a).

Habe deine Lust am Herrn!
So wird er dir geben, was dein Herz begehrt (Psalm 37,4).

5 Möchtest du im Einklang mit der göttlichen Ordnung leben, Ruhe der Seele und Herzensfreude finden, so fasse Mut, dich mir ganz anzuvertrauen. Die Dinge der Welt bleiben zwar weiterhin notwendig und wichtig, doch werden sie zweitrangig. Richtest du dein Leben entsprechend ein, wirst du Segen erfahren und eine reiche Quelle inneren Lebens tut sich dir auf. Da du dich auf diesem Weg von Gewohntem trennen musst, bleibt anfangs ein wenig Traurigkeit nicht aus. Eingewurzelte schlechte Gewohnheiten, die dir im Wege stehen, kannst du durch bessere Gewohnheiten ablösen. Hierzu gehört zum Beispiel das Einhalten von zwei festen Gebetszeiten am Tag. Deine geistliche Ausrichtung wird dir helfen, ungeordnete Lebenskräfte ins Lot zu bringen und zu ordnen, damit du sie ausleben und genießen kannst.

Die „alte Schlange" wird dich allerdings noch manches Mal bitter bedrängen, jedoch wird dein immer tiefer werdendes und in die Ruhe führendes Gebet sie verjagen. Aber auch eine dir gemäße Beschäftigung und Arbeit werden ihr den Zugang zu dir versperren und dein körperliches und geistliches Leben kraftvoll aufbauen.

Kapitel XIII
Richte dich nach Ihm

1 Der Herr:
Höre mir weiter zu, umso leichter wird es dir fallen, dein äußeres und inneres Leben nach der Grundordnung der Schöpfung einzurichten. Höre auf meine Stimme, denn ich möchte dich in die tieferen Geheimnisse einführen. Hörst du jedoch nicht auf sie, läufst du Gefahr, vom Weg abzukommen und in einen Egoismus zu verfallen, der das Band der Gnade auflöst. Und wer nur sein Eigenes will, verliert das Gemeinsame.
Eine gute Übung besteht darin, nicht ausschließlich seinen eigenen Willen durchzusetzen, sondern bei entsprechender Gelegenheit auch auf andere zu hören und sich zeitweilig unterzuordnen. Du wirst mit äußeren Unstimmigkeiten weitaus besser und schneller fertig, wenn dein inneres Leben geordnet und an den Quell ewigen Lebens angeschlossen ist. Der äußere Feind gibt schnell auf, wenn du ihm in deinem Inneren keinen Kampfplatz bietest.
Dein schlimmster und lästigster Feind jedoch bist du selbst, wenn du das heilige Gesetz deines Geistes nicht einhältst und somit dein Wesen und dein Geist nicht harmonieren. Fällt es dir schwer, dich immer wieder auf mich ganz zu verlassen, und zögerst du, den Willen dessen anzunehmen, der mich zu dir gesandt hat, so ist dies ein sicheres Zeichen dafür, dass du noch stark in dir verhaftet bist und Eigensinn und Eigenliebe vorherrschen.

2 Du wirst es in deiner Lebensgeschichte des Öfteren erfahren haben, wie sicher und wohltuend, wie gewinnbringend und lohnend, wie erfüllend und weise es ist, in bestimmten Phasen oder Situationen auf einen anderen Menschen zu hören und dich auf ihn zu verlassen: auf Mutter und Vater, Schwester oder Bruder, auf einen Freund oder eine Freundin, auf einen Lehrer oder Vorgesetzten, auf einen geistlichen Begleiter, eine Ordensfrau oder einen Ordensmann oder auf einen geliebten Menschen, dem du vollends vertraust.

Gehe niemals, auch später nicht, deinen Weg ausschließlich nach eigenen Lebensentwürfen. Schau auf mich, der vom Vater gesandt unter den Menschen lebte und sich ihnen demütig aushändigte. Mich im Gebet der Hingabe auf meinen Vater zu verlassen und auf ihn zu hören, war mir das Höchste und schenkte mir in der Angst Hoffnung, in der Not Vertrauen und im Tod ewiges Leben. Lass mich dir Vorbild sein und lerne aus meiner Demut und Hingabe, deinen Eigensinn und falschen Stolz zu besiegen. Lass nicht zu, dass widergöttliche Kräfte in dir Leben gewinnen und mich von dir trennen. Erhebe dich nicht über andere und urteile nicht über sie. Du darfst und musst dich behaupten, um du selbst zu werden, doch neige auch beizeiten dein Haupt und übe Demut. Breite deine Klagen und Seufzer vor mir aus, sodass dein Inneres befreit wird und das Wesen deiner Seele, Göttliches, in dir aufstrahlen kann.

Ich werde dich immer mit offenen Armen und offenem Herzen empfangen, denn dein Leben und deine

Seele sind kostbar in meinen Augen. Mögest du doch erkennen, dass ich dich wirklich liebe und mich für dich einsetze, damit auch nicht die geringste Kostbarkeit verloren gehe. Du kannst viel dazu beitragen.

Kapitel XIV
Wesentliches geschieht im Verborgenen

1 Der Mensch:
Herr, ich stehe sprachlos vor dir und staune. Ich staune vor deiner unendlichen Liebe, die du mir offenbarst, und vor all dem, was mir noch verborgen ist. Deine Worte, die du zu mir sprichst, geben mir Zuversicht und Sicherheit. Doch wer bin ich, dass ich mich zu dir erheben darf? Du hast die Himmel und die Erde geschaffen, dein Wesen ist in allem verborgen, und doch bist du nicht sichtbar. Du wirkst in allem und ordnest alles. Deine Liebe durchstrahlt die gesamte Schöpfung, doch du schonst keines deiner Geschöpfe, das sich über dich erhebt – selbst die Engel nicht. *Die Sterne des Himmels fielen herab auf die Erde, wie ein Feigenbaum seine Früchte abwirft, wenn ein heftiger Sturm ihn schüttelt* (Offenbarung 6,13).
Herr, und ich nehme mir heraus, in deinen Augen etwas Besonderes zu sein! Vergib mir meine Überheblichkeit. Ich müsste den rechten Weg längst erkannt haben, denn ich sah Menschen hungern, die einst das Brot der Engel aßen. Sie hätten ihren Hunger mit dem gestillt, was die Schweine fraßen; doch niemand gab ihnen davon.

2 Sind wir uns selbst überlassen, so versagen wir. Lässt du uns los, sinken wir in die Tiefe.

- Kein Heil, Herr, leuchtet mehr auf, wenn du deine Hand zurückziehst.
- Keine Weisheit erfüllt mehr das Herz, wenn du sie nicht lenkst.
- Keine Kraft richtet etwas aus, solange du sie nicht aufrecht erhältst.
- Keine Liebe kann sich entfalten, wenn ihr Quellgrund verschlossen bleibt.
- Kein Wachstum kann erfolgen, wenn du, Herr, nicht deinen Segen in Fülle spendest.
- Keine Enthaltsamkeit kann etwas bewirken, wenn du sie nicht unterstützt.
- Kein Werk und kein Gebet können Frucht bringen, wenn du nicht in ihnen gegenwärtig bist.

Sind wir uns selbst überlassen, so versagen wir. Lässt du uns los, sinken wir in die Tiefe. Bist du, Herr, jedoch mit uns, können wir uns aufrichten und sogar Berge versetzen. Du erfüllst das menschliche Herz mit dem Feuer deiner Liebe.

3 Oft wollte ich zu hoch hinaus und habe dabei meine Mitte verloren. Du, Herr, hast mich aus Sorge und Liebe in meine Grenzen zurückgewiesen. Ich weiß, dass ich sie einhalten muss und sie nur mit deiner Hilfe überschreiten darf. Deine Güte ist grenzenlos, deine Treue unendlich. Deine Urteile sind tiefer als der Ozean. Bei dir, Herr, ist die Quelle des Lebens, und in deinem Licht schauen wir das Licht (vgl. Psalm

36,6-10). Schenke mir die Gnade und die Einsicht, damit ich mich immer wieder in deinen Grund versenken kann. Denn ohne dich ist meine Last unerträglich, mein Weg ohne Ziel – wie ein Meer, das uferlos vor mir liegt. Ich will mich dir anvertrauen, ohne zu wissen, wohin mich mein Weg führt. Alles Gute, Herr, kommt von dir, und ohne dich kann ich nichts tun.

4 Was ist unter all deinen Geschöpfen, Herr, der Mensch vor dir? Wie vermessen wäre es von mir, würde ich mich meiner rühmen. *Wird denn der Töpfer wie Ton geachtet? Sagt denn das Werk von dem, der es herstellt: Er hat mich nicht gemacht?* (Jesaja 29,16a).
Dir gehöre ich, dein bin ich, und von dir bin ich ausgegangen, um zu dir wieder zurückzukehren. Wenn diese deine Wahrheit mich einmal ganz durchdrungen hat, kann mich keine Macht der Welt mehr von dir trennen. Möge die Zeit nicht mehr fern sein, in der Gott allein in meinem Inneren die höchste Stelle einnimmt, ich vertrauend meinen Geist in seine Hände legen darf und er zum Ziel meines Lebens wird. Viele Worte sind auf diesem Weg nicht erforderlich. Wer jedoch viel darüber redet, läuft Gefahr, mit dem Echo seiner Worte selbst zu schwinden. *Die Treue des Herrn währt in Ewigkeit* (Psalm 117,2b).

Kapitel XV
Reden und Handeln im Einklang mit Ihm

1 Der Herr:
Du bist auf dem Weg und möchtest von mir lernen. Wie ich mich in allem meinem Vater anvertraut habe mit der Bitte, sein Wille möge an mir geschehen, so möchte auch ich dich gern diese Haltung lehren. Beginne mit dem Gebet der Hingabe, und allmählich wird sich dann die Frucht deines Betens im Alltag zeigen und stabilisieren. Bete wiederholt und wiederholt mit einem der folgenden Worte, dass sich der Wille Gottes an dir erfüllt:

- *Mir geschehe, wie du es gesagt hast* (Lukas 1,38b).
- *Dein Wille geschehe wie im Himmel, so auf der Erde* (Matthäus 6,10).
- *Vater, geheiligt werde dein Name. Dein Reich komme* (Lukas 11,2b).
- *Nicht wie ich will, sondern wie du willst* (Matthäus 26,39b).
- *Nicht mein, sondern dein Wille soll geschehen* (Lukas 22,42b).
- *Vater, in deine Hände lege ich meinen Geist* (Lukas 23,46b).
- *In deine Hände lege ich voll Vertrauen meinen Geist; du hast mich erlöst, Herr, du Gott der Treue* (Psalm 31,6).

Sollte dir etwas schaden oder gar dein Seelenheil gefährden, bitte im Gebet darum, dass es von dir genommen werde. Vieles mag dir in deinen Augen gut und recht erscheinen, doch längst nicht alles entspricht der Wahrheit, die im Heiligen Geist gegründet ist. Für dich ist es vorerst nicht einfach zu unterscheiden, ob in diesem oder jenem Wunsch und Verlangen Heiliger Geist oder eine fremde Macht dich leitet, die sich einmischt und zerstören möchte. Viele, die anfangs glaubten, von einem guten Geist geleitet zu werden, sahen sich am Ende betrogen.

2 Bittest du um die Verwirklichung all deiner Wünsche, kannst du damit auch dunkle Kräfte heraufbeschwören. Lass daher dein Wünschen und Bitten zu einem Gebet werden, in dem du meinen Namen anrufst. Schreibe mir nicht den Ausgang einer Sache vor, die du erbittest. Bleibe offen und stelle dein Wollen demütig unter den Willen des Vaters. Durch diese hingebende und vertrauende Haltung bleiben dir weitestgehend Enttäuschungen erspart. Wenn du magst, kannst du in dieser Weise beten:
„Herr, du weißt, was für mich am Besten ist. So nehme ich das Gute aus deinen Händen und sträube mich auch nicht gegen deine Entscheidungen, wenn sie nicht meinem augenblicklichen Willen entsprechen und für mich nicht einsehbar sind. Ich stelle mich dir ganz zur Verfügung im Wissen, dass du mir das zukommen lässt, was für mich das Beste ist. Mein Leben liegt in deiner Hand. Sollte ich es da nicht auch von mir aus immer wieder in deine Hände legen?"

Gebet um die Gnade, den Willen Gottes zu erkennen und zu vollbringen

3 Der Mensch:
„Jesus Christus, unser Herr und Heiland, begleite mich mit deiner Gnade und gewähre sie mir bis ans Ende. Mein Wünschen und Wollen möge niemals von dem abweichen, was du für mich bestimmt hast. Lass meinen Willen zu deinem Willen werden, dass sie eins seien. Schenke mir über alles Wünschen und Wollen hinaus, dass ich in dir Ruhe finde und mein Herz von deinem Frieden erfüllt ist."

In Frieden leg ich mich nieder und schlafe ein;
denn du allein, Herr, lässt mich sorglos wohnen (Psalm 4,9).

Kapitel XVI
Gott allein ist alles

1 Der Mensch:
Ich weiß, Herr, dass ich in dieser Welt keine endgültige Ruhe finden werde, und ebenso, dass mein Wünschen und mein Denken keine vollständige Erfüllung erfahren. Vieles bleibt Fragment, doch du wirst in der kommenden Welt das Fehlende ergänzen und somit das Begonnene zur Vollendung führen. Könnte ich alle Freuden dieses Lebens genießen, so weiß ich, dass dieser Genuss keinen langen Bestand und allzu schnell ein Ende hat. Meine Seele verlangt in mir nach Vollendung und dass sie ewig währt. Sie weiß, dass sie diese Erfüllung nur in Gott allein finden kann.
„Warte noch ein wenig, meine Seele, und sei nicht un-

ruhig in mir. Erwarte die Verheißungen, nach denen du verlangst, und sei gewiss: Der Himmel wird dir die Fülle alles Guten gewähren. Die zeitlichen Güter sind notwendig für das Hier und Jetzt und den Übergang; in den ewigen Gütern aber wirst du das Ziel deiner Sehnsucht erreichen. So nutze das Zeitliche, ersehne jedoch das Ewige, für das du geschaffen bist und das allein dich erfüllen kann.

2 Sei nicht unruhig, meine Seele. Würdest du alles Vergängliche dein Eigen nennen: Du würdest niemals damit glücklich und zufrieden sein. Denn nur in Gott, der alles erschaffen hat, sind dein Glück und deine Seligkeit begründet. Dieses Glück und diese Seligkeit sind mit den Augen der Welt nicht wahrzunehmen. Du bist ja auf dem Weg, von Gottes Licht und seiner Liebe durchstrahlt zu werden, weil du von seinem Geist leben möchtest und lebst. Übe dich in Geduld und harre auf Gott, der dir schon bald einen Vorgeschmack auf das Kommende gewähren wird."
Herr, ich habe bitter erfahren müssen, wie Menschen die Wahrheit verdrehen und zu ihren Gunsten auslegen – rücksichtslos und egoistisch. Doch du bist die absolute und alleingültige ewige Wahrheit, die ich aus meinem Inneren vernehmen darf. Ich weiß und spüre, dass du bei mir und überall mit mir bist. Ich bitte dich, mir auch weiterhin überall und zu jeder Zeit beizustehen. Ich glaube nicht, dass du dich jemals von mir zurückziehst. Sollte ich deine Nähe einmal nicht spüren, so bin ich es, der sich von dir entfernt hat.

Preise den Herrn, meine Seele,
und vergiss nicht, was er dir Gutes getan hat!
Der dir all deine Schuld vergibt
und all deine Gebrechen heilt (Psalm 103,2-3).

Kapitel XVII
Vertraue

1 Der Herr:
Du bist auf dem richtigen Weg, und du hast bereits tiefere Einsichten in Verborgenes, das vielen Menschen noch nicht zugänglich ist. Doch auch du bist teils noch verhaftet in Äußerlichkeiten und lässt dich oft blenden. Übe dich weiter im Loslassen und vertraue mir.

2 Der Mensch:
Was du sagst, Herr, ist recht. Du kennst mich besser, als ich mich je kennen könnte; du bist mehr um mich besorgt, als ich es je sein könnte. Ich stehe auf sehr unsicherem und schwankendem Boden und weiß, dass ich nur sicher gehen kann, wenn ich mich dir ganz anvertraue. Petrus schreibt: *Werft alle eure Sorgen auf ihn, denn er kümmert sich um euch* (1 Petrus 5,7).
Herr, ich habe den Wunsch und das starke Verlangen, mein Leben auf dich auszurichten, damit das Wirklichkeit wird, was du mir verheißen hast. Hilf mir, dass mein Wesen sich in deinem Wesen verwurzelt und ich in dir fest werde und bleibe. Was immer du mir schickst: Es kann nur gut für mich sein. Wenn du willst, dass

- Licht mich erfüllt: So preise ich dich,
- Finsternis mich umgibt: Sei du meine Zuflucht,
- Gnade mir zufließt: So will ich sie weiterschenken.

Ich möchte dir alle Zeit nahe sein und dich lieben – was immer auch mit mir geschieht.

3 Der Herr:
Deine Gesinnung und deine innere Haltung berühren mein Herz. Du öffnest dich unserer Begegnung und bist bereit, mit mir zusammen zu gehen. Wärest du auch bereit – wenn es so weit kommt –, ein Stück weit das Leid der Welt mit mir zu tragen? Lerne aber auch von mir, die Freude anzunehmen und sie zu leben. Öffne dich willig, sowohl die Armut und den Mangel als auch die Fülle und den Reichtum anzunehmen.

4 Der Mensch:
Herr, ich möchte den Weg mit dir gehen, der nichts ausschließt – weder das Leid noch die Freude. Ich weiß aber, dass ich das Wohl willkommener heiße als das Weh, dass das Gute mir weitaus angenehmer ist als das Gegenteil und ich lieber glücklich als traurig bin. Darf ich so sein, wie ich bin und empfinde? Oder möchtest du gar, dass ich alles, was mir begegnet, annehme und dafür dankbar bin?
Bewahre mich, Herr, vor falschen Entscheidungen, vor Leid, das ich anderen und somit auch mir zufüge, und vor allem Bösen, das durch mich ausgelöst werden könnte. Mein Herz ist wach, und ich bin bereit, auf dein Wort zu hören. Lass dein Licht in mir auf-

gehen und deine Liebe in mir erglühen. Du, Herr, hast gesagt, dass du meinen Namen niemals aus dem Buch des Lebens streichen wirst, sondern dich vor deinem Vater und vor seinen Engeln zu mir bekennst (vgl. Offenbarung 3,5).

Kapitel XVIII
Er hilft dir, Schweres zu tragen

1 Der Herr:
Um den Bund der Liebe neu mit den Menschen und mit dir einzugehen, bin ich vom Himmel herabgestiegen. Ich bin Mensch geworden, um dir nahe zu sein. Und immer wieder tue ich diesen Schritt, weil ich alle Geschöpfe und die Menschen liebe, weil ich nicht möchte, dass auch dem Geringsten Leid zugefügt wird. Doch wie viele Menschen nehmen mein Beispiel nicht an und handeln gegenteilig. Sie verletzen sich gegenseitig und machen auch vor anderen Geschöpfen keinen Halt. Aber auch ihnen möchte ich in Liebe zugetan bleiben und sie zur Umkehr bewegen. Als Mensch musste ich von der Stunde meiner Geburt bis zum Tod am Kreuz erfahren, dass das Leid der Menschen nicht abreißt. Ich nahm es geduldig an, um es zu verwandeln. Und das ist auch weiterhin mein Weg bis zur Vollendung der Welt. Doch habe ich zu allen Zeiten viele Freunde, die verstehen, was der Vater durch mich sagen will. Sie nehmen teil am Erlösungswerk und setzen sogar ihr Leben dafür ein.

2 Der Mensch:
Herr, gibt es eine größere Liebe als die, die du den Menschen erweist? In der Welt hast du den Willen deines Vaters geduldig erfüllt und bist erhöht worden. Wie könnte ich da das Angebot der Liebe, das du mir ständig neu unterbreitest, ausschlagen? Wie könnte ich da verzagen oder gar den gemeinsamen Weg mit dir abbrechen? Es wird mir leicht, mich nach deinem Willen und nach deinem Beispiel in Geduld zu üben, das mitunter zerbrechliche Leben zu bejahen und mein Inneres für die große Wandlung durch dich offen und bereitzuhalten. Wenn auch das Leben für viele Menschen zeitweilig oder für eine lange Zeit leidbeladen ist, so bietest du uns gerade deshalb in diesen schweren Zeiten die Fülle deiner Gnade an. Es gab in meinem Leben Phasen, in denen ich diese Zusammenhänge gar nicht oder nur schwer einsehen konnte. Dein Beispiel und das derjenigen, die dir nachgefolgt sind, geben mir Mut, in dunklen Zeiten durchzuhalten und das Licht im Herzen zu bewahren.
Du, Herr, hast die verschlossenen Tore meiner Seele und die des Himmels wieder geöffnet, sodass das Licht des Lebens und die göttliche Liebe ungehindert fließen können.

3 Wie unendlich dankbar bin ich dir, dass du mir – ja, dass du allen – durch dein Leben, deinen Tod und deine Auferstehung den Weg zum Ziel allen Lebens gewiesen hast. Er ist lichtvoll und leicht. Wir gehen ihn mit dir zusammen, und unser Weg wird zu deinem Leben. Weil du, Herr, uns vorausgegangen bist und alle Stationen durchlebt und durchlitten hast, wurdest du unser Heiland und Retter. Glaubend und vertrauend folgen wir dir. Doch was wäre aus uns geworden, wenn wir in dir nicht das strahlende und wegweisende Licht sähen?

Kapitel XIX
Geduld erreicht viel

1 Der Herr:
Wenn du vorübergehend eine Last zu tragen hast, beklage dich nicht darüber. Schau dich um und sieh, was andere durchgestanden haben und durchstehen müssen. Und dann blicke auf das Kreuz, das mir und vielen auferlegt wurde und immer wieder neu auferlegt wird. Niemand kann sich dagegen wehren oder es nach Belieben absetzen. Denke an die schrecklichen Geschehnisse in der Welt, die Kriege, Krankheiten und Schicksalsschläge, die von so vielen Menschen ertragen werden müssen. Hinzu kommt das seelische Leid, das oft nach außen nicht sichtbar wird. Unsagbares wird von manchen Menschen gelitten – und ich leide mit ihnen und trage das Kreuz mit ihnen.
Du bist also niemals allein, wenn deine Last schwerer wird und sie dir unerträglich erscheint. Frage dich jedoch auch, wie es in diesen Zeiten mit deiner Geduld steht, denn allzu oft nur vergrößert die eigene Ungeduld die Schwere der Last.

2 Immer, wenn du dich gegen etwas sträubst, das nicht zu umgehen ist, lastet es umso schwerer auf dir. Du wirst entschieden leichter damit fertig, wenn du es annimmst und mir somit die Möglichkeit gibst, es zu wandeln. Und bedenke: Nach jeder Last, die du entschieden durchgetragen hast, wirst du reifer, sehender, und dein Herz weitet sich. Du kannst mehr Gnade in dich aufnehmen und Liebe verschenken. Mache dich darauf gefasst, dass du weder einen guten Zustand festhalten kannst noch dass ein belastender Zustand von unübersehbar langer Dauer ist.
Sage nicht: „Von diesem Menschen kann ich das Unrecht, das er mir angetan hat, nicht ertragen. Ich muss mich wehren und es ihm vergelten. So etwas habe ich nicht verdient, und er hat mir schwer geschadet. Er wirft mir Dinge vor, an die ich niemals gedacht habe. Das kann ich doch nicht hinnehmen! Wenn es dagegen jemand anderes gewesen wäre, würde ich mich nicht so aufregen und es gelassen hinnehmen. Von ihm könnte ich es vermutlich ertragen."
Wer so denkt und handelt, ist töricht. Er weiß nicht, worin das Wesen der Geduld besteht und worin ihr Wert liegt. Er übersieht den, der alles geduldig auf sich genommen und es zum Heil aller gewandelt hat. Jemand mit einer so engen Gesinnung sieht nur auf den Menschen, der wehtut, auf den Beleidiger und die Beleidigung.

3 Wer unterscheidet, von wem er etwas ertragen kann und von wem nicht, der hat nicht die wahre Geduld. Der wahrhaft geduldige Mensch fragt nicht lange, von wem die Prüfung ausgeht. Er nimmt es zwar kurz zur Kenntnis, setzt sich jedoch nicht mit dieser Person auseinander, sondern mit sich selbst. Er weiß, dass ihm dieses und jenes begegnet, um daraus Wesentliches zu lernen, was ihm noch fehlt. So sieht er tiefere Zusammenhänge und kann sogar eine einleuchtende Verbindung zur Pädagogik Gottes herstellen. Gott verantwortet jede Begegnung und spricht durch sie zu uns. Er möchte, dass wir unterentwickelte Kräfte entwickeln, auf der anderen Seite jedoch auch, dass überschüssige, fehlgeleitete Kräfte bei uns abgebaut werden. Alles steht in einem tiefen Sinnzusammenhang, in den du eingebunden bist. Bleibe geduldig, und dir wird nach und nach größere Einsicht gewährt.

4 Auf diesem Weg bleiben dir manche Auseinandersetzungen mit dir selbst, den Mitmenschen und dem Schöpfer nicht erspart. Versuchst du, vor ihnen zu fliehen, holen sie dich bei passender Gelegenheit umso stärker ein. Auch ablehnen und zurückweisen kannst du einen notwendigen Entwicklungsprozess nicht. Was geschieht, geschieht zu deinem Heil, wenn du die rechte Einstellung gewinnst und entsprechende Entscheidungen triffst.

5 Der Mensch:
Herr, ich stehe noch am Anfang und kenne mein Unvermögen. Ich möchte allzu gern noch Gleiches mit Gleichem vergelten, und mir fehlt es an Einsicht und Geduld. Und so bitte ich umso inständiger um deine Gnade, die in mir das ausführen möge, was mir

durch meine Möglichkeiten unausführbar erscheint. Du siehst, wie begrenzt ich bin und schon bei den geringsten Schwierigkeiten aus der Bahn geworfen werde. Sobald sich ein für mich unüberwindbar scheinendes Hindernis einstellt, verliere ich den Mut, resigniere und leide. Ich weiß, Herr, dass dir dies missfällt. Hilf mir daher, mein Leben mit dir zusammen zu gestalten, führe mich zu tieferer Einsicht, lehre mich, geduldig zu sein, und mache mich in allem ausdauernder und tragfähiger.

Kapitel XX
Erkenne deine Schwächen

1 Der Mensch:
Herr, meine Worte reichen nicht aus. Ich muss noch einmal vor dir meine Schwachheit bekennen. Kleinigkeiten sind es immer wieder, die mich mutlos und traurig machen. Ich nehme mir vor, entschlossen zu handeln – bei der kleinsten Versuchung jedoch gerate ich in Zweifel, und Unsicherheit überfällt mich. Eine ganz unbedeutende Sache ist imstande, mich aufzuregen und mich mit Unmut zu erfüllen. Und wenn ich mich einigermaßen sicher glaube, kann mich ein leichter Windstoß samt all meiner Sicherheit schon zu Boden werfen.

2 Meine Fehler und meine Schwächen, Herr, sind dir zur Genüge bekannt. Du hast jedoch Erbarmen mit mir.

*Entreiß mich dem Sumpf,
damit ich nicht versinke,
damit ich meinen Hassern entkomme,
den Tiefen des Wassers* (Psalm 69,15).

Ich schäme mich vor dir, dass ich viele Versuchungen nicht bestanden habe und Unbeständigkeit an den Tag lege. Ich leide darunter, mich mit bestimmten Wünschen und Begierden täglich neu auseinandersetzen zu müssen. Sie drängen sich mir wie von selbst auf und ziehen mich nach unten, wenn ich ihnen nachgebe. Diese und jene Wunsch- und Fantasiebilder sollte ich verwerfen – doch sie dringen viel leichter und schneller in mich ein, als ich sie zurückweisen kann.

3 Herr, du übertriffst alles an Stärke und Liebe. Um uns aus unserer Schwachheit zu befreien, bietest du allen deine Freundschaft an. Wie oft habe ich sie zurückgewiesen und dir mit meiner Untreue wehgetan! Und doch stehst du mir in allem, was ich auch unternehme, zur Seite. Stärke mich mit deiner Kraft, sodass ich richtige Entscheidungen treffe und Begonnenes zu einem guten Ende führen kann.

Vor dir ist nichts verborgen, und so siehst du auch, wie mich alte verführerische Kräfte, die ich längst aufgelöst glaubte, immer wieder besetzen und mein Bewusstsein trüben. In ihnen atmet nicht dein Heiliger Geist, denn sie wollen spalten und mit mir eigene Wege gehen. Wie könnte ich ohne dich, Herr, leben und meinen Alltag bestehen? Neue Versuchungen treten an mich heran und wollen mich zu Fall bringen. Was wäre mein Leben ohne dich und deine Hilfe? Gerade bin ich mit einer Widerwärtigkeit fertiggeworden – da fällt mir bereits unerwartet eine neue in den Rücken.

4 Wie könnte ich das Leben lieben, das viel Bitterkeit in sich birgt und zu einem großen Teil dem Leid ausgesetzt ist, wenn du, Herr, nicht an meiner Seite wärest als Sieger über alles Leid und den Tod? Somit ist es uns gegeben, uns trotz der Schattenhaftigkeit immer neu dem Licht zuzuwenden, das Leben zu lieben und in ihm Freude zu finden. Wenn auch manches in der Welt verachtenswert ist, so werden wir es mit der Kraft der Liebe, die du in uns eingepflanzt hast, überwinden und wandeln. Allein wichtig ist, dass wir uns nicht von vorherrschenden schlechten Gewohnheiten und Begierden beherrschen lassen, sondern durch dich in die Lage versetzt werden, sie zu beherrschen. Viele Menschen reden zwar in diesem Sinne, doch danach handeln tun sie nicht. *Denn alles, was in der Welt ist, die Begierde des Fleisches, die Begierde der Augen und das Prahlen mit dem Besitz, ist nicht vom Vater, sondern von der Welt* (1. Johannesbrief 2,16).

5 *Die Welt vergeht und ihre Begierde; wer den Willen Gottes tut, bleibt in Ewigkeit* (1. Johannesbrief 2,17). Vieles von deiner geoffenbarten Weisheit, Herr, geht in mein Herz ein und wird zu einem inneren Bestandteil meines Lebens. Und doch schleicht sich bei mir wieder gefährliche Lust ein, die massiv nach Erfüllung verlangt. Sie ist mit ihrer fast unbändigen Kraft in der Lage, meine Ruhe und Überlegenheit zu zer-

stören und mich abseitige Wege zu führen. Manchmal
– ohne es recht zu wissen – gehe ich diese Wege sogar.
Und ich frage mich, was ich wirklich von dir, Herr,
begriffen habe und wie es mit mir weitergehen soll!
Nimm meine Schwächen an und wandle sie in Stärke.
Ich möchte mein äußeres und inneres Leben nach
dir ausrichten und keinen trügerischen Versuchungen
mehr zum Opfer fallen. Lass mich das Rechte erkennen,
die vielfältigen Blendungen durchschauen und
kluge Entscheidungen treffen.

Kapitel XXI
Ruhe finden in Gott

1 Der Mensch:
Herr, du hast zu mir gesagt, dass meine Seele sich nicht lange bei dem aufhalten soll, was geringer ist als du. Sie kann die Ruhe, die allem Geschaffenen zu Grunde liegt und nach der alles Geschaffene sich sehnt, nur in dir allein finden. Öffne mir den Weg über alles Sichtbare hinaus, über alles Denk- und Vorstellbare zu dem, was auch jenseits aller Gefühle als Quellgrund in dir verborgen ist.

Herr, zeig mir den Weg und gib mir die Kraft, mich für die Zeit des Gebetes ganz auf dich zu verlassen. Mein Ich möchte ich dir hingeben und alles von dir Geschaffene überschreiten, um bei dir zu sein und in deiner Ruhe zu ruhen. Ich schließe in dieser Zeit meine Augen und lasse in der Anrufung deines Namens alles zurück, was mich auf dem geraden Weg zu dir

hindert. Wenn ich meinen Geist und meine Seele in deine Hände lege, kann mich nichts mehr, was geringer ist als du, von der anziehenden, liebevollen Bewegung zu dir abhalten. Das, was sonst mein Leben bereichert und verschönt, lebenswert macht und beglückt, opfere ich dir im Gebet der Ruhe:
- die Schönheit der Natur und die Weite des Kosmos
- die körperliche und seelische Gesundheit
- das Heil der Welt und allen Segen, der darauf ruht
- alle Gefühle, Gedanken, Worte und Handlungen
- die kreative Kraft des Geistes und alle Möglichkeiten der Ausgestaltung
- die Kunst, die Musik und den Gesang
- das geschriebene Wort, die Bücher und die heiligen Schriften
- alle Gottesvorstellungen und die Philosophie
- die Wissenschaften und alle geistigen Reichtümer
- die Lust und die Freude, die der Geist fassen und empfinden kann
- alle Verheißungen, Erwartungen und Hoffnungen

Führe mich im Gebet der Hingabe den Weg zu dir in die göttliche Ruhe – über die Gemeinschaft der Heiligen hinaus, über Engel und Erzengel, über alles Sichtbare und Unsichtbare, über alles hinaus – zu dir.

2 Als noch nichts Bestand hatte, warst du, Herr, bereits. Du bist der Quell allen Lebens. Aus der Mannigfaltigkeit und Vielheit der Schöpfung finde ich, wenn ich alles zurücklasse, zu dir, dem Einen, zurück. In dir ist alles Gute zugleich und vollkommen. Du bist die Sehnsucht und die Fülle der Hoffnung für alle Geschöpfe, du bist der Höchste, der immer war, ist und sein wird. Du bist die vollkommene Liebe, die höchste Heiligkeit und Herrlichkeit. Alle Zuwendungen, die ich aus deiner Hand erfahren durfte, treten vor dem zurück, was du selbst bist. Mein Herz hast du viel zu groß geschaffen, als dass es Ruhe und Frieden in dem finden könnte, was zwar von dir ist, du aber nicht bist. Denn wahre Ruhe und vollkommener Friede wird mir nur zuteil, wenn ich über all deine Gaben und deine Geschöpfe hinaus mich zu dir emporschwingen oder mich in dir versenken darf. Auf keinem anderen und schnelleren Weg gelangen mein Herz und meine Seele in deine göttliche Ruhe und Liebe, aus der du alles geschaffen hast.

3 Ich wünsche mir, Flügel zu haben, Flügel wahrer Freiheit, um zu dir zu fliegen und in dir zu ruhen (vgl. Psalm 55,7). Doch wann wird die Zeit kommen, in der ich von unseligen Bindungen und von einer nach unten ziehenden Schwere befreit bin? Wann werde ich frei sein von den vielen störenden Gedanken, die trennen wollen und das Eine nicht zulassen? Herr, du siehst, wie sich wieder meine Ungeduld einmischt und fragend dazwischentritt. Ich bin auf dem Weg, und mit dem kleinsten Schritt komme ich näher zu dir. Von Tag zu Tag sammle ich mich in dir und lerne es, im Gebet mein ganzes Wesen dir zu übereignen. Auf dich hin mich zu vergessen, ist mein Wunsch. Du kommst mir entgegen und nimmst mich an – jeden Tag ein bisschen mehr. Und ich stelle aus Ungeduld

die alten Fragen, die du mir längst beantwortet hast. Seufzen tut mir gut und befreit mich. Vieles Ungute begegnet mir, dem ich mich nicht entziehen kann. Es beeindruckt und beunruhigt mich, hält mich gefangen und verwehrt mir im Gebet den freien Zugang zu dir. Du hast mich gelehrt, auch gerade dann deinen Namen anzurufen und den Weg in eine tiefere Ruhe zu suchen, wenn äußere Umstände und innere Betroffenheit mich ganz zu besetzen scheinen. In mein Seufzen muss und darf ich alles hineinlegen, was mich so stark beeindruckt hat, dass mein Inneres nicht allein damit fertigwird.

4 Du, Herr, wirst alles, was mich auf dem Weg zu dir hindert, von mir nehmen und ihm gewandelt einen anderen Platz in der Schöpfung geben. Du erlaubst es mir wieder, vor dir zu schweigen und die Ruhe in dir tiefer zu erfahren. In dem Bewusstsein, dass auch mein Schweigen zu dir redet, weiß ich mich von dir angenommen und geliebt. Du erfüllst alles, was lebt, mit Segen. Du kommst dem, der darum bittet, entgegen und wendest dich besonders den Armen und denen liebevoll zu, die im Schatten des Todes sitzen. Du führst die Geängstigten aus ihrer Angst und machst die Gefangenen frei.
Bist du, Herr, in unserer Mitte, sind unsere Tage lichtvoll und froh. Du deckst uns den Tisch und lässt uns reich werden durch deine Gaben. Du lässt dein Angesicht über uns leuchten und deine Wahrheit macht uns frei.

5 Mögen auch andere suchen, was ihnen beliebt: Ich kenne meinen Weg, und nichts soll mich daran hindern, ihn weiterzugehen. Du, Herr, bist meine Hoffnung, mein Ziel und mein Heil. Du bist der Höchste. Nichts kommt dir gleich. Du befreist mich von dem, was sich schwer um meine Seele legt, sodass ich deine Stimme in mir wieder hören und deine Gegenwart spüren kann. Du führst mich nicht nur in ein tieferes Schweigen vor dir, sondern bewegst auch mein Inneres, damit ich dir zur Ehre kreative Kräfte entfalten kann.

6 Der Herr:
Du begibst dich auf den Weg zu mir und rufst. Ich werde dir Antwort geben und bin für dich da (vgl. Jesaja 58,9). Ich komme zu dir, denn du hast mich gerufen. Du hast dem Verlangen deiner Seele Raum und Richtung gegeben und bist meinem Wort gefolgt. Deine Demut und deine Hingabe – alles meinetwegen zu lassen – haben mich gewonnen und zu dir geführt.

7 Der Mensch:
Du, Herr, hast die Sehnsucht in mir entfacht, dich zu suchen. Du hast mir gezeigt, dass ich mich auf dem Weg zu dir durch nichts aufhalten lassen soll. In der Wiederholung deines Namens, in dieser Anrufung und der Bitte um dein Erbarmen liegt alles, was ich von mir aus tue. Ich lerne es mehr und mehr, mich selbst, meine Gedanken und mein Tun im Gebet zu dir aufzugeben und mich ganz auf dich zu verlassen. Meine Liebe zu dir hast du geweckt, und ich möchte

alles tun, dass sie niemals mehr überschattet wird. Im Übermaß deines Erbarmens wendest du dich mir zu und lässt mich die Wahrheit erkennen, die mein Leben in ein anderes Licht getaucht hat.

Mir fehlen die rechten Worte, dir zu danken. Lass mich vor dir schweigen, denn bevor du mir die Worte in den Mund legst, kennst du sie bereits. In Dankbarkeit verneige ich mich vor dir, Herr, und preise staunend das Wunder deiner Werke. Du führst in der Weisheit des Vaters zum wahren Leben und schließt niemanden aus. Dich lobe und preise meine Seele durch Schweigen, dich lobe und preise die gesamte Schöpfung.

Kapitel XXII
Dank für die Güte Gottes

1 Der Mensch:
Herr, öffne mein Herz für die Gesetze, die der gesamten Schöpfung zugrunde liegen und schenke mir Frieden. Erhöre mein Gebet in Schweigen, schenke mir Versöhnung und verlasse mich nicht, wenn ich mich von dir entfernt habe (vgl. 2. Makkabäer 1,4-5). Gib mir Einsicht in den göttlichen Plan, damit ich Lebens- und Schicksalsabläufe erkenne, um niemanden zurückzuweisen und ihm wehzutun. Gib mir Zeit, um Zusammenhänge in Ruhe erwägen und richtig handeln zu können. Mein Dank allerdings wird hinter allem zurückbleiben, was ich von dir empfange. Wenn ich zu dir aufschaue, kann weder meine Wahr-

nehmung noch mein Geist auch nur einen Bruchteil deiner Größe erfassen.

2 Jede seelische, geistige und materielle Gabe, jede äußere und innere, jede natürliche und übernatürliche Gabe stammt von dir und kündet von deiner Liebe und Freundlichkeit, der wir alles verdanken. Warum der eine mehr und der andere weniger empfangen hat, ist für mich nicht einsehbar und gehört zu den großen offenen Fragen meines Lebens. Doch ohne dich hätten wir nicht einmal das Geringste, und du lässt niemanden fallen. Wer zeitweilig mehr erhielt, hat keinen Grund, sich über andere zu erheben. Er sollte umso bescheidener, demütiger und dankbarer werden und bleiben. Der, Herr, so hast du mich gelehrt, ist der Größte, der vor dir so einfach und so klein sein kann wie ein Kind, der keine Ansprüche stellt und seinen Geist leer machen kann, um von dir zu empfangen.

3 Wem jedoch zeitweilig weniger zuteilwird, sollte sich nicht dagegen aufbäumen oder betrübt sein. Ich bin sicher, Herr, dass von dir über die Räume der Zeit eine ausgleichende Gerechtigkeit ausgeht, die niemandem mehr oder weniger zukommen lässt, als ihm durch sein gelebtes Leben zusteht. Doch du gibst und nimmst weder nach Verdienst noch nach Ansehen der Person. Du weißt, was wir brauchen und was uns weiter und zu unserem Heil führt. Dir ist nicht verborgen, warum der eine weniger, der andere mehr empfängt.

4 Herr, ich besitze nicht viel, was in den Augen der Menschen glänzt und den Besitzer „groß und herrlich" macht. Wenn ich auch manchmal ein wenig traurig darüber bin, so spüre ich doch eine größere geistige Beweglichkeit, die es mir leichter macht, von dir angezogen zu werden. Sind nicht die Apostel, die Heiligen und alle, die dir nachfolgen, Zeugen gerade dieser Wahrheit? Ihre demütige Gesinnung ließ sie die Tiefe deiner Gnadenzuwendung erfahren, und so empfingen auch sie das mit großer Liebe, wovor die Welt zurückschreckt.

5 Wer dich liebt und dein unendliches Gutsein kennt, den wird nichts so sehr erfreuen, als dass dein Wille an ihm geschieht und durch ihn deine Liebe in die Welt getragen wird. Sein Glück ist unvergleichbar, und ihm macht es nichts aus, zuunterst zu stehen und der Kleinste zu sein. Er fühlt sich auf dem letzten Platz ebenso gelassen und zufrieden wie auf dem ersten. Ihm bedeutet es nichts, ohne Ruf und Namen dazustehen – im Gegensatz zu anderen, die gern Ehre und Ruhm genießen wollen. Deinen Willen zu erfüllen und deinen Namen zu verherrlichen, geht ihm über alles. Bist du, Herr, ihm nahe und erfüllst ihn mit deiner Gnade, so bedeutet das nichts an Größe und Freude dem gegenüber, was er je an anderen Gütern empfangen hat oder noch empfangen könnte.

Kapitel XXIII
Vier Quellen wahren Friedens

1 Der Herr:
Ich möchte dir den Weg des Friedens zeigen und dich wahre Freiheit lehren.
Der Mensch:
Herr, du wendest dich mir aus Liebe zu und möchtest meinen geistlichen Weg vertiefen. Dein Wort zu hören bedeutet für mich höchste Freude. Ich will dir aufmerksam und willig folgen.

Der Herr:
1. Dein eigener Wille ist teilweise noch ungestüm. Er sucht nach Bestätigung und Anerkennung deiner Person. Die beste Übung, deinen Willen zu kultivieren, besteht darin, zwischenzeitlich immer wieder den Willen eines anderen zu tun.
2. Häufe keinen unnötigen Besitz an. Schenke weiter, um die je größere Gabe annehmen zu können.
3. Dränge dich niemandem auf; wähle den geringeren Platz und hilf anderen Menschen – je nach deinem Vermögen.
4. Wende dich im einfachen Gebet an Gott; gib all deine Wünsche, Gedanken und Vorstellungen auf und verlasse dich auf ihn mit der wiederholten Bitte, dass sein Wille an dir geschehen möge.

Wenn du diese Schritte zum wahren Frieden gehst, wirst du tiefe Ruhe und den göttlichen Frieden empfangen.

2 Der Mensch:
Herr, mit wenigen Worten hast du mir Entscheidendes gesagt und einen Weg aufgezeigt, der zur Vollendung führt. Deine Worte sind voll Weisheit und – wenn du mir zur Seite stehst – leicht in die Tat umzusetzen. Schenke mir immer neu diese Erkenntnis; schenke mir vor allem Durchhaltevermögen, die vier Schritte zum wahren inneren Frieden täglich zu gehen. Ich habe bereits wiederholt die Erfahrung gemacht: Wenn ich auch nur einen dieser vier Schritte versäumt habe, geht es mir schlechter. Ich gerate leicht in Verwirrung und fühle mich beunruhigt und beschwert. Aber du, Herr, vermagst alles. Du hast Freude daran, dass die Menschen besser werden, und du unterstützt den Fortschritt meiner Seele. Vermehre die Gnade, dass ich dein Wort ausführe und die vier Schritte zum wahren Frieden täglich neu gehe.

3 Gebet, um zerstörerische Gedanken fern zu halten

Der Mensch:
Gott, bleib doch nicht fern von mir!
Mein Gott, eile mir zu Hilfe! (Psalm 71,12).
Denn vielerlei widrige Gedanken und Ängste bewegen und bedrücken mich. Wie soll ich mit ihnen umgehen? Was kann ich tun, um unbeschadet mitten durch sie hindurchzugehen?

Der Herr:
Wenn du meinen Namen anrufst und um meine Hilfe und mein Erbarmen bittest, werde ich vor dir herge-

hen und den Weg frei machen. *Ich selbst gehe vor dir her und ebne die Ringmauern ein. Ich zertrümmere bronzene Tore und zerschlage eiserne Riegel. Ich gebe dir verborgene Schätze und Reichtümer, die im Dunkel versteckt sind* (Jesaja 45,2-3 a).
Der Mensch:
Ja, Herr, vor deinem Angesicht fliehen alle bösen und widrigen Gedanken. Du, der du den Weg für mich frei machst, bist meine ganze Hoffnung, und auf dich setze ich mein Vertrauen. Aus der Tiefe meines Wesens rufe ich zu dir. Erhöre mich, und lass das innere Licht in mir leuchten.

4 Gebet um Erleuchtung des Geistes
Der Mensch:
Herr, Jesus Christus, erleuchte mich mit der Klarheit des inneren Lichtes und vertreibe alle Schatten aus meinem Herzen. Führe du mich von den vielen ausschweifenden Gedanken zu dem einen Gedanken zurück, der in der Anrufung und Verherrlichung deines Namens besteht. Befreie mich von den Versuchungen, die mich gewaltsam bestürmen. Öffne Fenster und Türen in meinem Inneren, sodass das überhelle Licht deiner Gnade Geist und Seele erleuchten kann. Aus deiner Kraft möge in mir Frieden geboren werden und im Raum meines Inneren soll dein Lob widerhallen.
Dein Wort gebiete dem Wind und dem Sturm – und es wird große Stille und Ruhe sein.

5 *Sende dein Licht und deine Wahrheit,*
sie sollen mich leiten;
sie sollen mich bringen zu deinem heiligen Berg
und zu deinen Wohnungen (Psalm 43,3).

Sende, Herr, dein Licht, denn ich bin wie ein finsteres Land, bis du mich erleuchtest. Der Grund meiner Seele wird einsehbar, und ich erkenne deine strahlende Gegenwart. Du wirst nicht nur mein Inneres erneuern und lichtvoll gestalten, sondern auch das Antlitz der Erde. Richte mein Herz, das oft niedergedrückt ist, wieder auf. Befreie es von allen Verschattungen und gib ihm einen Widerwillen gegen alles Dunkle und Einengende. Möge mein Herz sich nicht an das hängen, was nicht von Dauer ist, denn nichts Geschaffenes, nichts, Herr, außer dir, ist imstande, meinen Hunger gänzlich zu stillen und mir zu einer Quelle für das ewige Leben zu werden.
Sende dein Licht und deine Wahrheit in mein Herz und in die Welt. Deine Liebe, das unlösbare Band, das du zu mir und zu allen geknüpft hast, möge das Angesicht der Erde erneuern.

Kapitel XXIV
„Erforsche" nicht das Leben anderer

1 Der Herr:
Sei nicht neugierig und lade dir keine unnötigen Sorgen auf. Was kümmert dich dieses oder jenes? Hingabe sollte für dich an erster Stelle stehen, und dann:

Folge mir nach. Was geht es dich an, ob ein anderer, mit dem du gar nichts zu tun hast, sich so oder anders verhält, dieses oder jenes redet oder tut? Wirst du einmal gefragt, brauchst du nicht für andere zu antworten. Du hast nur dein eigenes Leben zu verantworten. Was mischst du dich also in Dinge ein, die dich nichts angehen?

Mir bleibt nichts verborgen, was unter der Sonne und auch im Herzen der Menschen geschieht. Ich weiß, wie es um einen jeden bestellt ist, was er fühlt, was er denkt und was er beabsichtigt. Überlass alles mir und mache dir keine unnötigen Sorgen über Angelegenheiten anderer Menschen, für die du keine Verantwortung trägst. Bewahre deinen Frieden, soweit es dir möglich ist, und mische dich nicht in fremde Schicksale ein. Wisse: Niemand kann mich täuschen, und alles, was jemand aus freier Entscheidung tut, muss er auch selbst verantworten.

2 Laufe nicht großen Namen nach, um eventuell mit diesen Menschen Bekanntschaft zu machen. Buhle auch nicht um das Wohlwollen und die Freundschaft vieler Menschen. Liebe schenkt sich von selbst und oft nur im Verborgenen. Du kannst sie nicht erzwingen. Absichten dieser Art verursachen Verwirrung oder gar Verzweiflung und verfinstern das Herz.

Wie gern würde ich mein Wort an dich richten, es in deine Seele sprechen und dir Geheimnisse offenbaren, wenn du mir die Tür zu deinem Inneren öffnen würdest. Bleibe im Gebet mit mir verbunden, sei nicht überheblich und schaue auf niemanden herab.

Verwende keine Mühe auf außergewöhnliche Dinge, denn mehr, als Menschen verstehen können, wurde dir gezeigt! (Jesus Sirach 3,23).

Kapitel XXV
Frieden und Fortschritt gehören zusammen

1 Der Herr:
Ich habe zu dir und anderen gesagt: *Frieden hinterlasse ich euch, meinen Frieden gebe ich euch; nicht, wie die Welt ihn gibt, gebe ich ihn euch* (Johannes 14,27).
Jeder sehnt sich nach Frieden, aber nicht alle setzen sich auch für den wahren Frieden ein. Mein Friede wird denen zuteil, die den Weg mit mir gehen, sich in Demut üben und deren Herz sich nicht verschließt. Der Friede, den ich dir gebe, gründet in viel Geduld. Wenn du auf mich hörst und meiner Stimme folgst, werde ich dir tiefe Ruhe und inneren Frieden schenken.

Der Mensch:
Was soll ich tun, Herr, damit sich deine Zusage an mir erfüllt?

2 Der Herr:
Sei dir immer im Klaren darüber, was du sagst und was du tust. Schweige lieber, als dass du ein falsches Wort sagst oder gar über andere richtest. Mein Leben und meine Lehre seien dir in allem Vorbild. Wenn du dich immer wieder an mir orientierst und mich im Ge-

bet anrufst, werde ich dir meine Liebe und Gegenwart nicht entziehen. Was andere tun oder reden – darüber erlaube dir niemals ein leichtfertiges Urteil. Mische dich auch nicht, wie ich dir schon mehrfach sagte, in Angelegenheiten anderer Menschen, für die du nicht mitverantwortlich bist. So kannst du ungestörter leben und gerätst weniger oder selten in Unruhe.

3 Ganz ungestört und in permanentem Frieden in dieser Welt zu leben, ist allerdings nicht möglich. Es gibt immer wieder Phasen, in denen du uneins mit dir selbst bist, körperliche oder seelische Schmerzen zu tragen hast und Zweifel dich überfallen.
Glaube jedoch nicht, den wahren dauerhaften Frieden gefunden zu haben, wenn dich nichts beunruhigt, bedrückt oder bedrängt. Glaube ebenfalls nicht, es stehe alles gut mit dir, solange du nicht angegriffen wirst. Denke auch nicht, es sei schon Vollkommenheit, wenn alles nach deinen Wünschen geht. Komme dir nicht groß, bevorzugt oder besonders begnadet vor, wenn dir tiefere Einblicke zuteilwerden, dein Gebet Früchte trägt und du in deinem Tun Erfolg hast. Bleibe trotz allem bescheiden, denn allzu schnell kann dir dies alles wieder genommen werden! Es muss noch etwas Wesentliches hinzukommen, wollte man von einem Fortschritt auf dem Weg in die Vollkommenheit sprechen.

Der Mensch:
Worin besteht das Wesentliche, von dem du sprichst?

4 Der Herr:
Das Wesentliche besteht darin, dass du dich mit ganzem Herzen und ganzer Seele dem göttlichen Willen hingibst und nicht suchst, was dein ist – weder im Kleinen noch im Großen, weder in der Zeit noch in der Ewigkeit. Wirklichen Fortschritt wirst du machen, wenn du sowohl im Glück als auch in weniger glücklichen oder gar schmerzhaften Zeiten dich Gott gegenüber im Gebet öffnest, nichts festhältst und nichts ausschlägst, was dir zugedacht ist.

Es ist kein einfaches Wort, doch ich sage es dir: Sei Gott dankbar für alles, was er dir schickt. Aus deinem tiefen Gottvertrauen und aus deiner eigenen Lebenserfahrung weißt du, dass alles dir zum Besten gereicht, Gott dir nur so viel gibt, wie du tragen kannst, und er darum bemüht ist, dein Kreuz mitzutragen, um es mit dir gemeinsam zu überwinden. Verwirkliche diese innere Haltung täglich neu, dann darfst du sagen – vor allem aber erfahren –, dass du auf einem Weg fortschreitest, der zum wahren Frieden und zur inneren Vollkommenheit führt. Bist du durch das Gebet der Hingabe darin geübt, immer wieder deinen Willen aufzugeben und deinen Geist in die Hände Gottes zu legen, werden dein Herz und deine Seele weit – und von allem Unrat befreit, nehmen sie so viel an göttlichem Frieden und Liebe auf, wie du eben zu fassen vermagst.

Kapitel XXVI
Zur Freiheit befreit – durch Hingabe, nicht durch Leistung

1 Der Mensch:
Herr, führe mich den Weg zur Vollkommenheit und lass mich in dem Bewusstsein leben, dass du mich niemals verlässt, mir immer nahe bist und ich deine Gegenwart spüren darf. So werde ich inmitten der Dunkelheit im Licht und inmitten vieler Sorgen unbesorgt sein. Und das nicht etwa, weil ich träge und ohne Gefühl bin, sondern weil du mein Herz frei machst und es sich nicht erneut durch ungeordnete Neigungen gefangen nehmen lässt.

2 Herr, diese Worte aus meinem Mund klingen wie selbstverständlich, doch sie sind es nicht. Täglich neu bitte ich dich:
- Bewahre mich davor, dass mich die alltäglichen Sorgen niederdrücken.
- Schenke mir die Gnade, in Freiheit über mich selbst zu bestimmen, anstatt mich bestimmen zu lassen.
- Zeige mir Wege, meine körperlichen Begierden zu kultivieren, um sie zum Wohl anderer einzusetzen.
- Befreie mich von aller Einengung der Seele, sodass sie sich entfalten und zu dir erheben kann.
- Bewahre mich vor körperlichen Schmerzen, die mich bedrücken, und vor seelischem Leid, damit ich nicht daran zerbreche.

- Nimm alles von mir, was mich im Gebet und auf dem Weg zu dir daran hindert, Fortschritte zu machen.
- Schenke mir die Gnade, dir näherzukommen und mehr und mehr an innerer Freiheit zu gewinnen.

3 Herr, ich finde kaum Worte, um dir zu danken und dich zu loben. Doch du kennst mein Herz. Und die Absicht, die ich hege, ist dir nicht verborgen. Nicht Leistung möchtest du von mir, sondern Hingabe. Ich bin auf diesem wunderbaren Weg, den zu gehen du mich täglich neu lehrst. Ich habe übergroße Freude daran und finde geistige Erfüllung. Und doch treten in bestimmten Abständen Gegenkräfte auf, die trennen wollen. Obwohl ich um ihre verdunkelnde Macht weiß, lasse ich sie zu und verbünde mich sogar oft mit ihnen. Hilf mir daher, richtig mit meinen sexuellen Kräften und den damit verbundenen flüchtigen Freuden umzugehen, mit dem Lob anderer Menschen, welches meine Eitelkeit fördert, und mit den vielen besserwisserischen Gedanken.
Gib mir die Einsicht, Wesentliches von Unwesentlichem zu unterscheiden. Mach mich stark und geduldig, um widerstehen und ertragen zu können. Schenke mir Beständigkeit, um durchzuhalten, damit ich Begonnenes zu Ende führen kann. Vor aller menschlichen Liebe lass mich die Liebe zu dir erfahren. Erfülle mich mit der Kraft deines Heiligen Geistes und entzünde in mir das Feuer deiner Liebe.

4 Manchmal vernachlässige ich aus Übereifer zu dir und zum Geistigen das zum Leben Notwendige: das Essen, das Trinken, die Kleidung, meinen Beruf und oft sogar die Bedürfnisse anderer Menschen. Vieles wird mir lästig, und ich beginne es zu vernachlässigen. Führe du, Herr, mich auf einen gesunden ausgewogenen Weg der Mitte zurück, damit ich nicht einseitig werde oder gar noch fanatisch. Lass mich alles Notwendige mit Freude tun und erkennen, dass ich auch in der Vielgestaltigkeit des Lebens meinen Weg mit dir unbeschadet und segensreich gehen kann. Deine Hand möge mich leiten und lehren, das rechte Maß in allem einzuhalten, nichts zu vernachlässigen, aber auch nichts zu übertreiben.

Kapitel XXVII
Eigenliebe hindert geistlichen Fortschritt

1 Der Herr:
Ich lehre dich, geistlich zu leben. Und hier steht an erster Stelle das Gebet der Hingabe, dessen Wirkungen dein Leben neu gestalten. Du übst täglich neu, dein Ganzes für das Ganze zu geben. Kein Gut der Erde kann dir dabei so schaden wie deine Eigenliebe und deine Eigenwilligkeit. Dein Wille – ist er nicht erfüllt vom göttlichen Willen – kann dich allzu leicht in die Irre führen. Und eine nur von deinem Ego gesteuerte Liebe lässt dich kurz- oder langfristig in etwas verliebt sein, was dann an dir klebt und dich nach unten zieht. Ist deine Liebe dagegen nicht auf ich-süchtige Ziele

ausgerichtet, sondern offen für alles und im Einklang mit allem Guten, wird sie dich zur Freiheit befreien. Verlange nicht nach dem, was dir nicht zusteht. Besitze nichts, was dir deine innere Freiheit raubt. Warum machst du es dir schwer und wägst ab, was dir schaden oder nicht schaden könnte? Überlasse doch alles mir; vertraue dich und alles, was du hast und haben möchtest, mir an. Ich werde dir deine Augen und dein Herz für das öffnen, was deiner jeweiligen Lebenssituation entspricht und dich der Wahrheit und dem wahren Leben näherbringt.

2 Warum machst du es dir selbst schwer, verstrickst dich in heftige Auseinandersetzungen und lässt dich sogar in Kämpfe verwickeln? Suche mich in allem zuerst, und viel vergeudete Kraft und Zeit werden dir erspart bleiben. Du kannst ohne Umwege sicher gehen und fühlst dich bestätigt und bestärkt. Wenn du allerdings – durch deinen Eigenwillen und durch deine innere Unruhe getrieben – bald dieses oder jenes verlangst, bald hier und bald dort sein möchtest, um Gefallen daran zu finden und Vorteile zu haben, wirst du nie zur Ruhe kommen und auch nicht ohne Sorgen sein. An allem wirst du etwas auszusetzen haben und überall Menschen finden, die sich deinem egoistischen Tun widersetzen.

3 Nicht Durchsetzung des eigenen Willens oder Leistung zählen und auch kein äußerer Erfolg, wenn sie nicht im Einklang mit der Liebe Gottes stehen. Das bezieht sich nicht nur auf materielle und

äußere Dinge, sondern auch auf Macht, Ehre und Ruhm. Die Abgeschiedenheit eines Ortes, an den du dich eventuell zurückgezogen hast, schützt dich vor nichts, wenn dich der Geist Gottes nicht bewahrt. Der Friede, den du im Äußeren suchst, wird keinen Bestand haben, wenn er nicht in deiner Seele und in mir fest gegründet ist.

Das bedeutet: Wenn du nicht aus mir lebst und in mir verankert bist, kannst du dich zwar nach allen Seiten verändern, jedoch nicht bessern. Und wie schnell läufst du dann wieder Gefahr, dem zu verfallen, was du eigentlich meiden wolltest?

4 Gebet um Reinigung des Herzens und Erleuchtung der Seele

Der Mensch:
Ich verneige mich vor dir, Herr, und bitte um deinen Heiligen Geist, dass ich in meinem Inneren an Kraft und Stärke zunehme und mehr und mehr von der ganzen Fülle Gottes erfüllt werde. Nimm alles von mir, was nicht zu mir gehört und mich auf dem Weg zu dir hindert. Jede nutzlose Sorge und Angst mögen mein Herz verlassen. Befreie es von allem Ballast und mache es weit, um dich fassen zu können. Gib mir einen klaren Blick für die Dinge, wie sie wirklich sind. Ich sehe sie noch zu sehr mit menschlichen Augen und lasse mich blenden. Unter der Sonne ist alles in Bewegung, und das Bleibende ist geheimnisvoll verborgen. Erleuchte meine Seele mit dem Geheimnis deiner Liebe, die ewig ist.

5 Herr, schenke mir himmlische Weisheit, die mir einleuchtet und die mich lehrt, dich zu suchen und zu finden. Lass mich sensibel werden, um deine Gegenwart zu spüren, und gib mir ansatzweise die Kraft, dich mit der Liebe wiederzulieben, mit der du mich liebst. Gewähre mir Einblick in die größeren Zusammenhänge der Schöpfung und der menschlichen Schicksale, sodass ich durch deine Weisheit wahre Werte erkenne und sie von unwahren unterscheiden kann. Schenke mir Einsicht in menschliches Verhalten, sodass ich gerecht handeln und meinen Widersachern richtig begegnen kann. Nur durch deine Weisheit, Herr, vermag ich auf dem begonnenen Weg sicher fortzuschreiten.

Kapitel XXVIII
Ratschläge gegen böse Zungen

1 Der Herr:
Nimm es nicht so schwer, wenn manche Menschen über dich reden, schlecht von dir sprechen und Dinge erzählen, die dir wehtun. Beurteile dich auf jeden Fall daraufhin kritischer als bisher und prüfe, was stimmen könnte. Führst du ein innerliches Leben, wirst du unreflektierten und oberflächlichen Worten, die über dich gesagt werden, kein Gewicht beimessen. Sie sollten dich daher auch nicht beeindrucken. In belasteten Tagen zu schweigen, sich mir noch tiefer zuzuwenden und schlechtes Gerede gelassen hinnehmen – das verrät große Klugheit.

2 Du kannst deinen Frieden nicht auf das Geschwätz der Menschen gründen, die heute dieses sagen und morgen jenes. Ob sie dich gut oder schlecht beurteilen: So bist du deshalb doch kein anderer Mensch. Man legt vieles auch bei anderen so aus, wie man selbst eingestellt ist und denkt. Tiefe Ruhe und wahren Frieden findest du in mir. Warum lässt du dich daher immer wieder von anderen Meinungen beeindrucken?

Suchst du den Menschen nicht zu gefallen und bist nicht immer bemüht, ihnen alles recht zu machen, damit sie gut von dir reden, wird sich in deinem Inneren tiefer Friede von selbst einstellen. Geh du deinen Weg mit mir, sei wer du bist, und werde der, der du sein sollst: Dann wird es dir nichts mehr ausmachen, ob du bei anderen Menschen Missfallen oder Gefallen auslöst. Allein entscheidend ist, wie weit und tief du in der Wahrheit und der Liebe gegründet bist. Denn jede innere Unruhe und äußere Zerstreuung kommt aus unbegründeter Furcht und ungeordneter Liebe.

Kapitel XXIX
In der Anrufung Gottes liegt Rettung

1 Der Mensch:
Gepriesen bist du, barmherziger Gott, und gepriesen ist dein Name in alle Ewigkeit! Alle deine Werke sollen dich preisen in Ewigkeit! (Tobit 3,11).

Was auch mit mir geschieht: Ich rufe im Gebet immer wieder deinen Namen an. Wenn ich auch vielem nicht

entrinnen kann, so bist du doch meine Hilfe. Du stehst mir bei und wendest alles zum Guten. Herr, ich fühle mich in Not und bedrängt. Mir ist, als läge eine schwere Last auf mir. Sie drückt auf die Mitte meines Leibes und lässt mich schwer atmen. Furcht vor Ungewissem schnürt mich ein, und ich weiß nicht, was ich sagen soll. *Jetzt ist meine Seele erschüttert. Was soll ich sagen: Vater, rette mich aus dieser Stunde? Aber deshalb bin ich in diese Stunde gekommen. Vater, verherrliche deinen Namen!* (Johannes 12,27-28a).
Ich rufe wieder und wieder deinen Namen an und überlasse in diesem Gebet der Hingabe alles dir. Meine Not, aus der ich zu dir rufe, ist groß. Ohne deine Hilfe kann ich sie nicht überwinden.
Es gefalle dir, Herr, mir zu helfen!
Herr, eile mir zu helfen! (Psalm 40,14).
Was sollte ich tun ohne dich? Wohin sollte ich gehen ohne dich? Schenke mir auch dieses Mal Geduld und die Kraft, alles bejahend anzunehmen, damit du es wandeln kannst.

2 Herr, ich wende mich im Gebet zu dir und bitte dich, dass dein Wille an mir geschehe. Wenn es auch in mir stürmt und tobt, wenn ich es auch kaum auszuhalten vermag: Ich rufe deinen Namen an und stelle mich innerlich als erlösungsbedürftiger Mensch unter dein Kreuz. Ich werde aushalten und nicht wanken; ich werde mich ganz in dich versenken, damit du meine Seele berühren und heilen kannst. Du wirst dem Sturm gebieten, sodass die Sonne wieder scheinen kann. Deine allmächtige und gütige Hand ver-

mag alles. Herr, ziehe mich zu dir, richte mich wieder auf und lass mich nicht länger niedergeschlagen sein. Alles Leid, alle Schmerzen und alle Not hast du bisher immer wieder von mir genommen. Ich vertraue auf deine Barmherzigkeit, dass du auch jetzt mich wieder von allen dunklen Kräften befreien wirst.
Ich denke an die Taten des Herrn,
ja, ich will denken an deine früheren Wunder (Psalm 77,12).

Kapitel XXX
Er verleiht Kraft in Zeiten der Not

1 Der Herr:
Komm zu mir, wenn du dich niedergeschlagen fühlst. Ich verleihe dir Kraft in Zeiten der Not. Warum wartest du lange und wendest dich erst diesem und jenem zu, bevor du dich zum Gebet entschließt? Würdest du regelmäßig das Gebet der Hingabe pflegen, indem du mich anrufst und um mein Erbarmen bittest, gerietest du nicht in eine so tiefe Not. Dir würde schneller geholfen.

Doch du ergehst dich zu lange in Äußerlichkeiten in der Hoffnung, hier schnelle Hilfe zu finden. Allmählich müsstest du doch aus deiner Erfahrung gelernt haben, auf wen du dich verlassen und von wem du alles erwarten kannst. Mögen dir doch endlich die Augen aufgehen und es dir hell einleuchten, dass ich es bin, der alle, die auf mich hoffen und zu mir rufen, errettet. Wo willst du sonst wirksamen Beistand, eine starke Hand und einen weisen Rat sowie wirkliche Rettung finden? Das Leid, das du durchmachen musstest, hat dir den Weg zu mir neu erschlossen, und du kannst wieder aufatmen. Hole dir neue Lebenskraft aus der Quelle allen Lebens, die dir durch mich immer offensteht und im hellen Licht vor dich leuchtet. Ich bin dir nahe, um alles so wiederherzustellen, wie es war, ja, nicht nur wie es vorher war, sondern noch besser und im Übermaß.

2 Fällt mir denn irgendetwas schwer? Oder gleiche ich jemandem, der sein Wort nicht hält? Wo bleibt dein Glaube? Stehe fest und unerschütterlich, verliere nicht die Geduld und vertraue darauf, dass ich dir zur rechten Zeit das Notwendige und mehr geben werde. Ich will kommen und dich gesund machen. Was dich immer wieder plagt, ist eine leere Angst, die dich erschreckt, eine Versuchung, der du zu erliegen glaubst. Was hältst du dich mit Zukünftigem auf, das vielleicht nie eintritt? Du wirst von Tag zu Tag trauriger und mehr und mehr Sorgen überfallen dich. *Sorgt euch also nicht um morgen; denn der morgige Tag wird für sich selbst sorgen. Jeder Tag hat genug an seiner eigenen Plage* (Matthäus 6,34).

3 Was willst du dich über Künftiges entsetzen, das vielleicht niemals eintritt? Es ist zwar verständlich, doch ein Zeichen eines kleinen Geistes und eines engen Herzens, wenn du dich von solchen Einbildungen und Vorspiegelungen verleiten lässt. Es ist ein bekanntes Mittel des Widersachers, Furcht vor dem

Zukünftigen einzuflößen und damit Vertrauen zu untergraben. Dein Herz sollte nicht erschrecken oder angstvoll sein. Glaube an mich und vertraue meiner Barmherzigkeit. Ich bin dir oft da am nächsten, wo du glaubst, ich sei weit von dir entfernt.
Wo du glaubst, am Ende zu sein, sehe ich für dich einen neuen und guten Anfang. Gib nicht so schnell auf, lass dich nicht blenden und schau den Dingen erst einmal auf den Grund. Und auch dann ist noch nicht alles verloren, wenn eine Sache nicht nach deinen Plänen und in deinem Sinn abläuft. Urteile niemals aus deinen augenblicklichen Empfindungen und lass dich wegen einer vorübergehenden Schwierigkeit nicht aus dem Konzept bringen. Was dich jetzt drückt und schmerzt, soll dir nicht so schwer auf der Seele liegen, als gäbe es keine Hoffnung. Du wirst von all dem wieder befreit werden.

4 Glaube nicht, du wärest verlassen, wenn du für eine Zeit lang Leid zu tragen oder mitzutragen hast. Halte dich auch nicht für zurückgewiesen, wenn dir deine Glaubenserfahrungen nicht gleich bewusst werden und es dir scheint, Gott habe dir seine Liebe entzogen. Würdest du einen heilsamen Aufbruch erleben, in deiner geistlichen Entwicklung Fortschritte machen und in allem tiefere Freude empfinden, wenn alles nur nach deinen Wünschen und Vorstellungen abliefe? Dein Weg liegt offen vor mir, und ich kenne deine Gedanken und deine geheimen Gefühle. Manches, wovon du nicht gerade begeistert bist, musst du mitunter durchmachen, um nicht bei dir selbst stehen

zu bleiben und nicht zu großes Gefallen an dir selbst zu finden. Es wäre Stillstand, ja, sogar Rückgang, wenn sich bei dir eine Vorstellung einschleicht von dem, was du gar nicht bist.

5 Dein Leben ist dir geschenkt und anvertraut, damit du es behütest und gleichzeitig mehr aus ihm machst. Bei all dem werde ich dich unterstützen und dir die Gnade zukommen lassen, die du für den jeweils nächsten Schritt benötigst. Meiner Zuwendung darfst du sicher sein, doch wird sie nicht immer deiner eigenen Vorstellung entsprechen. Musst du etwas dir schwer Erscheinendes durchstehen, bäume dich nicht dagegen auf und lass vor allem den Mut nicht sinken. Ich werde dich wieder aufrichten, die Last von dir nehmen und sie in Freude verwandeln. Bei allem und zu jeder Zeit werde ich gerecht zu dir sein und alles in Liebe fügen.

6 Hast du diese Einsicht und die richtige Einstellung, darfst du nicht verunsichert sein und auch dann an meiner Liebe nicht zweifeln, wenn du etwas durchmachen musst, was dir widerstrebt. Um dir meine Liebe zu zeigen und dich geistlichen Fortschritt erfahren zu lassen, kann ich dich nicht immer schonen und vor allem Unangenehmen bewahren.
Ich habe zu meinen Jüngern gesagt und sage es jetzt nochmals zu dir: *Wie mich der Vater geliebt hat, so habe auch ich euch geliebt. Bleibt in meiner Liebe!* (Johannes 15,9).
Ich habe den Jüngern den Auftrag gegeben, an sich zu arbeiten, um für andere da zu sein. Sie wurden in

Auseinandersetzungen verstrickt und mussten sich bewähren. Sie nahmen um der Wahrheit willen große Mühen und Schmach auf sich, wurden in schwere Kämpfe verwickelt und fragten niemals nach persönlichem Gewinn. Und im Dulden und in Geduld erreichten sie alles, was ich ihnen als Aufgabe in ihr Herz legte.
Diese Worte gelten auch dir.

Kapitel XXXI
Verlasse dich auf Ihn

1 Der Mensch:
Herr, ich bedarf noch größerer Gnade, um dahin zu gelangen, dass niemand und nichts auf dem Weg zu dir zu einem Hindernis wird. Denn solange mich noch irgendetwas zurückhält, kann ich mich nicht frei zu dir erheben.
Hätte ich doch Flügel wie eine Taube,
dann flöge ich davon und käme zur Ruhe (Psalm 55,7).

Gibt es etwas Größeres und Ruhigeres, als in dir zu ruhen? Und ist der nicht über alle Maßen frei, dessen Herz von den Dingen der Erde nichts mehr verlangt? Herr, ich habe deine Worte verstanden, doch bis zu ihrer Verwirklichung muss ich noch einen langen Weg gehen. Du sagst: „Überschreite in deinem Inneren die gesamte geschöpfliche Welt und verlasse dabei auch dich selbst. Um nicht abzugleiten oder von deinen Gedanken in eine andere Richtung gezogen zu werden, richte dich immer wieder auf mich aus. Dies geschieht ohne viele Worte, indem du meinen Namen anrufst oder eine einfache Bitte um Erbarmen oftmals wiederholst. So bleibst du in der Ausrichtung auf mich, und ich kann dich an mich ziehen."

Der Weg, Herr, wie du ihn beschreibst, ist einfach; und doch entdecke ich mich immer wieder dabei, in diesem Gebet der Hingabe Eigenes zu wollen und dich um einen bestimmten Ausgang meiner Lebenssituation zu bitten. Ich möchte von allem frei sein, um von deiner göttlichen Liebe angezogen zu werden. Der Weg, den du lehrst, ist leicht; und doch fällt es vielen Menschen und mir oft schwer, wirklich loszulassen, dir vollkommen zu vertrauen und alles – selbst die eigene Gedanken-Aktivität – in deine Hände zu legen.

2 Je mehr ich es lerne, auch in meinem tiefsten Inneren loszulassen, umso schneller wird mir deine Gnade entgegenkommen, die meine Seele erhebt und über sich selbst hinausführt. Meine Worte allein und das Wissen haben wenig Wert, wenn mir die Erfahrung fehlt. So wage ich es auch vorerst kaum, mit anderen darüber zu reden, da meine Worte ohne das Erlebnis deiner Nähe kein sonderlich großes Gewicht haben. Wie oft erlebe ich es, dass mich die Erdenschwere nach unten zieht, weil mich etwas derart beschäftigt, dass ich es nicht einmal in Zeiten des Gebetes loslassen kann.

Es besteht ein himmelweiter Unterschied zwischen einem von der Weisheit erleuchteten Menschen – also jemandem, der etwas erfahren hat – und einem bloß geistlich gelehrten oder belesenen Menschen. Mag dieser auch noch so eifrig sein und sein Wissen in mühsamer Geistesarbeit erworben haben: Weitaus edler und den ganzen Menschen erfüllend jedoch ist die Weisheit, die ein Geschenk des Himmels ist. Viele sehnen sich zwar danach, doch bereiten sie sich weder vor noch tragen sie etwas dazu bei, um diese Gnadengaben auch empfangen zu können.

3 Eine große Gefahr besteht für diese Menschen darin – und ich schließe mich keinesfalls aus –, bei Äußerlichkeiten stehenzubleiben und sich von ihnen in jeder Hinsicht gefangennehmen zu lassen. Damit ist der durchgreifende Weg in die Tiefe versperrt. Viele halten sich für geistliche Menschen oder lassen sich gern „Geistliche" nennen, obgleich sie geringfügigen und vergänglichen Dingen weit mehr Aufmerksamkeit schenken als einem wirklich geistlichen Leben. Sie wissen oft gar nicht, was innere Sammlung und Versenkung bedeuten.

4 Bei allem, Herr, was ich sage, schließe ich mich selbst ein. Ich möchte mich über niemanden erheben, und mir steht es nicht zu, etwas besser zu wissen. Vordergründige Entschuldigungen führen oft dazu, dass ich meine Gebetszeiten nicht einhalte oder sie verkürze. Anstatt dir wende ich mich nichtssagenden Dingen zu und vertue damit meine kostbare Zeit, die ich eigentlich dir zurückschenken wollte. Es gibt schon eine Menge unreiner Neigungen, die sich aufdrängen und sich uns immer wieder in den Weg zu

dir stellen. Oft bemerken wir nicht einmal, wie stark wir von diesen Kräften in Beschlag genommen werden und wie sie unser Denken und Tun beherrschen. Wir bemerken oft gar nicht, dass wir dann auch nach außen hin eine Gebrechlichkeit unseres ganzen Wesens bekunden. Bist du jedoch, Herr, mit deinem Wesen in uns anwesend, ist unser ganzes Sein von deiner göttlichen Kraft durchströmt.

5 Die meisten Menschen beurteilen andere nach ihrer Leistung. Es wird danach gefragt, was und wie jemand etwas tut, aber nicht, aus welchem Geist er handelt, welche Kraft ihn antreibt und wer dahintersteht. Darüber reden die Leute und machen sich Gedanken, ob jemand dick oder dünn ist, reich, schön, vornehm, aus welchem Elternhaus er kommt, ob er ein guter Schriftsteller, Sänger oder berühmter Künstler ist. Man interessiert sich für sein Privatleben und lauert förmlich darauf, ihm etwas Schlechtes anhängen zu können.
Was jedoch ein Mensch durchgemacht hat, aus welcher Haltung und welchen religiösen Einstellungen heraus er lebt, wie er innerlich eingestellt ist und welche Lebens- und Glaubenserfahrungen er gemacht hat – danach wird nicht oder höchst selten gefragt. Das Äußere eines Menschen fällt zunächst ins Auge, und die meisten Menschen bleiben bei diesen Eindrücken stehen. Den inneren Wert eines Menschen zu entdecken, ist ihnen oft zu mühsam, und sie haben Angst davor, beim Tieferschauen sich eigene Schwächen eingestehen zu müssen.

Herr, deine Gnade richtet ihr Augenmerk allein auf das Innere. Wie töricht ist es da, das Äußere so überaus wichtig zu nehmen und sich selbst etwas vorzumachen.

Kapitel XXXII
Hingabe und Kultur des Herzens

1 Der Herr:
Die Freiheit, nach der du dich sehnst und die ich dir gern zukommen lassen möchte, erhältst du nur durch Hingabe. Wenn du dich – alles loslassend – mir öffnest, kann ich dich erreichen und deinen sehnsüchtigen Wunsch erfüllen. Alle, die nicht loslassen können, sind mehr oder weniger angekettet an das, was sie „besitzen". Es sind die in sich selbst Verliebten, die Habsüchtigen, die Neugierigen und Unsteten – *denn alle suchen ihren Vorteil, nicht was Jesu Christi ist* (Philipperbrief 2,21).

Sie nehmen alles in Angriff, was weder einen Grund noch Bestand hat. Wissen sie denn nicht, dass alles, was nicht aus Gott geboren ist, untergeht? Halte dich an das kurze, aber alles umfassende Wort: Verlass alles, so gewinnst du alles! Kultiviere dein Herz, sodass auch dein Begehren wohlgeordnet ist, und du wirst Ruhe finden.

Überdenke dieses Wort und gewinne Einsicht, indem du es erfüllst.

2 Der Mensch:
Herr, du hast das Wesentliche für mich so einfach zusammengefasst. Um jedoch dein Wort zu leben, benötige ich Zeit und muss Erfahrungen sammeln. Es ist nicht die Ernte eines Tages. Du hast mir eine kostbare, jedoch harte Frucht gegeben, deren Schale ich erst aufbrechen muss, um an den Kern zu gelangen.
Der Herr:
Schrecke nicht zurück, wenn du den Weg vor dir ausgebreitet siehst. Fasse Mut und fühle dich durch meine Worte aufgerufen, ihn freudig zu gehen. Der erste Schritt soll für dich die Sehnsucht sein, höhere Ziele zu erreichen. Dann darfst du meiner Begleitung und Hilfe gewiss sein. Lässt du von deiner Eigenliebe und den vielen Anhänglichkeiten ab und würdest auf die feinen Zeichen achten, die ich dir gebe, würdest du nicht nur sicher geführt, sondern es wäre dir auch ein Leichtes, den Willen des Vaters zu erfüllen. Dein Leben würde lichtvoller, und es ginge großer Friede von dir aus.

Dein wahres Beten kann nur darin bestehen, dich mir ganz auszuhändigen und nichts zurückzuhalten. Übe dich immer wieder darin, denn es gibt vieles, was du noch lassen musst. *Darum rate ich dir: Kaufe von mir Gold, das im Feuer geläutert ist, damit du reich wirst* (Offenbarung 3,18a). Das Gold ist die himmlische Weisheit, die dich aus dem Niedrigen erhebt. Damit sie dich aber aufrichten kann, musst du dich von Bindungen an das Unten lösen und vieles, was du jetzt noch festhältst, loslassen.

3 Dazu gehören deine Selbstgefälligkeit, dein Geltungsdrang und das Streben nach Ansehen. Ich sage dir: Vertausche, was bei den meisten Menschen als wertvoll und erstrebenswert gilt, gegen etwas „Geringfügiges". Die himmlische Weisheit gilt bei ihnen als wertlos und gering. Viele beachten sie nicht, andere haben sie vergessen, weil sie mit irdischen Anliegen nichts gemein hat. Viele sprechen zwar mit großen philosophischen und theologischen Worten über die allem zugrunde liegende Weisheit, mit ihrem Tun jedoch stoßen sie sie mit Füßen. Dennoch ist und bleibt sie die kostbare „Perle Ewigkeit", verborgen in der „Muschel Zeit", von der viele nichts wissen.

Kapitel XXXIII
Das unruhige Herz findet Ruhe in Gott

1 Der Herr:
Traue nicht der Stimmung, in der du dich augenblicklich befindest. Allzu schnell nur kann das vorherrschende Gefühl ins Gegenteilige umschlagen. Solange du auf Erden lebst, bist du Veränderungen unterworfen – ob du es willst oder nicht. Bald bist du freudig, dann wieder traurig; aufgebracht, und dann wieder ruhig. Du machst tiefe Glaubenserfahrungen, die von Durststrecken abgelöst werden. Arbeitseifer und Kreativität können in Müdigkeit und Trägheit übergehen. Heute bist du besonnen und ernst, morgen leichtsinnig und ausgelassen. Allem Veränderlichen jedoch liegt Unveränderliches zu Grunde.

Im Gebet der Hingabe, auf dem Weg zu mir, machst du die Erfahrung des Bleibenden und immer Seienden. Wenn diese Kräfte mehr und mehr in dein Bewusstsein kommen und sich stabilisieren, unterliegst du zwar weiterhin dem Gefühlswechsel, doch stehst du über ihm. Von Natur aus bist du im Göttlichen, Ewigen, immer fest verankert, was dir allerdings nicht ständig bewusst war oder ist. Durch das Versenken in den Urgrund, der Gott ist, erfährst du immer stärker werdend die Unveränderlichkeit inmitten der sich wandelnden Kräfte. Der in der Hingabe Fortgeschrittene, der Weise, richtet sein Augenmerk nicht zuerst auf die Empfindungen, die kommen und gehen, sondern auf den immer seienden Urgrund, der Liebe ist. Dieser Mensch lässt sich nicht durch die gegenwärtige Windrichtung bestimmen, sondern hat das Ziel und den Grund seines Lebens fest im Auge und im Herzen. Wenn er auch durch vieles, was geschieht, erschüttert wird, so bleibt er doch in seinem tiefsten Inneren unerschütterlich. Diese Haltung, das Fest-gegründet-Sein der Seele in Gott, muss immer neu eingeübt werden, da Gegenkräfte bestrebt sind, diese Verbindung zu unterbrechen.

2 Je mehr dein Bewusstsein zu Gottesbewusstsein wird – du versenkst dich im Gebet der Hingabe in ihn –, desto sicherer und standhafter durchschreitest du die verschiedenen Wechselfälle des Lebens. Du musst allerdings in dieser Welt damit rechnen, dass dein klares Auge wieder getrübt oder gar verdunkelt wird. Das vorübergehend Augenblickliche kann eine so starke

Faszination ausüben, dass du daran hängenbleibst und das Wesentliche verlierst. Es bedarf langer Übung, um diesen versucherischen Verlockungen nicht zu erliegen. So kamen die Juden einst zu Marta und Maria nach Betanien, *und sie kamen, jedoch nicht nur um Jesu willen, sondern auch um Lazarus zu sehen, den er von den Toten auferweckt hatte* (Johannes 12,9).

Auf dem Weg zu mir wird dein inneres Auge gereinigt und deine Absicht geläutert, damit du erkennst und nicht Äußerlichkeiten nachjagst. Du verlierst dich nicht mehr in der Mittelmäßigkeit, sondern siehst im Vielen das Eine. Der verlockende und vielfältige Wechsel vermag es nicht mehr, dich von mir zu trennen.

Kapitel XXXIV
Mein Gott und mein alles

1 Der Mensch:
„Mein Gott und mein alles" (Franziskus). Was will ich mehr? Kann ich mir größeres Glück wünschen? Dieses Wort ist zu meinem immerwährenden Gebet geworden: „Mein Gott und mein alles."
Was ich auch bin, Herr, ich lege mein ganzes Leben in diese Anrufung. Wer dich liebt, wiederholt dieses Wort in seinem Gebet immer und immer wieder. Dem Verstand dagegen genügt es, diesen Satz nur einmal aufzunehmen, um sich zufriedenzugeben. Mein Herz, das nach dir verlangt, spürt genau, ob du zugegen bist. Wenn nicht, rufe ich mit diesem Wort nach dir. Du schenkst meinem Herzen tiefe Ruhe, großen Frie-

den und festliche Freude. Mein Auge machst du hell, sodass ich in allem das Gute sehe, das wiederum auf dich zurückweist. Gleich schon wird mir bewusst, ob du, Herr, zugegen bist. Ohne dich kann ich nichts tun und jede Freude verblasst. Doch wenn deine Gnade mich begleitet und ich das Salz deiner Weisheit schmecken darf, erstrahlt die Welt für mich in hellem Licht.

2 Wer an dir Geschmack findet, der wird auch alles bekommen, was das Leben für ihn bereithält. Wer jedoch deine Weisheit noch nicht verkosten darf, dem fehlt Entscheidendes zum Leben, und Angst vor dem Tod kann sich ausbreiten. Einzig durch Lust an den fünf Sinnen Geschmack zu finden, trägt nicht und ist zudem nur von kurzer Dauer. Auf dem Weg menschlicher Entwicklung darf kein Stillstand oder gar Rückschritt eintreten. Und sei er noch so klein: Geistlicher Fortschritt bringt Sicherheit und anhaltende Erfüllung.

Diese Bewegung auf den unbewegten Beweger vollzieht sich von Verwirrung zu Klarheit, von Ich-Befangenheit zur Freiheit, von Dunkelheit ins Licht und vom Unwissen in die göttliche Weisheit.

„Mein Gott und mein alles", du lässt mich inmitten der Dunkelheit das Licht schauen, denn ich sehe nicht mehr als Erstes den Schatten in deinen Geschöpfen, sondern das Gute – selbst wenn es noch so verborgen ist. Mit ihnen zusammen möchte ich dir danken und dich preisen. Von dir geht alles wirkliche Leben und jede wirkliche Begegnung aus. Du baust mir und allen die Brücke vom Schöpfer zum Geschöpf, von der

Ewigkeit in die Zeit und vom unerschaffenen Licht zum erschaffenen Licht, wie es mir in der Vielgestaltigkeit der Welt farbig entgegenleuchtet.
Deine Liebe, mit der du mir entgegenkommst, setzt eines voraus: dass ich aufbreche und in einem ersten Schritt meinen Fuß auf diese Brücke setze.

3 Du, Herr, bist das ewige Licht, das alles erschaffene Licht überstrahlt. Sende einen Lichtstrahl in mein Herz und entflamme mich mit deiner Liebe. Läutere, erfreue, kläre und belebe meinen Geist und all seine Kräfte, sodass er sich zu dir aufschwingen kann. Lass mich dahin wachsen, dass du mir alles in allem bist. Ohne diese Gabe fehlt mir das Wesentliche im Leben: die Fülle der Freude und der Reichtum an Liebe. Aber noch lebt in mir der „alte Mensch", der sich wider den Geist empört, innere Spannungen verursacht und das Reich der Seele nicht zur Ruhe kommen lässt.

4 *Du beherrschst den Aufruhr des Meeres;*
wenn seine Wogen toben – du glättest sie (Psalm 89,10).

Zerstreue, Herr, die Völker, die Verwirrung stiften und Lust am Krieg haben. Sie versammeln sich in mir und beraten sich. Mit deiner Kraft zerstreue sie, wirf sie zu Boden und vernichte sie. Lass deine Größe zum Vorschein kommen und erhelle alles, was dunkel ist, denn all meine Hoffnung und Zuflucht bist du, mein Herr und mein Gott, du allein.

Kapitel XXXV
Letzte Sicherheit gibt es nicht auf Erden

1 Der Herr:
In diesem Leben erlangst du niemals letzte und bleibende Sicherheit. Solange du lebst, bleiben dir Anfechtungen und Auseinandersetzungen nicht erspart. Du wohnst unter Feinden, die dich von allen Seiten bestürmen möchten. Die Geduld ist ein hervorragendes Mittel, sich nicht von ihnen verwunden zu lassen. In allem aber: Gründe dein Herz fest im Vertrauen auf mich, versuche meinen Willen zu erkennen und nach ihm zu handeln. Gegen vieles, was unabwendbar ist, kannst du dich nicht sträuben. Du musst es annehmen und es geduldig ertragen. Gehe jedoch deinen Weg weiter – mitten durch alles hindurch. Widersetze dich, so gut du es kannst, den Versuchungen und überwinde das Böse. *Wer siegt, dem werde ich von dem verborgenen Manna geben* (Offenbarung 2,17b). Der Träge dagegen muss noch viel durchmachen.

2 Lange ausruhen in diesem Leben kannst du nicht. Im Gebet der Hingabe nimmst du zwar tiefe Ruhe in dich auf – jedoch nicht, um in ihr ständig zu verweilen, sondern als Fundament für all deine Aktivitäten. Bei allem, was du anstrebst und tust, ist Geduld und abermals Geduld erforderlich. Suche als Erstes, den wahren Frieden durch das Gebet zu finden, den göttlichen Frieden, den du auf Erden und bei den Menschen vergeblich suchst. Deine Aufgabe besteht darin – nachdem du Frieden und tiefe Ruhe als Gabe empfangen hast –, sie an andere Menschen weiterzuschenken. Das Empfangen dieser Gabe geschieht innerlich und ist mit einer großen Freude verbunden. Die Aufgabe allerdings, die für dich daraus entsteht, ist oft nicht einfach und nicht ohne Mühen zu vollziehen.

Ich muss dir leider sagen, ohne dich abschrecken zu wollen, dass du manches zu deiner eigenen Befreiung und zur Erlösung der Welt ertragen und mittragen musst: Widerspruch und Zurechtweisung, Misserfolg und Verachtung, unberechtigte Kritik und Demütigung, Versuchungen und Anfeindungen, Angst und Not, Unrecht und Beschämung, Leid, Schmerzen, Krankheit und den leiblichen Tod. All das geht vorüber und wiegt nicht so schwer, wenn du es im Hinblick auf mich erträgst und über dich ergehen lässt.

Ich werde dich niemals verlassen und dir immer den Weg von der Dunkelheit ins Licht weisen. In neue Dimensionen aufzubrechen tut oft weh, besonders wenn du alte, festgefahrene Strukturen aufgeben musst. Seit der Mensch sich von Gott entfernt hat, gibt es keinen anderen Weg zurück. Der Aufwand, durchzuhalten und zeitweilig Beschwerden auszuhalten, steht in keinem Verhältnis zu dem, was dich erwartet. Leid werde ich in Freude wandeln, Beschämung und Demütigung in höchste Anerkennung, Dunkelheit in Licht und alles Schwere in Herrlichkeit ohne Ende.

3 Die Umwandlung von allem Beschwerlichen in sein Gegenteil, das heißt in die Erlösung, erfolgt nach bestimmten ausgleichenden Gesetzen, die für dich erst nach und nach während deiner geistlichen Entwick-

lung einsehbar werden. Schau auf die Menschen, die mir in konsequenter und radikaler Weise nachgefolgt sind. Auch sie lebten nicht ständig in der Gnade der Befreiung, sondern mussten sich oft in der Unfreiheit bewähren und Schweres durchmachen. In allem aber hielten sie geduldig aus, vertrauten mehr auf Gott als auf sich selbst, denn sie wussten, *dass die Leiden der gegenwärtigen Zeit nichts bedeuten im Vergleich zu der Herrlichkeit, die an uns offenbar werden soll* (Römerbrief 8,18). Die gesamte Schöpfung sehnt sich nach Erfüllung und Vollendung. Sie erwartet das Offenbarwerden des Ewigen. Auch du bist in diesen Prozess des Werdens einbezogen. Durch dein Fühlen, Denken, Sprechen und Handeln kannst du ihn aufhalten oder beschleunigen, dich und andere belasten oder dich am Werk der Erlösung beteiligen. Bleibe jedoch in allem geduldig und werde nicht unruhig, wenn nicht sofort Erwartetes eintritt. Sei in allem, was du tust, ganz und halte mit nichts zurück. Ich werde dir beistehen und deine Schritte lenken.
Hoffe auf den Herrn, sei stark und fest sei dein Herz!
Und hoffe auf den Herrn! (Psalm 27,14).

Kapitel XXXVI
Menschliche Urteile sind nicht immer zutreffend

1 Der Herr:
Richte dein Herz fest auf den Herrn und fürchte dich weder vor den Meinungen noch vor den Urteilen der Menschen, wenn du selbst mit deinem Gewissen in Frieden lebst. Jemandem, der mehr auf Gott ver-

traut als auf sich selbst, wird dies nicht schwerfallen. Manche reden viel, und daher soll man ihnen wenig Glauben schenken. Lass dich nicht leicht beeinflussen und versuche auch nicht, es allen recht zu machen, nur um Konflikten auszuweichen. Wenn auch Paulus bestrebt war, allen im Herzen zu gefallen und allen alles wurde, so machte es ihm doch nichts aus, von einem menschlichen Gericht verurteilt zu werden (vgl. 1. Korintherbrief 10,33; 9,22; 4,3).

2 Paulus bemühte sich darum, anderen die Wahrheit nahezubringen, sie vor Fehlern zu bewahren und sie zu retten. Und doch konnte er es nicht verhindern, dass er von einigen abgelehnt, verachtet und verurteilt wurde. Er besaß die wunderbare demütige Haltung, alles Weitere Gott zu überlassen, dem nichts verborgen ist. Die Verteidigung des Paulus bestand darin, in Demut und Geduld seinen Anklägern, den ungerechten Urteilen und den stolzen Anmaßungen zu begegnen. Doch gab er auch oft scharfe Worte zurück und setzte sich zur Wehr, da sonst viele, besonders die Schwachen, sein Schweigen falsch verstanden und daran Anstoß genommen hätten.

3 Wer bist du, dass du dich fürchtest vor einem sterblichen Menschen, der heute lebt und morgen vielleicht schon gestorben ist? Halte dich an Gott, und Menschen können dir nicht mehr viel anhaben. Was vermag denn schon jemand, der dich mit Worten oder Kränkungen angreift? Im Grunde schadet er sich selbst letztlich mehr als dir, denn die Wahrheit und den ge-

rechten Ausgleich kann er niemals umgehen. Wenn du in Gott verankert bist, wirst du nicht mehr mit Worten streiten oder anklagen. Fühlst du dich falsch oder ungerecht behandelt und scheinst im Augenblick zu unterliegen, rege dich darüber nicht auf und ärgere dich nicht. Verspiele nicht durch Ungeduld das, was du schon gewonnen hast. Wende in diesen und ähnlichen Situationen, in denen du dich entrüstest, den Blick zu mir. Damit löst du dich von der augenblicklichen unangenehmen Begebenheit, die dich herunterzieht. Mir ist es jederzeit möglich, dich von der Last zu befreien. *Der Menschensohn wird mit seinen Engeln in der Herrlichkeit seines Vaters kommen und dann wird er jedem nach seinen Taten vergelten* (Matthäus 16,27).

Kapitel XXXVII
Sich verlassen, um sicher zu gehen

1 Der Herr:
Verlasse dich, und du wirst mich finden. Nimm im Gebet dein Wollen zurück, und du wirst alles gewinnen. Je mehr du dich im Lassen mir öffnest, umso mehr Gnade strömt dir zu.

Der Mensch:
Sage mir, mein Herr, wann und wie soll ich mich verlassen? Du hast mir bereits Antwort gegeben, doch ich habe die konkreten Schritte so schnell wieder vergessen, da ich sie noch nicht dauerhaft gehe.

2 Der Herr:
Jede Stunde gibt dir die Möglichkeit, dich im Gebet der Hingabe und darüber hinaus auch außerhalb dieses Gebetes auf mich zu verlassen. Obgleich es zu einer Grundhaltung werden sollte, ist es doch immer neu notwendig, die Hingabe einzuüben. Ausnahmen gibt es nicht – gehe den Weg ganz. Die Grundvoraussetzung unserer Begegnung besteht darin, dass du von dir aus einen Schritt aus freiem Willen auf mich zugehst und dein Inneres bereitest. Die Bereitung – du möchtest es noch einmal konkret wissen – beinhaltet das Gebet der Hingabe, in dem du übst, deinen Eigenwillen aufzugeben und dich somit meinem Entgegenkommen zu öffnen. Wie wollen wir eins werden, wenn du nicht gelernt hast, dich immer wieder von allem zu lösen: von den Gedanken, Bildern und Eindrücken, von deinem Wollen und Wünschen, ja, auch von deiner Gottesvorstellung.
Denke nicht unnötig viel über die Hingabe nach, erwäge nicht lange dieses und jenes, sondern beginne sofort mit dieser geistlichen Übung. Jeder Tag ist kostbar für dich, und es wäre bedauerlich und käme einem Rückschritt gleich, würdest du kostbare Zeit vergeuden.

3 Einige beginnen zwar mit dem Gebet der Hingabe, haben jedoch beträchtlichen Vorbehalt, der sie daran hindert, die Erfahrung tiefer und wohltuender Ruhe zu machen. Diese Ruhe ist wiederum die Grundlage für alles Tun, was Freude und Erfüllung bereitet. Wenn somit jede gute Erfahrung ausbleibt, ist es verständlich, dass viele diesen geistlichen Weg zu mir wieder verlassen. Angst lässt ebenso wie eine gesteuerte Gedankenführung bestimmte Erwartungen oder Vorbehalte – zumindest während der Zeit des Gebetes –, eine Erfahrung tiefer, in Gott gegründeter Ruhe nicht zu. Andere sind wiederum ausschließlich bei sich selbst und haben einem anderen gegenüber kein Vertrauen entwickelt. Sie verstehen vorerst nicht, was es bedeutet, sich auf jemand anderen, auf Gott, zu verlassen.

Es schmerzt mich, wenn viele Menschen aus diesen oder jenen Gründen davon abgehalten werden, wahre Freiheit zu genießen, aus einem weiten Herzen und ohne Vorbehalt zu lieben und meiner Gnade nicht teilhaftig zu werden, weil sie sich verschließen. Du hast diese Vorbehalte und Hemmungen bei dir gelöst, sodass wir im Gespräch sind und bleiben. Du darfst mir und meinen Worten rückhaltlos vertrauen. Ich habe dir auf deine Frage geantwortet, wie du dich auf mich verlassen kannst.

Du fragst weiter: wie oft? Meine Antwort: Täglich solltest du im Gebet die Hingabe üben. Wenn es deine beruflichen und privaten Pflichten zulassen, ist es ratsam, zweimal täglich – morgens und abends – dieses Gebet für jeweils fünfzehn bis dreißig Minuten aufzunehmen.

4 Da die meisten Menschen das Wesentliche immer wieder vergessen, müssen sie von Zeit zu Zeit daran erinnert werden. So habe ich auch dir schon manches gesagt und sage es wieder: Verlasse dich auf mich und verzichte während dieser Zeit des Gebetes auf dich selbst, und du wirst in mir großen inneren Frieden finden. Gib dein Ganzes für das Ganze! Nimm

dabei nichts aus, habe keine Erwartungen und fordere nichts zurück. Rufe mich bei meinem Namen und wiederhole ihn sanft. Du kannst auch eine kurze Bitte um Erbarmen anschließen. Mach keine vielen Worte, bleibe einfach und eher einfältig. Strenge dich nicht an und lass alles zu, wie es kommt und geht. Mische dich in nichts ein und vertraue mir.

Finsternis in dir wird sich erhellen und du fühlst dich frei. Im Gebet der Hingabe lösen sich als Erstes alte unverarbeitete Eindrücke, um den Weg frei zu machen für eine Begegnung mit mir und meiner Gnade. Dazu bedarf es eines Armwerdens im Geist, ja, es ist wie ein Sterben mitten im Leben. Du kommst dem Geheimnis des Glaubens näher: zu sterben, um zu leben. Durch die Einübung dieser letzten Wahrheit schwindet alle Unwahrheit: Einbildungen und unnötige Sorgen lösen sich auf, übertriebene Angst weicht einem Gefühl der Sicherheit, Verwirrungen klären sich und Unruhe geht in tiefe Ruhe über. Alles, was ungeordnet ist, ordnet sich, sodass reine Liebe wachsen und sich ausdrücken kann.

Kapitel XXXVIII
Innere und äußere Ordnung

1 Der Herr:
Im Gebet der Hingabe nimmst du dein Tun und Wollen gänzlich zurück. Um die Frucht deiner Hingabe jedoch schneller und besser reifen zu lassen, kannst du außerhalb der Gebetszeit viel zur Unterstützung beitragen. Versuche vor allem, keine neuen Bindun-

gen einzugehen, die dich unfrei machen. Du musst aktiv sein und deine Gaben auch zum Wohl anderer Menschen einsetzen.

Dabei ist es notwendig, aus dir herauszugehen und dich auf verschiedene Weise auszudrücken. Bleibe jedoch bei allem, was du denkst und tust, bei dir in deinem innersten Zuhause. Achte darauf, über den Dingen zu stehen und nicht unter ihnen, sodass du dein Tun meisterst und nicht umgekehrt. Sei du also Herr deiner Handlungen und ihr Steuermann, nicht ihr Sklave oder Schuldner. Sei dir von Augenblick zu Augenblick der Ewigkeit bewusst. Dann wirst du sowohl im Gegenwärtigen stehen als auch gleichzeitig darüber. Lass dich vom Zeitlichen nicht gefangen nehmen, sondern gestalte es zu einem würdigen Gottesdienst, das heißt, setze die Zeit und die Dinge so ein, wie Gott es gewollt und gefügt hat. Kehre zu der Ordnung zurück, die Gott der gesamten Schöpfung zu Grunde gelegt hat.

2 Wenn du dich bei allem, was sich ereignet und dir begegnet, nicht von der äußeren Erscheinungsform leiten lässt und nicht allein nach dem urteilst, was du siehst und hörst, sondern dich gleichzeitig an Gott wendest, wirst du seine Stimme hören. Durch ihn wirst du die Dinge wahrnehmen, wie sie sind, und über Gegenwart und Zukunft belehrt werden.

Mose ging bei allen Fragen und Zweifeln zuerst in das „Zelt" und suchte Hilfe im Gebet, um Gefahr und Unrecht für die Menschen abzuwenden. So musst auch du dich immer wieder in die Stille deines Herzens zum Gebet zurückziehen und mit dem Verborgenen

Kontakt aufnehmen. *Du aber, wenn du betest, geh in deine Kammer, schließ die Tür zu; dann bete zu deinem Vater, der im Verborgenen ist! Dein Vater, der auch das Verborgene sieht, wird es dir vergelten* (Matthäus 6,6).

Kapitel XXXIX
Handeln im Einklang mit der Schöpfungsordnung

1 Der Herr:
Vertraue mir alles an und wende dich im Gebet mir immer neu zu. Ich werde dir entgegenkommen und dich entlasten. Ich werde es zur rechten Zeit so fügen, wie es für dich und dein Umfeld am besten ist. Sei geduldig und nimm die Zeichen wahr, die ich dir schicke. Wenn du ihnen folgst, spürst du, wie gut ich es mit dir meine und wie sicher ich dich auf dem Weg des Fortschritts geleite.

Der Mensch:
Ich weiß, Herr, dass ich allein durch mein Denken und Sorgen nicht viel ausrichten kann. Meine Kraft finde ich in dir, wenn ich dir all meine Anliegen anheimstelle. Ich bin auf dem Weg, den du mir beschrieben hast. Doch quält mich eines: Mir fällt es schwer, ganz in der Gegenwart anwesend zu sein und mich im Gebet der Hingabe dir zu überlassen. Ich beschäftige mich zu sehr mit der Zukunft und kann das Planen und ständige Ausschauhalten nicht lassen.

2 Der Herr:
Es ist wichtig und lebensnotwendig, ein Ziel zu verfolgen und sich in allem nach ihm auszurichten. Ist es Gott, das Endziel und gleichzeitig der Anfang des Lebens, wird er dir ein umfassendes Bewusstsein der Gegenwart schenken, das bereits Vergangenes wie auch Zukünftiges einschließt. Verfolgst du jedoch einzig – und das noch leidenschaftlich – ein diesseitiges Ziel, bist du so von ihm eingenommen, dass es dich für gegenwärtiges Geschehen fast blind macht. Hast du jedoch dieses Ziel erreicht, verliert es seine Anziehungskraft, und sofort erheben sich neue Wünsche, die du dir zielstrebig erfüllen möchtest.
Dieser Lebensantrieb ist ein Bestandteil der Schöpfungsordnung. Geschieht diese Zielstrebigkeit allerdings ausschließlich, das heißt, ohne Gott als letztes und größtes Ziel in deinem Herzen zu haben, wirst du leiden und nicht weit kommen. Du treibst von einem zum anderen und findest nirgends innere Ruhe.

3 Der wahre Fortschritt im Leben besteht jedoch darin, nicht in erster Linie und ständig auf sich selbst zu schauen und für sich und seine Anliegen zu sorgen, sondern sich immer wieder zurückzunehmen, auf die innere Stimme zu lauschen und zu versuchen, den Willen Gottes zu erfüllen. Wendest du dich ihm, dem Höchsten, zuerst zu, wird dir alles andere leichter zufallen. Du kannst, ohne verkrampft festzuhalten, abgeben und annehmen, wie es den notwendigen Wechselfällen des Lebens entgegenkommt. Du fühlst dich in dir sicher und frei.

Bedenke jedoch, dass diese beglückende Haltung und Lebensform keinen Dauerzustand bildet. Widergöttliche Kräfte entbrennen immer neu in Wut gegen alles Gute und jeden Fortschritt. Sie warten nur darauf, den Unvorsichtigen zu täuschen und ihn in eine Falle zu locken. *Wacht und betet, damit ihr nicht in Versuchung geratet!* (Matthäus 26,41a).

Kapitel XL
Das Wesentliche wird gegeben – nicht geleistet

1 Der Mensch:
Was ist der Mensch, dass du seiner gedenkst,
des Menschen Kind, dass du dich seiner annimmst? (Psalm 8,5).

Womit hat der Mensch deine Gnade verdient? Wie kann ich mich da beklagen, wenn du mir nicht gewährst, um was ich dich bitte? Aus meiner bisherigen Lebenserfahrung darf ich sagen: Allein, Herr, vermag ich wenig. Ich bin auf dich und den Strom deiner Liebe, den du mir eröffnest, angewiesen, denn von dorther erhalte ich meine Lebenskraft. Bist du nicht bei mir, laufe ich Gefahr, abzugleiten und Dingen nachzujagen, die in Wirklichkeit nichts sind. Wenn ich von dir nicht gestützt und innerlich geformt werde, bin ich haltlos und fühle mich ohnmächtig.

2 Herr, ich finde keine Gedanken und Worte, die das ausdrücken, was du in Wahrheit bist. Meine Worte,

die ich an dich richte, sind Fragment. Du bist stets derselbe und bleibst immer und ewig gut, gerecht und heilig. Du ordnest alles in Weisheit. Ohne deine Hilfe neige ich eher zum Rückschritt als zum Fortschritt. Ich ändere oft meine Haltung und kenne wenig Beständigkeit. Reichst du mir jedoch deine Hand, wird alles besser und mein Leben erhält Sinn. Du verleihst mir Stärke, um auch da das Leben zu bestehen, wo es zu versinken droht. Du, Herr, machst meinen Blick fest in dir, dass ich nicht unruhig suchend nach allen Seiten schaue. Ist mein Herz bei dir, darf ich die Ruhe erfahren, nach der ich mich sehne und auf die ich mein Leben aufbauen kann.

3 Begegnungen mit anderen Menschen finden nur ihren Sinn und Erfüllung, wenn ich gestärkt von dir aus der Stille des Gebetes komme. Menschliches Zusammensein ist und bleibt für mich nichtssagend, bist du nicht anwesend und spürbar. Ich danke dir, Herr, für die Erkenntnis und die Gnade, die du mir zukommen lässt.

4 Alles Gute kommt von dir. Ich danke dir, dass es mir wohlergeht und du so liebevoll für mich sorgst. Was wäre ich ohne dich? Unstet und schwach. Wessen könnte ich mich schon rühmen? Und doch sehne ich mich nach Ansehen. Diese Sehnsucht zielt jedoch nicht auf eine eitle Ehre, die mir andere Menschen erweisen mögen, sondern auf ein Angeschautwerden von dir. Das ausschließliche Streben nach Ansehen, Ruhm und Ehre in der Welt kann zu einer ansteckenden Krankheit ausarten – und viele Menschen

merken es nicht einmal. Ich habe mich auf diesem Weg befunden, doch du hast mich zurückgerufen. Obgleich ich mich weit von dir entfernt hatte, hast du mich erreicht und mir deine Liebe geschenkt. Indem ich mir selbst gefallen habe und versuchte, auch anderen zu gefallen, habe ich mich in meiner Eitelkeit und Eigenliebe von dir abgewandt und dein Missfallen auf mich gezogen. Und trotzdem erging dein Ruf an mich.

5 Du hast mir gezeigt und mich erfahren lassen, worin wahrer Ruhm, wirkliches Ansehen und heilige Freude bestehen.
Wahrer Ruhm: Nicht mehr ich verherrliche mich selbst, sondern gebe dir in allem, was ich denke und tue, die Ehre.
Wirkliches Ansehen: In der Welt in gutem Ansehen zu stehen, ist oft nur von kurzer Dauer und nicht tiefgreifend. Doch wenn du, Herr, dich zu mir wendest und mir Ansehen verleihst, bedeutet es für mich das höchste Glück.
Heilige Freude: Habe ich durch Eigeninitiative etwas Lohnendes erreicht, wird eine innere Freude bei mir ausgelöst. Heilige Freude jedoch bereitest du mir, wenn ich im Gebet deinen Namen anrufe, mich dir ganz hingebe und du mir als Frucht meines Gebetes neue Einsichten und neues Leben schenkst.
Der große Unterschied besteht für mich darin, dass dein Name angerufen und gelobt wird – nicht der meine. Dein Werk, Herr, soll gepriesen werden – nicht das meine. Dein heiliger Name sei gelobt und alles Gute, das ich empfange, reiche ich dir weiter, denn

es kommt von dir. Möge so der Strom deiner Liebe im Annehmen und Abgeben in mir fließen und nicht durch Egoismus ins Stocken geraten. In dir, Herr, will ich mich freuen – den ganzen Tag.

6 Wie flüchtig ist vieles, von dem wir glauben, es hätte Bestand. Das Wesentliche und Bleibende kann von uns nicht geleistet werden – es wird uns geschenkt und anvertraut. Wie viel Torheit begehen wir, wenn wir glauben, alles selbst in die Hand nehmen zu können. Alle zeitliche Ehre, menschlicher Ruhm und alle Hoheit der Welt bedeuten im Hinblick auf dich, Herr, rein gar nichts. Nach kurzer Dauer schwinden sie dahin, denn verglichen mit deiner ewigen Herrlichkeit haben sie keinen Bestand.
Du bist mehr als ich je fassen kann: du, die Wahrheit, die Weisheit und das Leben.
Unendliches Erbarmen geht von dir aus, und du weist niemanden zurück. Du bist die Liebe, die keinen Anfang und kein Ende kennt. Ich sage dir Dank im Namen des Vaters und des Sohnes und des Heiligen Geistes, denn dein ist das Reich und die Kraft und die Herrlichkeit.

Kapitel XLI
Das Wesentliche bleibt im Verborgenen

1 Der Herr:
Es gibt Phasen in deinem Leben, in denen du darunter leidest, wenn andere geehrt, du aber über-

gangen wirst, wenn andere angehoben und du herabgesetzt wirst. Nimm es dir nicht zu Herzen und versuche, das Wesentliche vom Unwesentlichen zu unterscheiden. Schaue auf mich, der verachtet und von vielen Menschen nicht verstanden wurde. Bleibe der Wahrheit treu und lass dich durch keine lieblichen Worte oder Schmeicheleien blenden. Wem Menschen heute höchste Anerkennung zollen, den können sie morgen schon verachten oder gar umbringen. Sei nicht betrübt, wenn du zeitweilig von anderen nicht akzeptiert wirst. Das Wesentliche und Bleibende ist verborgen, doch nur wenige sind bereit, es zu suchen.

2 Der Mensch:
Ja, Herr, du hast Recht. Blind bin ich vielem gegenüber, denn ich lasse mich allzu leicht durch Äußerlichkeiten blenden. Und dann beginne ich darunter zu leiden, wenn die Dinge sich nicht nach meinen Vorstellungen entwickeln und ich zurückgesetzt werde. Im Vergleich zu dem, was ich dir im Laufe meines Lebens angetan habe, ist das, was andere mir angetan haben, gering. Oft habe ich dich beleidigt und hätte es somit auch verdient, dass sich deine Geschöpfe gegen mich auflehnen. Sollte mir erneut Herabsetzung widerfahren, müsste ich sie mit dieser Erkenntnis geduldig hinnehmen und ertragen. Immer tiefer führst du mich in das Geheimnis deines Todes und deiner Auferstehung. Warum nur sträube ich mich gegen das Loslassen und Sterben, wo du es doch bist, der mich führt und wieder aufstehen lässt? Du lehrst mich den Weg, und ich weiß, dass ich nur durch Hingabe

- zum inneren und dauerhaften Frieden komme,
- Standfestigkeit und Durchsetzungskraft erreiche,
- tiefe, in Gott gegründete Ruhe erfahre,
- von allen Hindernissen befreit werde,
- mir neue Einsichten und geistige Erleuchtung zuteilwerden,
- meine Lebenskräfte ordnen und sie sinnvoll einsetzen kann,
- vollkommenes Einssein mit dir erfahren werde.

Kapitel XLII
Das tragende Fundament ist Liebe

1 Der Herr:
Du kannst mit anderen Menschen – oder auch nur mit einem Menschen – noch so gut auskommen: Einen beständigen Frieden kannst du von ihm nicht erwarten. Genau wie du ist auch er Schwankungen und Veränderungen unterlegen. Jeder sehnt sich nach einem tragenden Fundament, auf das er sein Leben und seine Liebe aufbauen kann.
Um dieses zu gründen und zu stabilisieren, ist die immer erneute Hinwendung zur lebendigen und bleibenden Wahrheit notwendig. Du spürst, wie du von einer über alles Menschliche hinausgehenden Kraft getragen wirst. Durch sie wird es dir leichter fallen, einen geliebten Menschen oder Freund loszulassen, wenn er sich zurückziehen möchte oder stirbt. Jede Liebe sollte, um Bestand zu haben und jede Veränderung mittragen zu können, in der ewigen Wahrheit

und Liebe, in Gott, ihre Wurzeln haben. Jeder, den du liebst, und alles, was du liebhast, soll dir um meinetwillen lieb sein. Ohne dieses Fundament ist jede Liebe brüchig und hat weder Bestand noch Dauer.
Und jede Liebe, deren Bande nicht mit mir verknüpft sind, ist weder wahr noch rein. Denke daran und bereite dich entsprechend vor, sodass du weiterleben musst und liebst, wenn menschliche Enttäuschungen oder gar der Verlust einer wahren Liebe unabwendbar ist. Bist du mit dem Urgrund, dem Quell aller Liebe, verbunden, wird dir zwar Leid nicht erspart – du kannst es jedoch besser tragen und bist gefestigt genug, über den schmerzlichen Verlust hinaus eine geistig-liebende Verbindung zu dem geliebten Menschen aufrechtzuerhalten. Oft sind bestimmte Lebensumstände notwendig, um dir in deiner Seele eine größere Tiefe zugänglich zu machen. Aus ihr kannst du später umso höher zu Gott emporsteigen.

2 Das Einlasstor für die Gnade, die dein Herz und deine Seele erfüllen möchte, ist Demut. Bist du ausschließlich mit dir selbst und den Dingen der Welt beschäftigt, verbaust du dir damit den Eintritt der göttlichen Gnade in dein Inneres. Die Gnade des Heiligen Geistes sucht sich ein demütiges Herz. *Denn Gott tritt Stolzen entgegen, Demütigen aber schenkt er seine Gnade* (1. Petrusbrief 5b).
Um in der Liebe, die du empfängst und weiterschenkst, zu wachsen, ist es notwendig, alles, was du bist und an Liebe hast, im Gebet der Hingabe mir zu „opfern". Denke an Abraham: Er hat seinen Sohn und weitaus

mehr zurückerhalten. Blickst du dagegen nur auf die Geschöpfe und hältst an ihnen fest, bleibt dir der Zugang zum Schöpfer verschlossen. Lerne es, durch die Übung des Gebetes immer wieder die geschöpfliche und sichtbare Welt zu überschreiten, um dem Schöpfer und seiner unendlichen Liebe zu dir auf die Spur zu kommen. In deiner Seele wird eine neue Tür zur göttlichen Erkenntnis aufgehen, und du beginnst, in der wahren und bleibenden Liebe zu wachsen.

Kapitel XLIII
Wissen ohne Erfahrung führt nicht weiter

1 Der Herr:
Lass dich nicht verwirren durch schön klingende und hochtrabende Worte der Menschen. *Denn nicht in Worten erweist sich die Herrschaft Gottes, sondern in der Kraft* (1. Korintherbrief 4,20).
Achte daher auf meine Worte; sie möchten das träge Herz entflammen, den Geist erleuchten, zur Einsicht führen, beladene Seelen entlasten und Bedrückten Trost und Hoffnung spenden. Lies meine Worte nicht, um gelehrter und weiser zu erscheinen als andere. Lies sie nicht nur, um Bescheid zu wissen und bei passender Gelegenheit darüber zu berichten. Anstatt Wissen anzuhäufen, um eventuell spitzfindige Fragen gelehrter Leute beantworten zu können, solltest du dich auf den geistlichen Weg begeben, um wirkliche und tiefe Glaubenserfahrung zu machen.

2 Wenn du gern viel liest und umfassendere Zusammenhänge verstehen möchtest, dann hat dies nur Sinn und Erfolg, wenn du auf der Grundlage deiner eigenen Gebetserfahrung alles Wissen auf den einen Ursprung und die eine Wahrheit zurückführst. Ich bin es, der die Menschen das Wissen lehrt und dem Bescheidenen tiefere Einsicht vermittelt, als ihm Menschen je geben könnten. Zu wem ich spreche und wer mein Wort hört und richtig aufnimmt, der wird reiche Erkenntnis haben und auf seinem geistlichen Weg große Fortschritte machen.

Viele Menschen eignen sich durchaus ein großes Wissen an, bleiben jedoch trotzdem an der Oberfläche, da sie weder nach dem Urgrund des Wissens fragen noch sich mit Geist und Seele einbringen, um geistliche Erfahrungen zu machen. Einmal wird die Zeit kommen, in der der Lehrer aller Lehrer offenbaren wird, was ein jeder nur gelesen hat ohne es in seinem Leben zu verwirklichen. Er, der selbst die geheimsten Winkel der Seele erforscht, wird das dichteste Dunkel ans Licht kommen lassen – der Mund kann keine Beweise mehr hervorbringen und alle Worte verstummen.

3 Ich bin es, der eine demütige Seele in jedem Augenblick erleuchten kann, sodass sie in die ewige Wahrheit tiefer hineinschaut als jemand, der sein Leben lang nur studiert hat, ohne sein geistliches Wissen praktisch anzuwenden. Ich lehre, ohne viele Worte zu machen und ohne Gründe und Gegengründe aufeinanderprallen zu lassen. Ich bin es, der die Menschen lehrt, das Vergängliche von Unvergänglichem zu un-

terscheiden, Geschmack am Ewigen und Freude daran zu finden, nicht bei äußeren Dingen stehenzubleiben, sondern die Tiefen des Geistes auszuloten. Ich lehre das Wesentliche, das Eine, das in unendlicher Liebe alles Geschaffene zusammenführt und eint.

4 Ich hatte einen Freund in dieser Welt, Franziskus von Assisi, der mir innigst zugetan war. Er lernte durch diese Liebe göttliche Dinge kennen und wunderbare Worte auszusprechen. Indem er alles verließ, machte er größere Fortschritte, als er sie je durch Studien hätte erreichen können.
Sehr unterschiedlich offenbare ich mich den verschiedenen Menschen. Einige müssen erst allgemeine und grundlegende Dinge erfahren und lernen; andere dagegen sind reifer und verlangen schon nach differenzierteren Antworten. Einigen offenbare ich mich verschlüsselt in Zeichen und Bildern, anderen decke ich im hellen Licht Geheimnisse auf. Die Schrift hat zwar nur eine Sprache, doch werden durch diese gleiche Sprache nicht alle gleich unterwiesen. Im Inneren des Menschen bin ich als eigentlicher Lehrer die rechte Wahrheit. Ich erforsche das Herz und weiß, woran es ihm fehlt. Ich prüfe das Denken und mache seine Grenzen weit. Ich fordere die Taten und lasse jedem das zukommen, was er für den je nächsten Schritt am nötigsten braucht.

Kapitel XLIV
Unnötige Belastungen meiden

1 Der Herr:
Strenge dich nicht übermäßig an, alles wissen zu wollen. In manchem musst du sogar vorerst unwissend bleiben. Jage auch nicht allem nach, um es zu ergründen. Ein Übermaß an Informationen schadet der Seele, die die vielen Eindrücke verarbeiten muss. Belaste sie nicht mit etwas, was du dir hättest ersparen können. Du hörst und siehst viel, doch musst du nicht alles in dich hineinlassen.

Sei auf deinen inneren Frieden bedacht und lasse ihn nicht durch unbedeutende Ereignisse stören. Suche eher das, was dein Herz in Ruhe lässt oder ruhig macht. Es ist oft besser, nicht mit anderen über Kleinigkeiten zu streiten, die Augen zu verschließen und jedem seine Meinung zu lassen. Du hast es ebenso nicht nötig, dich ständig zu rechtfertigen. Hältst du dich an die immer strömende schöpferische Kraft Gottes, wird dir auch ein Misserfolg oder eine Niederlage nicht viel ausmachen.

2 Der Mensch:
Herr, wie wenig von dem, was du mich lehrst, habe ich bisher begriffen und in die Tat umgesetzt! Wir regen uns sogar maßlos auf, wenn wir etwas Unwesentliches verlieren, und um eines unbedeutenden Vorteils willen investieren wir Kraft, die wir an anderer Stelle hätten besser einsetzen können. Geistlichen Schaden bemerken wir vorerst kaum oder ver-

drängen ihn, um nicht daran erinnert zu werden. Auf vieles Sinnlose richte ich mein Augenmerk, ohne es zu durchschauen. Nutzloses nehme ich in Angriff, das mir und anderen schadet. Ich ziehe oft unbewusst Menschen und Dinge an mich, die mich bei näherer Betrachtung nach unten ziehen. Ich vergeude oftmals meine Zeit mit völlig überflüssigen Inhalten und merke es nicht einmal. Doch dich, Herr, das Höchste und Notwendigste, vernachlässige ich.

Warum lebe ich so stark nach außen und lasse mich gern von Äußerlichkeiten einnehmen? Nach all dem, Herr, was du mir zu verstehen gibst, habe ich den starken Wunsch, umzukehren und mich mehr nach innen zu wenden. Darf ich um deine Hilfe bitten, damit es mir gelingt?

Kapitel XLV
Leichtgläubigkeit und eigenes Gerede

1 Der Mensch:
Herr, sei mir barmherzig und hilf mir auch da weiter, wo menschliche Hilfe versagt. Oft fand ich gerade da keine Treue, wo ich sie mit Zuversicht erwartete. Bei einigen Menschen jedoch, bei denen ich sie nicht vermutet hätte, fand ich sie. Als ich meine Hoffnung allein auf Menschen setzte, wurde ich enttäuscht. Du, Herr, bist auf ewig treu und erweist allen, die zu dir rufen, deine Barmherzigkeit. Ich will deinen Namen preisen in allem, was mir begegnet. In dir hat alles Bestand. Sei du mein Halt, denn ich bin schwach und

unstet; ich lasse mich leicht beeinflussen und ändere oft meine Meinung.

2 Ich stelle mir vor, wie schwer es ist, sich so umsichtig und behutsam zu verhalten, dass man keiner Täuschung erliegt, Aufregungen meidet und in keine Verlegenheit gerät. Wer aber auf dich, Herr, vertraut, wer dich mit aufrichtigem Herzen sucht, der kommt nicht so leicht zu Fall. Ich habe es erfahren und danke dir: Als ich mich verstrickt hatte und in Not war, hast du deine schützende Hand über mich gehalten und mich von den Wirren befreit, die ich mir selbst zuzuschreiben hatte. Wer auf dich vertraut, darf sicher sein, dass du dich ihm liebevoll zuwendest.
Selten ist die Liebe zweier Menschen so groß, dass der eine die Last des anderen mitträgt und ihm in allem – was auch immer kommen mag – treu bleibt. Doch du allein, Herr, stehst immer zu uns und zeigst uns auch da deine Treue, wo wir uns von dir entfernt haben.

3 Ich erinnere mich an ein Wort der heiligen Agatha, das mich sehr beeindruckt hat: „Mein Geist ist fest gegründet in Christus und in ihm verwurzelt." Wenn ich das auch von mir sagen könnte, so würde mich nichts so leicht erschüttern, nichts mich ängstigen und keine spitze Bemerkung anderer Menschen mich von der Stelle rücken. Ich mache mich auf vieles gefasst und versuche, mit dir, Herr, es anzugehen.
Wenn sich jedoch die Zeit nähert, überfallen mich Ängste und ich bin versucht, alte Fehler zu machen. Ich fühle mich noch nicht stark und wissend genug,

um künftigen Übeln vorzubeugen. Da mich schon Ahnungen niederdrücken, treffen mich unerwartete Ereignisse umso stärker. Warum habe ich mich nicht besser vorgesehen? Warum habe ich anderen Menschen so leichtgläubig vertraut? Du, Herr, bist die Wahrheit, die nicht trügen und betrogen werden kann. Dir glaube ich, und ich möchte mich dir in allem ganz anvertrauen. Warum sind wir Menschen nur so schwach, wankelmütig und unbeständig – vor allem in Worten? Ich möchte dahin kommen, nicht alles sofort zu glauben, was glaubwürdig klingt.

4 Weise hast du, Herr, gewarnt, sich vor manchen Menschen zu hüten. *Nehmt euch aber vor den Menschen in Acht! Denn sie werden euch an die Gerichte ausliefern und in ihren Synagogen auspeitschen* (Matthäus 10,17).
Du sagst mir mit Nachdruck, nicht alles zu glauben, was Menschen reden. Durch Schaden bin ich klug geworden, und ich glaube, dass es mir zu besserer Vorsicht verhilft.
Nachdem jemand mir einmal etwas sehr Persönliches anvertraut hatte, bat er mich inständig, darüber zu schweigen. Ich schwieg und war fest davon überzeugt, dass das Gesagte geheim gehalten werde. Doch jener konnte nicht für sich behalten, was er verschwiegen wissen wollte. Er ging hin und verriet mich und sich selbst. Ich habe mich in sein Vertrauen genommen gefühlt und mich gefreut, ihm einen Rat geben zu können. Doch wie sich herausstellte, artete es in bloßes Geschwätz aus.

Ich will in besonderer Weise darauf achten, nicht selbst eine solche Torheit zu begehen. Herr, schütze mich und andere vor nichtssagendem Geschwätz. Lege mir ein wahres und zuverlässiges Wort in den Mund, auf das man bauen kann. Was mir selbst missfällt, davor muss ich mich unbedingt hüten.

5 Wie wertvoll und dem Frieden dienend ist es,

- über andere zu schweigen,
- nicht vorbehaltlos alles zu glauben,
- das Gehörte nicht leichtsinnig weiterzutragen,
- sich nur wenigen Menschen anzuvertrauen,
- dich, Herr, dein Wort und deine Gegenwart in alles mit einzubeziehen,
- eine eigene Meinung zu haben und sich nicht ständig umstimmen zu lassen,
- auf alles in uns und außer uns erst zu antworten, wenn du, Herr, deinen Willen kundgetan hast.

Zum Erlangen und Bewahren der Gnade hilft es mir, Oberflächlichkeiten und menschlichem Schein aus dem Wege zu gehen, keine äußere Anerkennung zu suchen, sondern mich überall da einzusetzen, wo Leben – besonders geistliches Leben – verbessert werden kann. Vielen Menschen hat es sehr geschadet, oder sie sind sogar daran zerbrochen, dass ihre gute Begabung in der Öffentlichkeit zu hoch gespielt wurde.
Es ist besser, bescheiden zu bleiben und den Schatz der Gnade so lange wie möglich geheim zu halten. Unser Leben ist und bleibt anfechtbar und gebrech-

lich. Es ist immer wieder vielen Widerwärtigkeiten ausgesetzt, die es zu bestehen gilt.

Kapitel XLVI
Was ist zu tun bei bösartigem Reden?

1 Der Herr:
Stehe fest auf beiden Beinen und vertraue auf mich. Denn was sind Worte anderes als Worte? Sie fliegen durch die Luft und verflüchtigen sich. Hast du – besonders durch verletzende Worte – gefehlt, versuche, den Fehler so schnell wie möglich wiedergutzumachen. Kommt dir hingegen bösartiges Reden über dich zu Ohren, ein Geschwätz, das jeder Grundlage entbehrt, rechtfertige dich nicht. Wende du dich an den Schöpfer, die ewige Wahrheit, erhebe dich zu ihm und halte dich nicht in einem geistlosen Unten auf. Wenn dich schon Worte von Menschen kränken: Wie willst du dann mit größeren Schicksalsschlägen fertigwerden?
Denke einmal im Stillen darüber nach, warum dich Worte so hart verletzen. Gehen sie dir vielleicht deshalb zu Herzen, weil du unsicher bist und auf die Meinung anderer zu großes Gewicht legst? Was hast du letztlich mit dem über dich Gesagten zu tun? Warum hast du Furcht, wenn Menschen dich verachten? Sollten sie tatsächlich Fehler bei dir aufdecken, so versuche keinesfalls, deine Blöße mit Entschuldigungen künstlich zuzudecken.

2 Prüfe dich einmal genauer und du wirst erkennen, dass der Wunsch in dir noch lebendig ist, Menschen zu gefallen. Warum sonst würde dich Kritik an dir und die Herabsetzung deiner Person so verletzen? Ist nicht manchmal die Kritik auch berechtigt, die jemand an dir übt? Wenn du allerdings davor zurückschreckst, gibst du klar zu verstehen, dass es dir noch an wahrer Demut fehlt. Höre auf mein Wort und zehntausend Menschenworte können dir nichts anhaben. Würde dir alles erdenklich Böse angedichtet: Was könnte es dir schaden, wenn du all das unbeachtet ließest und dein Herz so wenig Anteil daran nähme wie an einem Grashalm? Man kann dir doch letztlich nicht einmal ein Haar damit ausreißen.

3 Wer jedoch kein innerliches Leben führt und keine Verbindung zu seinem Schöpfer aufgebaut hat, den kann bereits ein einfaches kritisches Wort aus der Fassung bringen. Wer jedoch auf mich vertraut und sich von mir führen lässt, wer nicht einzig auf seiner eigenen Meinung beharrt, der wird kein menschliches Wort fürchten. Vertraue mir doch, deinem Herrn, der auch das Verborgene kennt und alles weiß, noch bevor es geschieht. Ich kenne alle, die Schuldigen und die Unschuldigen, und lasse jedem die Freiheit, damit die geheimen Gedanken vieler offenbar werden. Ich schicke dir Prüfungen und immer wieder neue Aufgaben, damit du dich in ihnen erproben und durch sie wachsen kannst.

4 Das Urteil der Menschen trügt oft. Mein Urteil dagegen ist wahr. Es bleibt fest bestehen und niemand kann es umstoßen. Für die meisten ist es verborgen, und nur wenige haben Licht genug, es einzusehen. Vertraue meinen Worten. Diese gehen niemals fehl. Vieles von dem, was geschieht und geschehen muss, erscheint in den Augen mancher Menschen unbegreiflich.

Bevor du dir eine eigene Meinung bildest, versenke dich in das Gebet des Schweigens und lass mich zu dir sprechen. Somit gibst du erst einmal deine eigene Meinung ab und lässt sie durch mich korrigieren und bereichern. Dies führt zu größerer Gerechtigkeit und schließt Vorurteile und Eigensinn aus. Gehst du diesen Weg, bleibst du in allem – was auch geschieht – einsichtig, gelassen und heiter. Es können dich weder Unwahrheiten, die über dich verbreitet werden, kränken und niederdrücken, noch wirst du durch Lob anderer Menschen hochmütig. Bedenke doch, dass ich Herz und Nieren prüfe und jedem vergelte, wie es seine Taten verdienen, und dass ich nicht nach dem Ansehen und dem äußeren Schein urteile. Was viele Menschen für lobenswert und wichtig erachten, ist oft in meinen Augen das Gegenteil.

5 Der Mensch:
Herr, mein Gott, ich flüchte mich zu dir;
hilf mir vor allen Verfolgern und rette mich (Psalm 7,2).

Du kennst die Menschen und das, was sie im Sinn haben: Gutes und Schlechtes. Sei du meine Kraft und meine ganze Zuversicht. Sowohl mein Gewissen als auch mein Bewusstsein sind begrenzt, und ich kann mich nicht allein auf sie verlassen. Du siehst, was ich übersehe, du hörst, was ich überhöre, und weißt, was ich nicht weiß. Deshalb hätte ich bei allen Widrigkeiten, die ich als solche erlebte und vor denen ich oft geflohen bin, besser und länger hinschauen sollen, um zu begreifen, was sie mir zu sagen haben und was an Gutem hinter ihnen steht.

Verzeih mir, wenn ich mich häufig oberflächlich verhalten habe und ausgewichen bin. Schenke mir Durchhaltevermögen und die Gnade größerer Geduld. Was kann es Höheres geben, als im Gebet der Hingabe deine Barmherzigkeit anzurufen und alles Weitere dir zu überlassen? Du vergibst mir und befreist mich von allem Übel. Ich danke für diesen wunderbaren Gebetsweg, der ohne Worte zu dir führt. Dein Erbarmen würde mich niemals erreichen und erfüllen, wenn ich bei mir selbst bliebe und mich rechtfertigte, um mein Gewissen zu entlasten. Wenn ich mir auch keines Vergehens bewusst bin, so kann ich mich damit doch nicht rechtfertigen. Ohne dein Erbarmen, Herr, kann ich nicht vor dir bestehen.

Kapitel XLVII
Zeit und Ewigkeit

1 Der Herr:
Seit wir uns nähergekommen sind, hat sich dein Leben in manchem gravierend verändert. Du wehrst dich nicht mehr gegen das, was du nicht einsiehst, und

bist bereit, Unabwendbares anzunehmen und geduldig zu ertragen. Lass dich durch nichts entmutigen oder niederdrücken, denn du bist auf dem richtigen Weg. Vieles, worüber wir gesprochen haben, ist dir noch nicht einsichtig, doch folgst du bedenkenlos meinem Rat. Das, was ich dir in Aussicht gestellt habe, möge dir helfen, die augenblickliche Situation besser zu meistern.

Und du weißt auch, dass ich jeden Augenblick hilfreich eingreife, wenn du mich darum bittest. Daher wirst du dich auch nicht mit einer Sache zu lange abmühen müssen, denn Leid wird niemals deine Tragfähigkeit übersteigen und ohne Ende sein. Wenn alle Ängste und Mittel, das Leid zu verringern, bisher fehlgeschlagen sind: Sei geduldig und harre noch eine kleine Weile aus, und du erlebst Befreiung von deiner augenblicklichen Last. Sei getrost: Die Stunde wird kommen, in der dein Leid, deine Schmerzen und deine Unruhe vergehen. Alles, was an die Zeit gebunden ist, vergeht mit der Zeit. Es ist daher von kurzer Dauer, und im Rückblick siehst du es als geringfügig an.

2 Was du tust, das tue ganz! Und frage dich des Öfteren, für wen du was tust. Möge all dein Denken, Sprechen und Tun dazu beitragen, das Reich Gottes auf Erden aufzubauen. Ich selbst werde dir zur Erfüllung werden. Du bist auf dem Weg zum ewigen Leben, und durch alles, was du an Gutem tust, kannst du ihn beschleunigen. Scheue daher auch keine Mühe, wenn du deiner Arbeit nachgehst oder schreibst, liest, singst, betest oder schweigst.

An einem Tag, der mir bekannt ist, wird Friede sein für immer. Es wird keinen Wechsel von Tag und Nacht wie in dieser Zeit mehr geben, sondern immerwährendes Licht, endlose Klarheit, unerschütterlichen Frieden und ungestörte Ruhe. Dann wirst du nicht mehr sagen: *Ich elender Mensch! Wer wird mich aus diesem dem Tod verfallenen Leib erretten?* (Römerbrief 7,24). Denn der Tod wird getötet werden, und dein Heil wird unvergänglich leuchten. Angst wird nicht mehr sein, sondern Freude, Seligkeit und liebende Gemeinschaft.

3 Könntest du doch die Seelen der Menschen schauen, die jetzt in der Fülle der Herrlichkeit leben und unaussprechliche Freude genießen. Viele von ihnen waren einst in der Welt verachtet und ihr Leben galt als unwert. Könntest du diese Liebe schauen, die auch dich erwartet, wärest du erfüllt von tiefer Hingabe und kämst aus dem Staunen nicht mehr heraus. Du verlangtest nicht mehr nach flüchtigem Gut und Freuden, sondern du würdest dein Leben noch einmal neu ordnen und gewichten. Vieles, worunter du jetzt leidest, würde fortfallen, da dein einsichtiges und hell gewordenes Bewusstsein Dunkles und Einengendes weder zulassen noch aufnehmen würde.

4 Du wirst durch das Gebet der Hingabe einen Vorgeschmack auf die kommende Herrlichkeit erhalten, denn sie dringt immer tiefer in dein Herz. Eine falsche Entscheidung zu treffen, fällt dir von selbst immer schwerer – ebenso zu sündigen. Auch käme

eine Klage über unbedeutende Dinge nicht mehr aus deinem Mund. Du wirst im Hinblick auf das ewige Leben, das bereits ansatzweise zu einer Erfahrung für dich wird, in der Lage sein, Erschütterungen leichter zu ertragen und bei Belastungen nicht so schnell zu versagen. Es geht um das Reich Gottes, und es bedeutet alles, es zu verlieren oder zu gewinnen. Zögere nicht lange und wende dich in allem zunächst an mich. Ich werde dich sicher durch diese Welt geleiten und dich einmal dorthin führen, wo unendlich große Liebe auf dich wartet und viele dir vertraute Seelen, die jetzt in großer Sicherheit und Ruhe endlos im Reiche meines Vaters weilen.

Kapitel XLVIII
Ewiges Leben und die Nacht dieser Zeit

1 Der Mensch:
Herr, du hast mir das Endziel meines Lebens vor Augen geführt, die himmlische Heimat, den lichthellen Tag der Ewigkeit, den keine Nacht verdunkelt. Die höchste Wahrheit durchstrahlt ihn wie das Licht der Sonne. Es ist der unvergängliche Tag immerwährender Heiterkeit und Sicherheit. Herr, ich danke dir, dass du die Sonne dieses Tages in meinem Inneren schon aufgehen lässt. Wenn auch die Momente der Strahlkraft deiner Liebe immer wieder überschattet werden, so spüre ich doch einen allmählichen Sonnenaufgang in meiner Seele.

2 Diejenigen, die diese Welt zurückgelassen haben, wissen um den Tag der Ewigkeit, der Freudentag heißt. In dieser Welt jedoch leben wir noch zu einem großen Teil außerhalb unseres Vaterlandes. Um nach Hause zurückzufinden, hast du uns, Herr, den Weg gezeigt. Doch wir müssen ihn freilegen, um fortschreiten zu können. Wir versuchen, gute Vorsätze zu verwirklichen und im Gebet der Hingabe alte Eindrücke abzugeben. Darum seufzen wir oftmals, um uns Luft zu machen und damit Blockaden auszudrücken. Erlaube mir, Herr, vor dir zu seufzen:

- Ich sehe viel Schmerz und Not in der Welt.
- Oft lähmt mich meine Angst, und auch mein Beten leidet darunter.
- Mein falsches Verhalten erweckt in mir Schuldgefühle.
- Es kommen Wünsche in mir auf, deren Erfüllung dich, Herr, beleidigen würde.
- Berechtigte und unberechtigte Sorgen überfallen mich und nehmen mich gefangen.
- Ein Verlangen nach sonderbaren Dingen quält mich häufig.
- Starke Neugier lenkt mich vom Wesentlichen ab.
- Ich bin in ungute menschliche Beziehungen verwickelt und komme nicht aus ihnen heraus.
- Auch bin ich von vieler Arbeit erschöpft und komme nicht zum Beten.
- Versuchungen schleichen sich ein und belasten mich sehr.
- Übermäßiger Konsum zerrt an meinen Nerven und entkräftet mich.

3 Wann wird die Zeit kommen, in der diese schlechten Gewohnheiten und Übel ein Ende nehmen? Du sagst, Herr, dass ich auf dem Weg der Befreiung sei. Doch ich bin ungeduldig und kann mich nicht mit Wenigem zufriedengeben oder warten. Wird denn wirklich eine Zeit kommen, in der ich dir nahe sein darf und die nicht mehr vergeht? Wann wird mein Herz die ersehnte Ruhe in dir finden? Wann werde ich völlig in dir glücklich sein? Wann werden die Ketten von mir abfallen, sodass ich von allem körperlichen und seelischen Druck befreit werde? Wann darf ich den vollkommenen unzerstörbaren Frieden für die innere und äußere Welt erwarten?
Herr, Jesus Christus, wann wirst du mir so nahe sein, dass ich dich schauen kann? Wann offenbarst du mir die Herrlichkeit deines Reiches? Darf ich auf die Zeit hoffen, in der du mir alles in allem bist? Ich weiß, dass ich diese Welt mit ihren vielen Schatten erst bestehen und meine Aufgabe erfüllen muss, um einmal ganz bei dir zu sein und zu bleiben.

4 Zu dir, Herr, rufe ich: Befreie mich aus der Gefangenschaft meines Ego und schenke mir Geduld. Gib mir die Kraft, die Last zu tragen, die mir auferlegt ist. Dir zu begegnen ist meine Sehnsucht, doch kann ich dich nicht erreichen. Mein Geist und meine Seele werden zwar von dir angezogen, doch Sorgen und leibliche Begierden ziehen mich wieder nach unten. Geistig-seelisch möchte ich vieles zurücklassen, doch körperlich bin ich in manchem noch sehr verhaftet. Es fällt mir oft schwer, diese Spannung – mitunter wird

sie auch zum Kampf – zwischen Körper und Seele auszuhalten.

5 Herr, im Gebet der Hingabe darf ich tiefes Schweigen erfahren, und das Gefühl für Raum und Zeit schwindet. Doch leider holt mich ein Schwarm von Gedanken schon bald aus der Ruhe und bringt mich an die Oberfläche. Ich erlebe es wie einen Überfall.
Gott, bleib doch nicht fern von mir!
Mein Gott, eile mir zu Hilfe! (Psalm 71,12)

Wenn du willst, führst du mich erneut zur Quelle und lässt mich dort tiefe Ruhe in dir erfahren. Wirst du zur größeren und größten Kraft meines Lebens, kann ich alles ablegen, was nicht zu mir gehört, und im Gebet alle Gedankentätigkeit zurücklassen. Das ist der Weg zur ewigen Wahrheit, den du, Herr, mir weist. Komm mir zu Hilfe, damit nichts und rein gar nichts mich von dir trennen kann. Erfülle mein Herz mit Freude, und alles Unreine wird schwinden.
Verzeihe mir, wenn ich im Gebet meinen eigenen Gedanken nachgehe und vergessen habe, deinen heiligen Namen anzurufen. Oft bin ich nicht dort anwesend, wo ich mich befinde. Meine Gedanken eilen entweder voraus oder sie beschäftigen sich mit Vergangenem. Ich bin dann dort, wohin mein Gedanke mich fortreißt, und mein Gedanke ist da, wo das ist, was mich im Augenblick bewegt und was ich liebe. Schnell füllt sich jetzt mein Bewusstsein mit dem, was meinen Sinnen angenehm ist und wohin es mich zieht.

6 Herr, du sagst mir die Wahrheit offen: *Denn wo dein Schatz ist, da ist auch dein Herz* (Matthäus 6,21). Es gibt Zeiten, glückliche Zeiten für mich, in denen ich mich dir ganz verbunden fühle. Alle meine Gefühle und Gedanken sind dann auf dich ausgerichtet. Und wiederum gibt es Zeiten, in denen ich fast ausschließlich der irdischen Welt zugetan bin – ihren Freuden, aber auch ihrem Leid. Melden sich körperliche Begierden, fesseln mich sinnliche Vorstellungen. Bin ich an Geistigem interessiert, macht es mir großes Vergnügen, mich umfassend geistigen Dingen zuzuwenden. Was immer ich zurzeit liebhabe, davon rede und höre ich gern. Es beeindruckt und erfüllt mich, sodass ich die entsprechenden Bilder und Eindrücke mit mir herumtrage.

Wie glücklich darf sich derjenige schätzen, der alles, was er liebt und was ihn beeindruckt, im Gebet der Hingabe und darüber hinaus vor dir ablegen kann, damit du Zugang zu ihm findest. Wie sehne ich mich danach, in einem solchen Gebet lange verweilen zu dürfen, alle äußere und innere Bewegung zur Ruhe kommen zu lassen und mich dir ganz anzuvertrauen.

Kapitel XLIX
Sehnsucht nach ewigem Leben

1 Der Herr:
Jeder Mensch spürt in sich eine Sehnsucht nach dem ewigen Heil. Manchen ist dieses Verlangen nicht bewusst, andere dagegen nehmen es an und pflegen

es. Du bist auf dem Weg zum höheren Leben und sehnst dich danach, die verborgene Ruhe in Gott zu erfahren und seine Herrlichkeit zu schauen. Wichtig ist, dass du dein Herz öffnest und dem liebenden Einfluss Gottes Raum gewährst. Du übst das Gebet der Hingabe, das dich von Anhänglichkeiten befreit, dein Bewusstsein entgrenzt und dich somit aufnahmebereit für meine Gnade macht. Sei dankbar, dass du auf diesem Gebetsweg gute Erfahrungen sammeln darfst und dir die entsprechenden Zusammenhänge einleuchten.

Danke der göttlichen Güte, der höchsten Liebe, die dir so freundlich entgegenkommt, dich von Ungutem befreit, dein Herz weitet, deine Seele lichtvoll macht und dich über dich selbst erhebt, damit dich deine eigene Schwere nicht wieder zu Boden drückt. Ich darf dich daran erinnern: Nicht durch eigene Leistung, nicht durch dein Wollen und Denken wird dir dieses Gnadengeschenk zuteil, sondern einzig und allein durch die Güte Gottes, der du dich bejahend öffnest. Er schaut dich an und möchte dich an sich ziehen. In dieser Bewegung kannst du dich aufrichten und stärker werden. Dir fließen neue Lebensenergien zu, und du wirst befähigt, dein Leben wie auch das Leben derer, für die du Verantwortung mitträgst, sinnvoll zu gestalten.

2 Ich sehe das Feuer in deinem Herd brennen, jedoch allzu oft noch entwickelt die Flamme zu viel Rauch. So ergeht es vielen Menschen. Ihre Sehnsucht nach einem höheren geistlichen Leben ist zwar vor-

handen und lebendig, doch ist sie noch von vielen erstickenden Momenten begleitet. Daher erflehen sie von mir bald dieses und bald jenes und sind enttäuscht, wenn sie Unerwartetes hinnehmen müssen. Ihre Absicht ist keine reine Hingabe, sondern es steckt noch eine Menge Eigenwilligkeit in ihrem Verhalten. So ist es auch mit deiner Sehnsucht, von der du sagst, dass sie oft ziellos umherirrt. Sie ist dann von einem eigennützigen Wollen begleitet, das Unruhe und Ablenkung schafft.

3 Erbitte daher nicht von mir, was nur dir selbst Freude bereitet und Vorteile bringt, sondern bereite dich in Hingabe darauf vor, meinen Willen anzunehmen. Stelle, wie ich es dir schon oft gesagt habe, nicht dein Wünschen und Begehren allem voran. Nimm meinen Willen, den ich dir zu erkennen gebe, als Erstes wahr und versuche, danach zu handeln. Ich kenne dein Verlangen und habe all deine Seufzer gehört. Du möchtest schon jetzt in der herrlichen Freiheit der Kinder Gottes leben, immerwährend tiefe Ruhe erfahren und den Frieden dauerhaft wissen. Aber noch ist diese Stunde nicht gekommen. Es ist eine andere Zeit, in der du lebst, eine Zeit, die du bestehen musst, um in die Freiheit der Kinder Gottes zu gelangen. Doch kannst du, wenn du auf dem Weg bleibst, schon hier und jetzt Lichtblicke dieses kommenden Zustandes erfahren. Ich bin der Weg und die Tür zum ersehnten ewigen Leben. Bereite dich durch das Gebet der Hingabe und warte auf mich, bis das Reich Gottes kommt.

4 In deiner Lebenszeit hier auf Erden musst du noch Prüfungen durchstehen und vieles einüben, was dir noch nicht vertraut ist. Du wirst keinesfalls ohne tiefe geistige Erfahrungen bleiben, doch werden sie noch nicht zu einem dauerhaften Zustand, der dich über alles hinwegträgt. Bleibe auf diesem Weg, der dich über das Gottesbewusstsein zum ewigen Einssein mit Gott führt. Fasse neuen Mut und schreite Schritt für Schritt konsequent weiter. Werde stark in deinem Tun und im Ertragen mancher Schwierigkeiten, die dir auferlegt sind oder werden. Manches musst du lernen und tun – selbst wenn du es nicht willst –, und auf vieles musst du verzichten, was du behalten möchtest. Oft musst du mit ansehen, dass das, was andere wollen, sich erfüllt, und was du willst, ins Stocken gerät. Was andere sagen, wird gehört – was du sagst, wird nicht angenommen. Andere bitten um etwas und erhalten es – und dir scheint es, dass dein Gebet nicht erhört wird.
Je weiter du dich von der Vollkommenheit entfernt fühlst, desto näher bist du der Vollkommenheit.

5 Andere werden hoch geachtet und man spricht von ihnen – von dir schweigt man, so als gäbe es dich nicht. Andere werden mit wichtigen Aufgaben betraut, dich jedoch hält man für unfähig. Wahrscheinlich wirst du traurig darüber sein, doch bedeutet es außerordentlich viel, wenn du all das schweigend erträgst. So sehen beispielsweise Prüfungen aus, in denen du dich bewähren sollst. Du kannst zeigen, worauf es dir wirklich ankommt, dass du ertragen

und loslassen kannst und mitten im Leben zu sterben gelernt hast, um aufzuerstehen. Es gehört mit zu den schwersten Übungen der göttlichen Pädagogik, wenn du Dinge mit ansehen und erdulden musst, die deiner augenblicklichen Einstellung und deinem Willen zuwiderlaufen. Man erwartet oder verlangt etwas von dir, was dir nicht angemessen erscheint und was du nicht einsiehst. Oft, das heißt nach gründlichem Abwägen, ist es angebracht, dem Willen eines anderen zu folgen – vorausgesetzt, er hat die rechte Absicht und sieht weiter als du.

6 Außer dem Gebet gibt es im täglichen Leben viele Möglichkeiten, das eigene Wollen immer wieder loszulassen und den Willen Gottes hinter allem zu erkennen. Dieses sogenannte Sterben des eigenen Ich wird ein schnelles Ende haben und dir großen inneren Gewinn bringen. Du gibst Geringeres ab und nimmst Größeres in Empfang. Und einmal wird die Zeit kommen, in der ausschließlich dein Wille geschieht, da er mit dem göttlichen in Einklang steht.
Auf dieser Entwicklungsstufe wirst du alles finden, was du willst, und alle deine Wünsche werden in Erfüllung gehen. Niemand wird sich dir widersetzen, niemand klagt über dich und niemand und nichts wird sich dir in den Weg stellen. Dort werde ich all das, was du erleiden musst, in Herrlichkeit verwandeln und Traurigkeit in Freude. Ich werde dir, da du oft den letzten Platz einnehmen musstest, den ersten Platz anbieten, und meine Freude an dir wird kein Ende haben. Alles, was du entbehren musstest, wirst

du in Fülle besitzen. Dein demütiges Verhalten wird mit Anerkennung belohnt.

7 Es gibt Lebenssituationen, in denen du dich beugen musst und nicht dein eigenes Wünschen und Wollen durchsetzen kannst. Diese Herausforderungen, die an dich gestellt werden, wollen dich näher zu dir selbst führen, dich größer machen und gleichzeitig demütiger. Tue deine Aufgabe ganz und erfülle sie in reiner Absicht. Schaue dabei nicht so sehr auf die anderen, die heute dieses wollen und morgen jenes, die Anerkennung und äußeren Erfolg suchen. Hierin suche du deine Erfüllung nicht zu finden, sondern erfreue dich an den Früchten, die dir aus der Hingabe an mich geschenkt werden. Wenn du sie hütest und pflegst, wirst du sie niemals mehr verlieren. Möge die Erfüllung deiner Sehnsucht darin bestehen, auf dem Weg der Hingabe Gott näherzukommen und ihm – sowohl in deinem Leben als auch in deinem Sterben – den ersten Platz zu geben. Arbeite daran und hoffe darauf, mich, deinen Herrn und Meister, Jesus Christus, in aller Öffentlichkeit – wie immer, so auch jetzt – durch Körper, Geist und Seele zu verherrlichen, ob du lebst oder stirbst (vgl. 1. Philipperbrief 1,20).

Kapitel L
Sich auf Gott verlassen

1 Der Mensch:
Mein Herr und mein Gott, sei gepriesen jetzt und in Ewigkeit. Wie du willst, so ist es und soll es geschehen, und was du tust, ist gut. Nicht in mir oder in jemand anderem suche ich mein Heil und wahre Freude, sondern du allein bist der Heiland, meine Hoffnung, meine Freude und meine Seligkeit. Was bin ich, Herr, ohne dich, denn alles habe ich von dir empfangen. Dein ist alles, was du gegeben und was du geschaffen hast. Ich selbst kann mir nichts zuschreiben und habe auch keinen Anspruch auf irgendetwas.
Viele ungelöste Fragen quälen mich schon von Jugend an. Oft weiß ich nicht weiter, mein Herz verhärtet sich, meine Augen sind voll Tränen, und ich habe Angst vor dem, was mir bevorsteht.

2 Ich sehne mich nach tiefer Ruhe in dir und nach Frieden, den nur du gewähren kannst. Immer wenn ich diesen deinen Frieden erfahren darf, diese heilige Freude, erfüllst du meine Seele mit Licht, und sie möchte immerfort dein Lob verkünden. Entziehst du dich mir, nein, wenn ich mich von dir entferne, dann verlasse ich damit auch den von dir gewiesenen Weg. Sobald ich es einsehe, schäme ich mich vor dir und bitte um Verzeihung. Die Erinnerung an gestern und vorgestern, als deine Leuchte noch über mir strahlte, lässt mich umkehren. Denn ohne dich bin ich nicht gegen die eindringenden Versuchungen geschützt.

Dass ich doch wäre
wie in längst vergangenen Monden,
wie in den Tagen, da mich Gott beschirmte,
als seine Leuchte über meinem Haupt erstrahlte,
in seinem Licht ich durch das Dunkel ging
(Ijob 29,2-3).

3 Obgleich ich gern darauf verzichten möchte, weiß ich, dass ich immer wieder Stunden der Prüfungen durchmachen muss. So ergeht es mir jetzt, in diesem Augenblick, wo ich zu dir rufe. Wenn es mir auch nicht gut geht, so spüre ich doch in meinem tiefen Inneren eine Verbindung zu dir, eine tragende Kraft. Du, Herr, hast mir gesagt, dass die Zeiten der Prüfungen und des Niedergedrücktseins nicht allzu lange dauern werden. Stecke ich jedoch in dieser Phase, scheint sie mir nicht enden zu wollen, und schnell habe ich deine hoffnungsvollen Worte vergessen. Ich fühle mich zurzeit wie abgeschnitten von dem Strom der Liebe, den ich sonst erfahren darf. Vor den Menschen, die von mir einiges erwarten, versage ich. Ich werde von ihnen nicht angenommen und habe das Gefühl, von ihnen gedemütigt zu werden. Ich leide.
Herr, ich warte auf dein Wort und deine Erlösung. Lass das Morgenrot deines Lichtes in meiner Seele wieder aufgehen, sodass ich mit dir auferstehen kann. Du hast alles so wunderbar gefügt und geordnet. Und so wird auch an meinem Leben dein Wille und deine Liebe sichtbar.

4 Es ist für mich nicht immer leicht, deinen Willen zu erkennen, vor allem aber, ihn anzunehmen. Oft erkenne ich erst im Nachhinein, welch tiefgreifende und wandelnde Kraft das Leid hat, das ich durchstehen musste. Doch kann ich nicht, Herr, wie viele es tun, dieses Leid als Gnade ansehen und dir dafür danken. Obgleich nichts in dieser Welt grundlos geschieht, so bleibt mir doch der Einblick in den Zusammenhang von Leid und Gnade noch verschlossen. Eines kann ich jedoch aus meiner Erfahrung sagen: Jede leidvolle Phase, die ich erfahren musste, hat meine Beziehung zu dir, Herr, wesentlich verändert. Ich bin demütiger, bescheidener und dankbarer geworden. Überheblichkeit und Besserwisserei sind gänzlich geschwunden. Vor allem aber fällt es mir nach großen Reinigungsprozessen leichter, deinen Willen zu erkennen, und ich spüre eindeutiger, wo und wie ich mich einbringen muss oder ob gar Schweigen die bessere Antwort ist. Ich habe auch daraus gelernt, behutsamer und rücksichtsvoller mit anderen Menschen umzugehen, sie nicht zu bedrängen oder ihnen etwas vorzuschreiben und in keinem anderen Menschen einen Gegner oder Feind zu sehen. Sie werden zwar für mich zu einer großen Herausforderung, doch sehe ich sie in deinem Licht, das ihren und meinen Weg heller macht.

5 Herr, mein Leben liegt in deiner Hand. Was ich von dir empfange, kann nur zum Besten für mich sein. Zwar habe ich diese Gewissheit – und doch kann ich nicht ruhig und geduldig bleiben, wenn ich leiden muss. Zweifel und Angst breiten sich über dieser

Gewissheit aus und bestimmen mich. Kein Mensch konnte mir bisher ausreichend antworten auf die Frage, warum immer wieder Leid zu ertragen ist. Da ich nicht verstehe, wende ich mich vertrauensvoll an dich, Herr, und bitte um Einsicht.
Gepriesen sei Gott, der in Ewigkeit lebt,
und gepriesen sei sein Reich!
Denn er straft und hat Erbarmen.
Er führt hinab in die tiefste Unterwelt unter der Erde
und führt empor aus dem großen Verderben
(Tobit 13,1b-2).

6 Immer wieder, Herr, lege ich, wie du es mich gelehrt hast, im Gebet der Hingabe meinen Geist in deine Hände, meine Gefühle, meine Gedanken, meinen Willen und meine Vorstellungen. Ich öffne mich dir voll Vertrauen, damit du mich bewegen und formen kannst. Aufbrüche, die du in mir bewirkst, tun oft weh. Ich weiß, dass du es gut mit mir meinst. So versuche ich geduldig und ruhig zu bleiben. Oft steht mir meine Eigenwilligkeit im Wege, und ich verhalte mich dir gegenüber starrsinnig und unbeugsam. Lass nicht ab, mich nach deinem Willen zu formen, bis ich feinfühlig genug werde, deine Botschaft wahrzunehmen. Dir überlasse ich mich mit allem, was ich bin und habe, damit ich durch deine heilenden Kräfte Besserung erfahre.

Mir wird noch einmal klar, dass ich vor dir nichts verbergen kann. Du weißt alles und jedes; kein Gedanke und keine Regung des Herzens und der Seele ist dir unbekannt. Du weißt alles, Herr, noch bevor es geschieht. Du weißt, was mir zum Fortschritt dient und was geeignet ist, meine Verhärtungen zu lösen und mich vom Rost in meiner Seele zu befreien. Ich möchte von mir aus nichts zurückhalten und mich ganz dir überlassen. Wende deinen Blick nicht ab von mir und schaue auf mein Leben, das mit seinen vielen Schattenseiten durch mein fehlerhaftes Tun nicht immer dein Wohlgefallen findet.

7 Lehre mich, Herr, das zu begreifen, was ich begreifen soll, und die Zeichen wahrzunehmen, die du mir vor Augen führst. Mach mein Herz weit und lass mich lieben, was zu lieben du für mich vorgesehen hast. Schenke mir die Gabe der Unterscheidung, um das zu würdigen, was kostbar ist, und das abzulehnen, was das Leben hemmt und zerstört. Gib mir eine weite und tiefe Wahrnehmung, sodass ich mich nicht von Äußerlichkeiten blenden lasse, nicht nach dem Hörensagen urteile und nicht voreilig die Meinung anderer Menschen übernehme. Schenke mir Einsicht in die geistigen und materiellen Dinge – so, wie sie wirklich sind. Lass mich in allem deinen Willen erkennen und befähige mich, ihn tatkräftig umzusetzen.

8 Die Wahrnehmung durch die menschlichen Sinne allein kann oft täuschen und in die Irre führen. Ist jemandem eine tiefere Dimension des Seins nicht zugänglich und ist er zudem noch im Sinnfälligen verhaftet, kann er die Dinge nicht so wahrnehmen wie sie wirklich sind – er fällt vielen Täuschungen zum Opfer. Damit ist es zu erklären, dass so leicht ein Blinder einen Blinden täuscht, der Falsche einen Falschen betrügt und der Schwache einem Schwachen etwas vormacht. Der heilige Franziskus sagt: „Was der Mensch vor Gott ist, das ist er und nicht mehr."

Kapitel LI
Dunkelheit weicht dem Licht

1 Der Herr:
Auf dem Berg Tabor sahen mich meine Jünger in der Verklärung. Petrus wollte unbedingt diesen Zustand festhalten, doch musste er nach kurzer Zeit – wie wir alle – den Berg wieder verlassen. So wird es auch mit dir sein. Wird dir ein höherer Bewusstseinszustand geschenkt, so kannst du ihn, wenn er wieder schwinden möchte, nicht festhalten. Allzu oft nur musst du das, worin du höhere Einsicht hattest, wieder loslassen und vorübergehend engere Grenzen akzeptieren. Der Abstieg in die Niederungen wird dir wegen der durch den Menschen gebrochenen Schöpfungsordnung nicht erspart. Du wirst die Last des gebrechlichen menschlichen Lebens stärker spüren und sie wider deinen Willen tragen müssen.
Solange du in dieser Welt lebst, wirst du von Zeit zu Zeit immer wieder durch Dunkelheit geschickt. Noch viele Aufgaben musst du lösen, damit du von Ballast befreit und an geistlichen Erfahrungen reich wirst. Ziehe dich auch in den Zeiten, in denen du zweifelst, klagst und seufzt, immer wieder zum Gebet zurück.

2 In Zeiten dieser Gemütsverfassung oder geistlicher Dürre ist es wichtig für dich, deine privaten und beruflichen Aufgaben nicht zu vernachlässigen oder zu versäumen. Lege nun auch großen Wert darauf, etwas zu tun, was dich entspannt. Du sammelst neue Kräfte, die es dir ermöglichen, dich wieder aufzurichten und in Geduld auf ein Zeichen von mir zu warten.

Du kannst gewiss sein: Ich werde kommen und dich von deiner Last, dem Druck und den Ängsten befreien. Ich werde dich alles Schwere vergessen lassen und dir Ausgeglichenheit und tiefe innere Ruhe schenken. Ich werde dir den Schlüssel zur Heiligen Schrift geben, sodass dein Herz aufgeht und du freudig den begonnenen geistlichen Weg fortsetzen kannst. Dann wirst du sagen: *Ich bin überzeugt, dass die Leiden der gegenwärtigen Zeit nichts bedeuten im Vergleich zu der Herrlichkeit, die an uns offenbar werden soll* (Römerbrief 8,18).

Kapitel LII
Vergebung

1 Der Mensch:
Hätte ich doch größeren Einblick in deine Gerechtigkeit und könnte die Zusammenhänge zwischen Schuld, Leid, Vergebung und Gnade einsehen, blieben mir sicherlich viele Umwege erspart. Du handelst in allem gerecht, und ich denke, dass ich einen Anteil daran haben könnte, wenn mir Leidvolles widerfährt. Behandelst du mich so, wie ich gehandelt habe?

Nein, du lässt mich auch dann deine Nähe und deine Liebe erfahren, wenn ich mich weit von dir entfernte. Unergründlich ist dein Ratschluss. Kehre ich um zu dir, schenkst du mir Vergebung und trägst mir meine Schuld nicht nach. Zu wunderbar und nicht zu fassen ist für mich deine Liebe.

Nach meinem Dafürhalten hätte ich oftmals das Gegenteil von dem verdient, was du mir durch dein Erbarmen zukommen lässt. Herr, du bist reich an Güte und Erbarmen. Du blickst auf die Werke deiner Hände und möchtest nicht, dass deine Geschöpfe zugrunde gehen. Wenn ich auf mich schaue, erlebe ich, dass du den ganzen Reichtum dieser Güte an mir, der gesündigt hat, offenbar machen willst. Du reinigst und weitest mein Herz, schenkst meiner Seele Licht und neue Kraft. Nur du allein, Herr, kennst mich und weißt, was mir fehlt.

2 Herr, du hast mich so reich beschenkt mit deiner Gnade, dass ich mich frage, womit ich das verdient habe. Wenn ich auf mein Leben schaue, kann ich weder auf große Taten noch auf besonders gute Verhaltensweisen zurückblicken. Viele Entscheidungen, die ich traf, führten mich auf Abwege, die ich erst spät als solche verstanden habe. Und auch dann fehlte mir der Mut zur radikalen Umkehr. Zur Besserung war ich zu träge. So war es und so ist es auch heute noch des Öfteren – ich kann es nicht leugnen. Vor anderen habe ich vieles beschönigt, mich gerechtfertigt und meine Schattenseiten nicht zugegeben. Vor dir, Herr, liegt alles offen dar, und ich brauche kein Wort dazu

zu sagen. Und doch spreche ich die Worte aus, damit ich mir Klarheit verschaffe über mich selbst und meine Stellung vor dir richtig ausloten kann.
Wer bin ich vor dir und was hast du mit mir vor? Schau nicht auf mein früheres Leben und meine Fehler, sondern auf meine guten Absichten und meine Liebe zu dir – und sei sie im Verhältnis zu deiner Liebe noch so klein. Schenke mir in deinem reichen Erbarmen Vergebung und die Kraft, nach vorn zu schauen und den Weg zu dir nicht wieder zu verlassen.

3 Herr, ich beschäftige mich noch immer mit mir und meinen Fehlern und Sünden. Sie scheinen zu tief eingraviert zu sein, als dass ich darüber schweigen könnte. Wenn ich sie mir vor Augen führe, schäme ich mich vor dir. Du sagst mir jedoch, alles loszulassen und dir mein Herz weit zu öffnen. Das tue ich und will es künftig immer tun. Doch viele Hindernisse – das spüre ich deutlich – stehen dem noch im Wege. Daher möchte ich dir noch einmal aus der Tiefe meines Herzens sagen: Herr, ich habe gesündigt. Erbarme dich meiner!
Ohne deine Zusage, mir nahe zu sein und mich zu erlösen, sähe ich keine Möglichkeit, das Land des Schattens zu verlassen, um in dein wunderbares Licht zu gelangen. Ich habe es von meinem Kopf her durchaus verstanden, dass ich im Gebet der Hingabe „sterben" und arm werden muss, damit du mich zu neuem Leben erwecken und mich mit dem Reichtum deiner Gnade beschenken kannst. Der praktische Teil jedoch fordert mehr von mir als nur Verständnis.

Es ist für mich oft nicht leicht, mich ganz zurückzunehmen, keine Erwartungen zu haben und alle Gedanken und Gefühle dir zu überlassen. Schenkst du mir jedoch zwischenzeitlich tiefe Ruhe, bin ich ganz erfüllt und dankbar. Die Hoffnung auf Verzeihung steigt in mir auf, mein Gewissen wird beruhigt und die unterbrochene Verbindung zu dir wird wieder lebendig. Du berührst meine Seele und schenkst ihr dein Heil.

4 Das Opfer, das dir wohlgefälliger ist als alle Worte, Riten und Handlungen, ist die Hingabe im Gebet. Wie kann ich dir weiter entgegenkommen, als alles zu lassen, um von dir das zu empfangen, was du für mich vorgesehen hast. Die Begegnung mit dir, Herr, schenkt mir Befreiung. Durch deine Nähe fällt alles ab, was nicht zu mir gehört. Du heilst, was verwundet ist, und befreist mich von allem Schmutz, den ich durch Sünde an mich gezogen habe.
Erschaffe mir, Gott, ein reines Herz
und einen festen Geist erneuere in meinem Innern!
(Psalm 51,12).

Kapitel LIII
Weisheit des Himmels und Weisheit der Erde

1 Der Herr:
Überaus kostbar ist meine Gnade. Wenn sie auf ein Hindernis trifft, strömt sie sofort zu mir zurück. Sie lässt sich weder mit äußeren Dingen vermischen noch

duldet sie irgendeine irdische Ablenkung. Daher ist der erste Schritt auf dem geistlichen Weg so wichtig: die Reinigung. Die dir zuströmende Gnade muss ungehindert dorthin fließen können, wohin ich sie ausgesandt habe. Die Zeit des Schweigens in deinem Gebet ist deshalb so wichtig, da durch die tiefe Ruhe und deine Bitte um Erbarmen nach und nach alle Hindernisse ausgeräumt werden, die das Strömen der Gnade nicht zulassen.

Ziehe dich oft zurück in die Stille, um für das Gebet allein zu sein. Unterbrich deinen Alltag und wende dich mit allem, was du bist und hast, an mich. Mir zweimal am Tag eine Zeit von fünfzehn bis dreißig Minuten zu schenken, ist gut. Sage nicht, dies sei viel. Wie viel unnütze Zeit verbringst du mit nichtssagender Unterhaltung und dummem Geschwätz! Versäume nie das Gebet, denn du möchtest doch frei werden von unnötiger Last, deinen Geist geklärt und dein Herz mit Liebe erfüllt wissen. Gib dem Gebet der Hingabe in all deinem Tun den Vorrang. Räume ihm vor allem anderen die erste Stelle ein.

Wenn du betest, widme dich ganz dem Gebet und gib dabei auch deine Gedanken ab. Sei ganz, ohne dich anzustrengen und ohne etwas zu erwarten. Da du Fremder und Gast in dieser Welt bist, ermahne ich dich: Gib den irdischen Begierden nicht nach, die gegen die Seele kämpfen (vgl. 1. Petrusbrief 2,11).

2 Das Loslassen von allem im Gebet der Hingabe gleicht einem Sterben. Aus dieser Tiefe heraus empfängst du neue Lebensimpulse und kommst dem

Geheimnis des Glaubens näher. Der Tod geht über in die Auferstehung – täglich in deinem Gebet und ein letztes Mal am Ende deines Lebens. Diese Wandlung vollzieht sich umso schneller und leichter, je mehr du es vermagst, dich von Abhängigkeiten zu lösen. Für jemanden, der noch keine Erfahrung mit der ruhevollen Wachheit im Geist gemacht hat, bleibt dieser Bewusstseinszustand ein Rätsel – genau wie ein in seinen Sinnen verhafteter Mensch die Freiheit eines geistigen Menschen nicht versteht.

Möchtest du die geistliche Welt betreten, um in ihr einmal ganz beheimatet zu sein, ist es notwendig, dich immer wieder im Loslassen von allen Abhängigkeiten zu üben – vor allem aber: Gib Acht auf dich und hüte dich vor dir selbst. Hast du dich selbst erst einmal kennengelernt, dann liegen deine Stärken und deine Schwächen offen vor dir. Du weißt nun besser, was du zu tun und zu meiden hast, um frei zu sein oder frei zu werden von schlechten Gewohnheiten und Abhängigkeiten. Freue dich, wenn du so weit gekommen bist, dass deine Sinne der Vernunft gehorchen und die Vernunft wiederum auf die Stimme Gottes hört.

3 Der erste Schritt zu mir und durch mich zu meinem Vater – ich möchte ihn dir noch einmal in Erinnerung bringen – besteht darin, das loszulassen und abzugeben, was nicht zu dir gehört und was du nicht bist. Es ist der Vorgang der Reinigung, der während des Gebetes der Hingabe von selbst geschieht, den du jedoch auch außerhalb des Betens unterstützen kannst. Ordne innerlich und äußerlich dein Leben, reiße aus,

was keine guten Früchte bringt, baue auf und pflanze mein Wort in dein Herz. Fast alles, was entwurzelt werden muss, um Raum zu schaffen für Wesentliches und Bleibendes, hängt mit der verkehrten Selbstliebe zusammen. Um tiefen Frieden und große Ruhe erfahren zu können, muss der Weg zu dir gereinigt und frei von allen Hindernissen sein.

Viele Menschen haben die beste Absicht und entschließen sich, einen geistlichen Weg zu gehen. Sobald aber die ersten Aufbrüche geschehen, bekommen sie Angst, kehren um und bleiben in sich verhaftet. Dabei ist es wichtig, die eigenen Grenzen zu überschreiten, um das wahrzunehmen, was jenseits aller Begrenzungen auf jeden einzelnen Menschen wartet.

Mit meiner entgrenzenden Liebe wird es dir gelingen, dich im Geist über dich selbst zu erheben. Vieles, was dir unüberbrückbar erschien, rückt zusammen. Unmögliches wird durch diese neue Erfahrung möglich und du beginnst, noch klarer meine Nähe zu spüren und aus dieser Quelle zu leben.

Kapitel LIV
Kräfte der Natur und Kräfte der Gnade

1 Der Herr:
Achte darauf, ob du die feinen Unterschiede der Gnade und der Natur bemerkst. Im bloßen Hinschauen wirst du den Eindruck haben, dass die Gnade die Natur unterstützt und umgekehrt. Sowohl die Natur als auch die Gnade streben nach dem Guten und ha-

ben ein entsprechendes Ziel. Die Natur unterliegt bestimmten Gesetzmäßigkeiten, die voraussagbar sind. Die Gnade unterstützt bis zu einem gewissen Grade die Natur, doch führt sie weiter und tiefer, indem sie die Gesetze der Natur entgrenzt und somit auf den Schöpfer zurückführt. Die Gnade ist auch imstande, die Naturgesetze für Augenblicke in dieser Welt und für immer in der kommenden Welt ganz aufzuheben. Die Natur muss – um zu überleben – oftmals „täuschen" und den Betroffenen einen anderen Weg führen, als er erwartet hat. Sie hat sich selbst zum Zweck und nimmt sich selbst zum Ziel.

Die Gnade dagegen ist selbstlos. Sie meidet jeden Schein, ist nicht auf Täuschung bedacht und tut alles um Gottes Willen, in welchem sie letztlich ruht.

2 Die Natur will nur ungern sterben. Sie wehrt sich gegen jede Beschränkung und möchte weder unterdrückt noch überwunden werden. Die Natur folgt stets bestimmten Gesetzmäßigkeiten und kann somit gar nichts freiwillig tun.

Der vernunftbegabte Mensch hingegen hat weitere Möglichkeiten, sein Leben zu gestalten. Er besitzt Entscheidungsfreiheit, über die viele Geschöpfe nicht verfügen. Vor allem aber strömt ihm übernatürliche Kraft zu, die Gnade genannt wird. Sie kommt aus dem Urquell der Schöpfung und möchte wiederum dorthin zurückführen. Der Schöpfer bietet sie dem Menschen zur Beschleunigung seiner geistig-seelischen Entwicklung an, als Hilfe in Gefahr und Krisenzeiten, zur Überwindung allen Leidens und als erfüllenden und kostbaren Vorgeschmack der kommenden Welt, in der Gott alles in allem ist. Die Kräfte der Natur sind begrenzt, die der Gnade unbegrenzt. Gott, der die Schöpfung ins Leben gerufen hat, liebt alles Geschaffene ohne Ausnahme. Somit hat auch alles Geschaffene Anteil an der Gnade, die vom Schöpfer ausgeht und zu ihm zurückkehrt.

Ich möchte dich, der du mir so aufmerksam zuhörst, wissen und spüren lassen, dass die Gnade ein Liebeswerben Gottes ist. Er möchte alles in der Schöpfung, was sich von ihm getrennt hat, mit seiner Liebe berühren und einsichtig machen. Die Sehnsucht Gottes ist der Mensch.

3 Im Gegensatz zur belebten Natur, in der alle Kräfte maßvoll gesteuert sind, verfügt der Mensch noch über eine Reihe ungeordneter diffuser Kräfte. Von ihnen wird er leicht in diese oder jene Richtung gezogen – ohne dass er es bemerkt. Diese Kräfte binden ihn an ein geistloses Unten und entfernen ihn von Gott: Gewinnsucht, Egoismus, Lauheit und Müßiggang, Streben nach Besitz, Überheblichkeit und Eitelkeit, Neugier, Habsucht, Unruhe, übertriebene oder fehlgesteuerte Sexualität.

4 Die dem Menschen entgegenkommende Gnade möchte ihn einsichtig machen, ihn aus dem Unten herausführen und alle ungeordneten Kräfte zu seinem Vorteil und zur Ehre Gottes ordnen und kultivieren. Die Gnade ist auf das Heil des Menschen ausgerichtet. Sie ruht nicht, sondern möchte stets wirksam sein.

Die Gnade hält sich nicht mit vergänglichen Dingen auf. Sie sieht auf das Ewige. Sie ist voll Güte und trägt Licht in die Dunkelheit. Sie ist mit Wenigem zufrieden und gibt, anstatt zu nehmen. Die Gnade begeistert sich für Gott und schafft eine Verbindung zu ihm. Sie wirkt im Geheimen, im Inneren des Menschen, und scheut es, öffentlich aufzutreten.

5 Die Gnade ist weder an Raum noch an Zeit gebunden. Sie sucht kein vergängliches Gut, sondern Gott. Sie lehnt nichts ab und liebt selbst die Feinde. Ihr Mitgefühl gilt den Kleinen und Benachteiligten. Sie möchte, dass die Guten besser und Gott ähnlicher werden.

Die Natur klagt, wenn sie etwas entbehren muss; die Gnade dagegen kann allen Mangel und jegliche Last ertragen. Sie bezieht alles ursprünglich auf Gott, weil sie Bestandteil der ewigen Weisheit ist. Die Natur möchte nach außen hervortreten und beim Menschen durch die fünf Sinne Kontakt mit der Schöpfung aufnehmen.

Die Gnade weiß, dass es nichts Neues und nichts Dauerhaftes unter der Sonne gibt. Sie blüht im Verborgenen und lehrt, was Gott gefällig ist.

6 Die Gnade lehrt nicht nur, sondern sie unterstützt auch mit all ihren Kräften den Wandlungsprozess:
- Den Sinnen und den Triebkräften werden die Vernunft und das Gewissen übergeordnet.
- Selbstgefälligkeit und eitles Verhalten werden abgebaut.

- In Demut bleibt das verborgen, was lobens- und bewundernswert ist.
- Alles Fühlen, Denken, Sprechen und Tun geht eine Verbindung mit dem Schöpfer ein – ihm zum Lob und ihm zur Ehre.
- Gott wird durch die Gnade in all seinen Gaben und in allem Erschaffenen verherrlicht.

Diese Gnade ist eine besondere Gabe Gottes, ein übernatürliches Licht, das dich zum ewigen Heil führen möchte. Sie gibt dem Menschen sowohl Einblick in alles Irdische als auch – dem Grad der Reife entsprechend – in alles Übernatürliche. Die Gnade ist immer bereit, den Menschen anzuheben und ihn von Abhängigkeiten zu befreien. Sie möchte alles Dunkle ausleuchten, jeden Kampf und jeden Krieg beenden, das Bild Gottes im Menschen erneuern und Begonnenes vollenden.

Werde niemals müde und bleibe in der Übung der Hingabe. Wenn du auch durch äußere Umstände immer wieder aufgerieben wirst, so wirst du doch durch die Gnade Tag für Tag erneuert. Richte deinen Blick daher nicht nur auf das Sichtbare, sondern auch – und das an erster Stelle – auf das Unsichtbare, denn das Sichtbare ist vergänglich, das Unsichtbare ist ewig (vgl. 2. Korintherbrief 4,16-18).

Kapitel LV
Von der Dunkelheit ins Licht

1 Der Mensch:
Mein Herr und mein Gott, du hast mich nach deinem Bild und Gleichnis erschaffen. Schenke mir deine Gnade. Durch deine Worte ist mir klar geworden, wie unentbehrlich und heilsnotwendig sie für mich ist. Schenke mir deine Gnade, damit mein Inneres licht wird und alle Schattenseiten meines Lebens vergehen. Oft bemerke ich an mir, dass ich nicht das Gute tue, das ich mir vorgenommen habe, sondern das Gegenteil, das ich nicht will. Es ist dann nicht mehr mein Ich, das so handelt, sondern eine dunkle Kraft bestimmt mich. Obwohl ich das Gute tun will, wende ich mich dem Bösen zu. Tief in meinem Inneren erfreue ich mich an deiner Gnade. Diese lichtvolle Gabe aus deiner Hand liegt im Streit mit der Dunkelheit in meinem Inneren, die mich gefangen hält und mich zeitweilig beherrscht (vgl. Römerbrief 7,19-23).
Nur dann gelingt es mir, den Leidenschaften zu widerstehen, wenn ich deine Gnade empfangen darf, sie mein Herz berührt, es entflammt und deine Gnade mich in meinem Tun unterstützt.

2 Herr, ich bedarf deiner Gnade, ja, sogar einer großen Gnade, um mit den widergöttlichen Kräften, die in mir toben, fertigzuwerden.
Einmal muss sich der Mensch, der dich schauen durfte, durch eine freie Willensentscheidung von dir getrennt haben. Seither tragen alle Menschen nicht mehr

einzig und allein dein Bild in sich, sondern auch den Keim des Bösen. Du, Herr, hast das Wesen des Menschen gut, recht und rein erschaffen. Doch es ist nun zum Teil zerrüttet und krank. Ich fühle die gesunde, übrig gebliebene Lebenskraft in mir wie einen unter der Asche verborgenen Funken. Dieses Urlicht ist zu schwach, um meine Vernunft und meinen Willen zu erleuchten. Ich vermag zwar noch Gutes vom Bösen und Wahres vom Unwahren zu unterscheiden, doch fehlen mir die Einsicht und die Kraft, mich jeweils für das Gute zu entscheiden und es zu tun. Auch bin ich nicht fähig, das Wahre und damit die Wahrheit in vollem Licht zu schauen. Ich mag mich noch so anstrengen: Durch mein Wollen allein ist es mir nicht möglich, das alles erhellende Feuer deiner Liebe in mir zu entfachen.

3 Ich bedarf deiner liebenden Zuwendung und deiner Gnade. Das, was du lehrst, sehe ich ein und habe Freude daran. Deine Gebote sind gut, gerecht und heilig. Sie leiten mich an, dem Bösen eine Absage zu erteilen und sündhaftes Verhalten zu meiden. Doch in mir ist gleichzeitig ein sogenanntes Gesetz der Sünde lebendig, sodass ich zeitweilig mehr der Sinnlichkeit als der Vernunft gehorche. Ich möchte durchaus das Gute tun. Wenn ich es jedoch verwirklichen will, versage ich. Gute Vorsätze sind stets vorhanden, doch beim geringsten Widerstand gebe ich sie auf – wenn deine Gnade nicht an die Stelle meiner Schwachheit tritt.
Ich sehe den wunderbaren Weg, den du, Herr, vor mir ausgebreitet hast. Ich sehe ein, wie heilsnotwendig es

ist, ihn auch zu gehen. Mir steht ebenso das klar vor Augen, was ich tun und was ich meiden sollte. Trotzdem versage ich immer wieder, indem ich das Gebet vernachlässige und in meinem aktiven Leben eine falsche Wahl treffe, die mich in die Enge und Dunkelheit führt und mein Gewissen belastet.

4 Herr, deine Gnade ist für mich unbedingt notwendig, um täglich neu zu beginnen und das Begonnene fortzusetzen, damit du es vollenden kannst. Ohne sie vermag ich nichts – doch alles mit der Hilfe deiner Gnade. Schwingt sie nicht mit, fühle ich mich getrennt von dir, und alles, was ich tue, erscheint mir sinnlos. Weder kann ich den Reichtum und die Schönheit der Natur in mich aufnehmen noch finde ich den rechten Zugang zu anderen Menschen, zur Kunst und Wissenschaft sowie zur Heiligen Schrift.
Die Gaben, die die Natur spendet, fallen allen Menschen zu – unabhängig von dem, was sie getan oder nicht getan haben. Die Gnade oder die göttliche Liebe hingegen wird denen geschenkt, die sich danach sehnen und darum bitten, die ihr inneres und äußeres Leben von Abhängigkeiten befreit haben und sich im Gebet immer wieder auf Gott ausrichten. So überragend ist die Gnade, dass ohne sie weder die Auslegung der Schrift noch die Betrachtung noch theologisches Wissen einen Wert haben. Ohne die Gnade führt der Glaube nicht zum wirklichen Glauben, die Hoffnung nicht zu einer überzeugenden Hoffnung und die Liebe nicht zu einer alles erfüllenden und bleibenden Liebe.

5 Die Gnade oder die göttliche Liebe ist das größte und erhabenste Geschenk, das der Schöpfer den Menschen zukommen lässt. Alle, die sich der Gnade im Gebet der Hingabe öffnen – das bedeutet, in dieser Zeit die Armut des Geistes einüben –, werden von Gott reich beschenkt. Und die mit vielen Gaben und Gutem Gesegneten werden demütig und geben Empfangenes weiter.

Herr, wende dich mir zu und nimm alle Schuld von mir. Gib mir ein weises Herz und sättige mich am Morgen mit deiner Gnade. Ich will jubeln und mich freuen all meine Tage (vgl. Psalm 90,14).

Herr, lass mich in deinen Augen Gnade finden, denn deine Gnade bedeutet mir alles, selbst wenn ein Teil meiner irdischen Wünsche unerfüllt bleibt. Was auch geschieht: Ich fürchte nichts, solange mich deine Gnade begleitet. Sie ist meine Kraft und gibt mir Rat und Hilfe. Sie ist mächtiger als all meine Feinde und übertrifft alle Weisen an Weisheit.

6 Die Gnade zeigt mir die Wahrheit. Sie lehrt mich, Wesentliches zu sehen und erleuchtet meine Seele. Sie führt mich Wege aus der Bedrängnis und verjagt die Traurigkeit. Sie nimmt alle Furcht von mir und bahnt mir den Weg zum Quell allen Lebens.

Was bin ich ohne die Gnade anderes als ein Blatt im Wind, das seinen Kontakt mit dem Leben spendenden Baum verloren hat? Es taugt zu nichts, es welkt und vergeht. Herr, deine Gnade komme mir zuvor und geleite mich. Sie lasse mich nie müde werden, Gutes zu tun durch Jesus Christus, deinen Sohn. Amen.

Kapitel LVI
Der Weg, die Wahrheit und das Leben

1 Der Herr:
So weit du dich selbst verlassen kannst, so weit kannst du in mich übergehen. Löst du dich im Gebet der Hingabe von dir selbst, so wirst du eins mit mir. Ich möchte, dass du die vollkommene Hingabe deiner selbst an meinen Willen lernst – ohne Aufschub, Widerspruch und Klage. Folge mir, denn ich bin der Weg, die Wahrheit und das Leben. Ohne Weg kannst du nicht gehen, ohne Wahrheit nichts erkennen und ohne Leben nicht leben. Ich bin der Weg, den du gehen, die Wahrheit, der du trauen, und das Leben, das du erhoffen solltest. Ich bin der zuverlässige Weg, die unfehlbare Wahrheit und das grenzenlose Leben ohne Ende. Ich bin der geradeste Weg, die höchste Wahrheit und das wahre ewige Leben. Wenn du auf meinem Weg bleibst, wirst du die Wahrheit erkennen, und die Wahrheit wird dich frei machen, und du wirst das ewige Leben erlangen.

2 *Wenn du aber in das Leben eintreten willst, halte die Gebote* (Matthäus 19,17b). Willst du die Wahrheit erkennen, so glaube mir. *Wenn du vollkommen sein willst, geh, verkauf deinen Besitz* (Matthäus 19,21a). *Wenn einer hinter mir hergehen will, verleugne er sich selbst* (Matthäus 16,24a). Willst du das ewige Leben besitzen, so halte in diesem Leben nichts fest. Willst du im Himmel erhöht werden, bescheide dich in dieser Welt. Willst du bei mir sein und bleiben, nimm das dir auferlegte

Kreuz an und trage es mit mir zusammen. Auf diesem Weg machst du die größten Fortschritte und findest das Licht.

3 Der Mensch:
Herr Jesus, der Weg, den du in dieser Welt gegangen bist, war schmal, und von vielen wurdest du verachtet. Wenn ich dir nachfolge, muss ich dann mit einem ähnlichen Schicksal in dieser Welt rechnen? Ich weiß, dass der Jünger nicht größer als sein Herr ist. Ich möchte mich an deinem Leben orientieren und aus dir Kraft schöpfen, damit ich es bestehen kann. In dir suche und finde ich mein Heil und wahre Heiligkeit. Was ich außer deinen Worten lese oder höre, bedeutet mir nicht allzu viel. Wenn du mich ansprichst, fallen deine Worte direkt in mein Herz.

4 Der Herr:
Du bist auf dem Weg wahrer Erkenntnis. Es ist Zeit, dein Wissen in die Tat umzusetzen, damit dir eine noch größere Glaubenserfahrung geschenkt werden kann.
Wer meine Gebote hat und sie hält, der ist es, der mich liebt; wer mich aber liebt, wird von meinem Vater geliebt werden und auch ich werde ihn lieben und mich ihm offenbaren (Johannes 14,21).

5 Der Mensch:
Herr Jesus, was du gesagt und versprochen hast, das soll an mir wahr werden und seine Erfüllung finden. Alles möge mir in der Kraft deiner Gnade gelin-

gen. Ich habe die ersten Schritte auf dem Weg zu dir getan und weiß, dass ich das Kreuz, das mir auferlegt wurde, nicht umgehen kann. Mit dir zusammen ist es leichter zu tragen. So will ich versuchen, den Weg mit dir bis zu meinem Tod und darüber hinaus zu gehen. Für viele Menschen – und für sie möchte ich beten – ist das gesamte Leben zu einem Kreuz geworden. Ich höre, Herr, deine Worte und weiß, dass du diesen Menschen bald Erlösung und Heil schenkst. Durch dich ist mein Leben wesentlich geworden und ich spüre die Verantwortung, die ich für mich und alle habe. Ich bin auf dem Weg – ein Stehenbleiben oder einen Rückschritt darf es für mich nicht mehr geben. Bleibe du bei mir, Herr.

6 Mein großer Wunsch ist es, dass viele diesen Weg mit mir zusammen gehen. Du, Herr, wirst allen, die sich aufmachen zu dir, entgegenkommen und ihnen nahe sein. Du wirst das Kreuz eines jeden von uns mittragen und uns die Last leicht machen. Alle Sorge und Angst schwinden, denn du gehst uns voran, um uns sicher zu führen. Du bist unser Heil und Heiland, der für uns eintritt und uns den Weg weist. Du wirst uns in jeder Versuchung beistehen und aus Gefahr retten. Sei du unser Herr und Helfer, dem wir uns anvertrauen. Wir möchten dir und deiner Botschaft immer treu bleiben.

Kapitel LVII
Auch Fehler führen weiter

1 Der Herr:
Deine Geduld und deine Demut bei Schwierigkeiten gefallen mir weit mehr als deine mündlichen Gebete in guten Zeiten. Warum betrübt dich eine Kleinigkeit, die man dir vorwirft, oder ein hartes Wort? Wäre die Situation auch schwerwiegender, lasse dich nicht aufregen. Gehe darüber hinweg, denn du weißt, dass es dich nicht betrifft. Es ist nicht das erste Mal, dass dir so etwas begegnet, und es wird auch nicht das letzte Mal sein. Solange dir nichts Widriges begegnet, fühlst du dich stark. Du verstehst es, anderen Rat zu geben, ihnen Mut zuzusprechen und sie wieder aufzurichten.

Steht jedoch ein plötzliches Unglück vor deiner Tür, sind deine Klugheit und dein Mut, dein Rat und deine Stärke am Ende. Mache dir diese Schwäche bewusst, die sich bei dir häufig auch in kleinen Dingen zeigt. Bestimmtes muss in deinem Leben geschehen, damit du tiefere Einsicht gewinnst und letztlich Heil erfährst.

2 Wie du im Gebet der Hingabe übst, alles loszulassen, so lass auch außerhalb des Gebetes – so gut du es kannst – alles los, was dich getroffen hat und dich belastet. So soll zum Beispiel übles oder schlechtes Reden über deine Person dich nicht niederdrücken oder lange beunruhigen. Wenn du vieles noch nicht gelassen und heiter hinnehmen kannst, so trage es

wenigstens in Geduld. Manches, was über dich gesagt wird, magst du verständlicherweise ungern hören – es regt dich auf.
Der beste Rat, den ich dir geben kann: Halte dich zurück und lass kein unpassendes oder anklagendes Wort über deine Lippen kommen. Es könnte zu einem erneuten Ärgernis werden. Die Aufregung wird schnell vorüber sein, und es tritt Ruhe ein, wenn die Gnade wiederkehrt. Dazu rufe mich im Gebet der Hingabe mit meinem Namen an, verlasse dich auf mich, und ich werde dir helfen. Schenke mir dein Vertrauen, und ich werde dich mehr als bisher trösten.

3 Bewahre in allem Gleichmut und versuche, dich in noch größerer Geduld zu üben. Glaube nicht, dass gleich alles verloren ist, wenn du in alte Fehler zurückfällst, wenn du unruhig wirst und dich in die Enge getrieben fühlst. Ein Mensch bist du, kein Gott; ein leiblich bestimmtes Wesen, und kein Engel. Denke nicht, dass du einen höheren Heils- oder Bewusstseinszustand, den du für eine kurze Zeit erfahren durftest, festhalten kannst. Das war nicht einmal den Engeln im Himmel noch den ersten Menschen im Paradies möglich. Vertraue dich mir an, denn ich bin es, der die Betrübten und Niedergeschlagenen aufrichtet und die, welche ihre Schwäche erkennen, in besonderer Weise liebt.

4 Der Mensch:
Herr, ich danke dir für dieses Wort, das du an mich richtest. Es schenkt mir Trost und ist Nahrung für

meine Seele. Was würde in Zeiten meiner Bedrängnis und Angst aus mir werden, wenn du mich nicht mit deinem heiligen Wort stärktest? Du wirst mir Heil in Fülle schenken – darauf vertraue ich. Ist diese Zeit gekommen, werde ich sicher nicht mehr an die Leiden zurückdenken, die ich ertragen musste.

Wenn du mich aus dieser Welt rufst, Herr, so lass mich wohlvorbereitet, ruhig und bei vollem Bewusstsein sterben. Gedenke meiner, mein Gott, und geleite mich auf dem rechten Weg in dein Reich. Amen.

Kapitel LVIII
Sichtbares und das Geheimnis des Unsichtbaren

1 Der Herr:
Grüble nicht über Wahrheiten nach, die noch verborgen sind, und setze dich ebenso nicht mit den Geheimnissen Gottes auseinander. Du wirst vorerst noch keine Antworten erhalten auf die Fragen: Warum muss dieser Mensch so entsetzlich viel leiden? Warum fühlt sich jener so verlassen und ausgestoßen? Warum empfängt ein anderer ein Übermaß an Gnade? Warum wird der eine so tief gedemütigt, der andere dagegen so hoch erhoben?

Eine Antwort auf diese und ähnliche Fragen würde dein Fassungsvermögen und dein Verstehen übersteigen. Kein logisches Denken, kein prophetisches Reden, keine Gelehrsamkeit, kein Grübeln und Erörtern reichen aus, den göttlichen Ratschluss zu ergründen. Lass dich nicht darauf ein, wenn diesbezügliche Fra-

gen in dir aufsteigen oder neugierige Menschen dich zu einer solchen Diskussion anregen. Antworte ihnen mit dem Propheten:
Gerecht bist du, Herr,
und gerade sind deine Entscheide (Psalm 119,137).
Die Urteile des Herrn sind wahrhaftig,
gerecht sind sie alle (Psalm 19,10b).

Nimm den Ratschluss Gottes an und untersuche ihn nicht, denn er übersteigt alles menschliche Begreifen.

2 Spekuliere keinesfalls über die Verdienste anderer Menschen oder gar der Heiligen und frage nicht, wer etwa vor anderen höher stehe, größer oder heiliger ist. Gedanken dieser Art sind sinnlos und führen zu nichts, da der eine diese, der andere jene Eigenschaft vorzieht. Sollten die Betroffenen, über die in dieser Weise gesprochen wird, noch leben, sind sie sicherlich hiermit nicht einverstanden – ebenso die Heiligen im Himmel.
Wer so redet, läuft Gefahr zu spalten. Es bilden sich Gruppen, die anstatt füreinander gegeneinander sind.
Denn Gott ist nicht ein Gott der Unordnung, sondern ein Gott des Friedens (1. Korintherbrief 14,33a).
Dieser Friede aber besteht in wahrer Demut und nicht in Überheblichkeit.

3 Von Natur aus fühlen sich einige mehr zu diesen Menschen als zu jenen hingezogen. Ebenso ist es auch mit den Heiligen. Deine Neigung hat eher im Menschlichen als im Göttlichen ihren Ursprung. Ich

bin es, der viele Menschen bereits in dieser Welt geheiligt hat. Da ich weiß, wer sie sind und sie durch und durch kenne, gab ich ihnen Gnade und Herrlichkeit. Ich kam und komme ihnen – wie all meinen Geschöpfen – mit Segen und Glück entgegen.

Wer meine Stimme hört und mir öffnet, bei dem trete ich ein und kröne ihn in dieser wie auch in der kommenden Welt. Jeden Menschen habe ich durch die Gnade gerufen, um ihn aus Liebe an mich zu ziehen. Doch nur einige haben meinen Ruf gehört und sind mir gefolgt. Aber auch ihnen blieben Versuchungen und Anfeindungen nicht erspart. Sie waren jedoch immer bereit, meine Gnadenzuwendungen anzunehmen. So konnte ich ihnen auf der Grundlage ihrer Treue, Beharrlichkeit und Geduld das schenken, wonach sie sich am meisten sehnten.

4 Ich kenne den ersten und den letzten Menschen; ich kenne das erste und das letzte Geschöpf und umfasse alle mit unschätzbarer Liebe. Du kannst mich durch alles Geschaffene und in allem Geschaffenen loben, preisen und verherrlichen. Durch einen jeden Menschen und durch alles Geschaffene kannst du zu mir kommen. Ich gebe und nehme nach dem Ratschluss meines Vaters, den du, der du auf dem Weg bist, noch nicht ermessen kannst.

Wer einen von meinen Geringsten verachtet, ehrt auch den Größten nicht, denn ich habe sie alle geschaffen, den Kleinen und den Großen. Wer jemanden beleidigt oder mit Füßen tritt, beleidigt und tritt auch mich mit Füßen wie auch alle, die im Reich meines Vaters sind.

Denn all diese sind durch das Band der Liebe miteinander verbunden; sie denken und wollen dasselbe und sind eins in gegenseitiger Liebe.

5 Eines kommt noch hinzu: Alle im Reich meines Vaters lieben mich über alle Maßen. Sie schauen nicht mehr auf sich selbst und ihre Verdienste, sondern auf den Vater in seiner dreifaltigen Herrlichkeit. Über alle Eigenliebe erhaben, händigen sie sich ganz meiner Liebe aus und ruhen in ihr. Nichts kann sie von mir trennen, nichts bedrücken. Erfüllt von der ewigen Wahrheit glühen sie in unauslöschlicher Liebe.
Vor dieser ewig glühenden Liebe müssen alle verstummen, die noch auf dem Weg in das Reich meines Vaters sind, und erst recht alle, die sich von der Wahrheit durch Eigenliebe entfernt haben. Wie kann jemand über etwas reden, was er selbst noch nicht erfahren hat? Es ist daher für dich so wichtig, dass du dich im Geben und Nehmen wie auch in all deinem Tun nicht nach deinem Dafürhalten und deinen Neigungen richtest, sondern nach den Maßstäben der ewigen Wahrheit.

6 Vielen Menschen ist dieser Weg bisher unbekannt, und sie tun vieles aus Unwissenheit. Ihnen fehlt es noch an Licht und an übernatürlicher Einsicht. Daher ist es ihnen auch vorerst nicht möglich, eine Verbindung zu einem anderen Menschen aus wahrhaft geistlicher Liebe aufzubauen. Sie sind einfach noch zu stark im Irdischen verhaftet, sodass sie irdische Bindungen und die damit verbundene „Liebe" auf den Himmel

übertragen. Der Unterschied jedoch zwischen dem, was Unerfahrene sich vorstellen und Erleuchtete im übernatürlichen Licht schauen, ist unendlich groß.

7 Hüte dich davor, über Dinge zu sprechen oder zu schreiben, die deine Erfahrung und dein Wissen übersteigen. Übereile nichts und gehe schrittweise vor, wie ich es dir geraten habe. Was nutzt es dir, zu wissen, wer sich wo nach dem irdischen Tod aufhält, wer groß vor Gott dasteht und wer sich noch in einem Reinigungsprozess befindet? Alles wirst du einmal erfahren, wenn die Zeit dafür reif ist. Bleibe bei allem, was du durch mich gelernt hast, und lass dich schrittweise von mir weiterführen, dann wirst du das Himmelreich erben.
Bleibe bei der Wirklichkeit deines jetzigen Lebens, übe das Gebet der Hingabe, und zur rechten Zeit wird sich für dich das offenbaren, was lebensunterstützend und weiterführend für dich ist. Setze dich nicht theoretisch, fragend und spekulativ mit dem Kommenden und den Geheimnissen Gottes auseinander, worin dir in diesem Augenblick noch keine Einsicht gewährt wird.
Am Ende deines Gebetes der Hingabe solltest du den oder die Heiligen, die dir nahestehen, namentlich anrufen und um Fürsprache bitten.

8 Die Heiligen sind überaus glücklich, wenn sie mit dir in Verbindung treten dürfen. Sie drängen sich aber nicht auf und halten sich so lange zurück, bis du sie anrufst und bittest. Ihr vornehmlicher Wunsch ist

es, dir Ruhe zu vermitteln und unnötiges Geschwätz zum Schweigen zu bringen. Sie sind ganz auf das Du des Nächsten ausgerichtet und leben aus meiner Liebe, ohne sich selbst etwas zuzuschreiben. So groß ist ihre Liebe zu Gott, so überströmend ihre Freude, dass sie nichts an Herrlichkeit entbehren.
Je höher ein Heiliger in der Herrlichkeit steht, desto demütiger ist er und desto näher ist er mir und meinem Herzen. Sie legen ihre Herrlichkeit Gott zu Füßen, werfen sich vor ihm nieder und beten ihn an, der in alle Ewigkeit lebt (vgl. Offenbarung 4,10).

9 Viele fragen nach dem Himmelreich und stellen sich dort eine Hierarchie vor. Sie fragen, wer der Größte sei, wie die Aufnahmebedingungen seien und welchen Platz sie selbst wohl einnehmen würden. Es ist müßig, derartige Fragen zu stellen. Etwas Großes ist es, der „Geringste" im Himmelreich zu sein, wo alle groß sind, weil alle Kinder Gottes heißen und es sind. Als die Jünger fragten, wer denn der Größte im Himmelreich sei, bekamen sie die unerwartete Antwort: *Wenn ihr nicht umkehrt und werdet wie die Kinder, werdet ihr nicht in das Himmelreich kommen. Wer sich so klein macht wie dieses Kind, der ist im Himmelreich der Größte* (Matthäus 18,3-4).

10 Selbst wenn du in dieser Welt groß bist, weißt du noch lange nicht, wer und was du in der kommenden Welt bist. Daher übe im Gebet der Hingabe mit den Kleinen klein zu sein, denn ihnen steht das Himmelreich offen. Den Großen und Reichen,

die sich bereits auf Erden ihr eigenes „Himmelreich" schufen – ohne Ausschau zu halten auf das Ewige –, ist der Eintritt vorerst noch verwehrt. Manche Klage habe ich von ihnen schon gehört, wenn sie diese Welt verlassen mussten.

Du darfst dich freuen, mit mir zusammen auf dem Weg zu sein. Du darfst dich freuen, in die göttliche Wahrheit eintreten zu dürfen und dem ewigen Leben entgegenzugehen. Das Reich Gottes wartet auf dich und alle.

Kapitel LIX
Gott – Hoffnung und Zuversicht

1 Der Mensch:
Herr, du hast mir ein Urvertrauen in meine Seele gesenkt. Du gibst mir Halt und bist meine Stütze in diesem Leben. Was und wer könnte es anderes sein als du? Deine Barmherzigkeit ist grenzenlos. Ohne dich ginge es mir niemals gut – doch mit dir immer. Lieber möchte ich deinetwegen arm sein als reich ohne dich. Lieber möchte ich mit dir auf Erden sein, als ohne dich den Himmel besitzen. Wo du bist, da ist der Himmel, wo du nicht bist, herrschen widergöttliche Kräfte und der Tod. Ich habe Sehnsucht nach deiner Nähe, darum rufe ich nach dir, seufze und bete. Bedenkenlos, Herr, kann ich mich auf dich verlassen. Ich weiß, in jeder Not und Gefahr wirst du mir beistehen. Du kennst die rechte Stunde und schenkst mir deinen Beistand und deine Hilfe. Auf dich verlasse ich mich, auf dich vertraue ich und auf dich hoffe ich. Du bist mir treu und nimmst mir die Angst vor dem Tod.

2 Viele Menschen sind einzig und allein auf ihren Vorteil bedacht. Du, Herr, suchst nur mein Heil, meinen Fortschritt im Guten und lenkst alles für mich zum Besten. Du hast oft zu mir darüber gesprochen, doch kann ich es nicht genug aus deinem Munde hören: Alle Versuchungen, die an mich herantreten, alle Prüfungen, die ich bestehen soll, alle Last, die es zu tragen gilt, und das unabänderliche Leid, das mir auferlegt ist – alles, sagst du, Herr, sei zu meinem Besten. Verzeih mir, wenn ich mitunter seufze oder mich beklage, stöhne oder gar weine, denn ich habe immer noch keinen Einblick in die Zusammenhänge zwischen der himmlischen Freude und dem Leid. Oft rufe ich zu dir und bitte um Hilfe. In diesen Zeiten ist es mir nicht möglich, dich über alles zu loben und zu preisen, weil es mir selbst so schlecht geht. Doch immer hast du mir in allem, was auch geschah, zur Seite gestanden.

3 Auf dich allein, Herr, setze ich meine ganze Hoffnung und mein Vertrauen. Du bist meine Zuflucht und meine Rettung. Mit allem, was ich nicht verstehe, was mich bedrückt und bedrängt, komme ich zu dir. Wenn du, Herr, mir nicht beistehst, wenn du mir nicht hilfst, wenn du mich nicht stärkst, wenn du mich nicht belehrst und schützt, dann
- wird keine Freundschaft und keine Liebe für mich Bestand haben,
- können alle starken Helfer mir nicht helfen,
- sind die besten Ratgeber nicht imstande, mir einen klugen Rat zu geben,

- sagen die geistreichsten und gelehrtesten Bücher mir nichts,
- bleibt die beste Arznei ohne Wirkung,
- kann kein Ort, und sei er noch so abgelegen und schön, mir Schutz gewähren,
- findet meine Seele weder Frieden noch die Ruhe, die du mir verheißen hast.

4 Alles, was Glück und Frieden verheißt, bedeutet mir ohne dich, Herr, nichts. Es bringt in Wirklichkeit keine Erfüllung. Du bist der Anfang und die Vollendung alles Guten, das höchste Glück und die Tiefe der Weisheit. Auf dich darf ich hoffen, auf dich darf ich mich verlassen und dir darf ich alles anvertrauen. In meinem Gebet bist du mir immer vor Augen und überall und für immer bist du meine Zuversicht.
Gepriesen sei der Gott und Vater unseres Herrn Jesus Christus, unseres Herrn, der Vater des Erbarmens und Gott allen Trostes (2. Korintherbrief 1,3).
Segne meine Seele und heilige sie mit deinem himmlischen Segen, damit sie erleuchtet wird und du immer in mir sein kannst. Du bist reich an Erbarmen, Herr. Sei mir gnädig und verzeih mir all das, was in deinen Augen nicht recht war. Erhöre mein Gebet und sei besonders dann in meiner Nähe, wenn ich mich einsam und von dir weit entfernt fühle. Bewahre meine Seele und beschütze sie in den zahlreichen Gefahren, Prüfungen und Versuchungen, die ich in dieser Welt noch durchstehen muss. Leite und begleite mich durch deine Gnade auf dem Weg des Friedens zur Heimat des ewigen Lichtes. Amen.

VIERTES BUCH

Eins werden mit Ihm

Worte des Herrn

Kommt alle zu mir, die ihr mühselig und beladen seid! Ich will euch erquicken (Matthäus 11,28).
Das Brot, das ich geben werde, ist mein Fleisch für das Leben der Welt (Johannes 6,51b).
Das ist mein Leib, der für euch hingegeben wird. Tut dies zu meinem Gedächtnis! (Lukas 22,19b).
Wer mein Fleisch isst und mein Blut trinkt, der bleibt in mir und ich bleibe in ihm (Johannes 6,56).
Die Worte, die ich zu euch gesprochen habe, sind Geist und sind Leben (Johannes 6,63b).

Kapitel I
Einladung und Begegnung

1 Der Mensch:
Diese Worte, Herr, die du zu mir gesprochen hast, sind deine Worte. Worte ewiger Wahrheit. Ich nehme sie aus deinem Mund an und möchte sie in Treue bewahren, denn zu meinem Heil hast du sie mir gegeben. Mögen sie mir tief in die Seele dringen. Deine Worte sind voll Güte, Herzlichkeit und Liebe. Sie bewegen mein Herz und ziehen mich an. Doch gleichzeitig werde ich mir meiner Fehler und Sünden bewusst. Durch sie werde ich davon abgehalten, deine Einladung anzunehmen.

2 Du sagst mir, dass ich trotzdem zu dir kommen soll, um an deiner Liebe teilzuhaben. Du lädst

mich ein, um vom Brot der Unsterblichkeit zu essen. „Komm zu mir", sagst du, „auch wenn es dir schwerfällt und du eine Last zu tragen hast. Ich werde dir Ruhe schenken."
Dieser Einladung kann ich trotz meiner Vorbehalte nicht widerstehen. Wer bin ich, Herr, dass ich es wagen darf, zu dir zu kommen? Die Himmel der Himmel fassen dich nicht, und du sprichst mich an: „Komm zu mir!"

3 Wie soll ich deine so liebevolle Einladung verstehen? Ich hätte es von mir aus nicht gewagt, zu dir zu kommen. Es ist mir doch nichts Gutes bewusst, worauf ich mich berufen könnte und was mir Mut gäbe, vor dir zu erscheinen. Ich habe dich zu oft mit meinem Undank beleidigt und dich durch falsche Entscheidungen zurückgestoßen. Selbst Engel und Erzengel haben die größte Ehrfurcht vor dir, Heilige beten dich an, und du sprichst: „Komm zu mir!" Würdest du, Herr, dieses Wort nicht selbst zu mir sagen: Ich könnte nicht daran glauben und wagte es auch nicht, mich dir zu nähern.

4 Noach, der Gerechte, baute viele Jahre an der Arche, um mit Wenigen gerettet zu werden. Und ich, wie soll ich mich in nur einer Stunde bereiten können, den Schöpfer der Welt zu empfangen?
Mose, dein großer Diener und Freund, baute die Bundeslade aus dem Holz, welches am längsten Bestand hat. Er ließ sie mit Gold überziehen und bewahrte in ihr die Gesetzestafeln auf. Und ich, ein Geschöpf

unter vielen, darf den Urheber des Gesetzes und den Spender des Lebens so einfach empfangen?
Salomo, der weiseste unter den Königen Israels, baute sieben Jahre lang an dem prachtvollen Tempel zur Ehre deines Namens. Acht Tage dauerte die Einweihungsfeier, und tausend Friedensopfer wurden dargebracht. Unter Posaunenklang und Jubel ließ Salomo feierlich die Bundeslade an den für sie bestimmten Platz bringen. Und ich, wie darf ich es wagen, dich in mein Haus aufzunehmen, wo ich nicht einmal eine halbe Stunde ohne störende Gedanken und Wünsche zubringen kann?

5 Herr, wie groß waren die Vorbereitungen deiner Getreuen, bis sie im Stande waren, deine Gegenwart aufzunehmen! Wie kurz ist dagegen die Zeit, in der ich mich auf dich vorbereite? Selten bin ich ganz gesammelt, da mich immer wieder zerstreuende Gedanken vom Wesentlichen trennen. Was kann ich tun, damit nichts mich von deiner heilbringenden Gegenwart ablenkt? Wie soll ich mich verhalten, wenn in der Stille der Vorbereitung alte Eindrücke in mir aufsteigen und sogar mein Herz besetzen? Wie werde ich frei von Ballast, den ich unnötigerweise mit mir herumschleppe? Ich möchte unbelastet, frei und offen sein für den, der sein Kommen angesagt hat, für den, der mir seine Nähe und Liebe schenken möchte.

6 Der große Unterschied zwischen dem Alten und dem Neuen Bund wird mir bewusst. Hier sind es die Gesetzestafeln und die Bundeslade – im Neuen

Bund unaussprechlicher Liebe bist du es selbst, Herr, der sich ganz für uns und für mich hingegeben hat. Der Alte Bund war ein Vorbild der Zukunft, denn alle früheren Opfer finden in dem einen Opfer deines Leibes und Blutes ihre Erfüllung.

7 Wer bin ich, Herr, dass mich deine liebende Gegenwart nicht stärker begeistert und entflammt? Denke ich zu viel an mich selbst? Mache ich mich zum Mittelpunkt meines Lebens anstatt dich? Warum bereite ich mich nicht sorgfältiger auf den Empfang deiner heiligen Gaben vor? Was taten nicht alles die Patriarchen und Propheten, um dir den Weg zu bereiten! Sie und das gesamte Volk wurden nicht müde, deinen Namen zu verehren und sich auf den Gottesdienst vorzubereiten, den sie dann als ihr höchstes Gut feierten.

8 Ich denke an König David, der mit ganzer Hingabe vor der Bundeslade Gottes tanzte und mit seinem Gesang von der Errettung Israels Gott die Ehre gab. Er ließ Musikinstrumente bauen, verfasste Psalmen, die er selbst zur Harfe vortrug, aber auch öffentlich von anderen mit festlicher Freude singen ließ. Er lehrte das Volk Israel, mit ganzer Seele Gott zu verehren und seine Größe alle Tage in Lob- und Dankgebeten kundzutun.

Wenn im Alten Bund Gott schon in dieser Fülle und Intensität verehrt wurde: Wie viel mehr müsste ich dann für dich, Herr Jesus Christus, tun, da du mit mir alle Wege meines Lebens gehst! In deinem unendlich liebevollen Entgegenkommen schenkst du dich mir ganz im Sakrament der Liebe.

9 Viele Menschen wallfahrten hierhin und dorthin, um heilige Stätten zu besuchen. Sie staunen über alles, was sie an Neuem erfahren, und einige können nie genug davon bekommen. Sie besuchen und besichtigen Kirchen über Kirchen. Und du, Herr, weilst bei mir und bist gegenwärtig im Sakrament des Altares, ohne dass ich dich in der Fremde suchen muss. Du bist anwesend, mein Gott, der Schöpfer aller Menschen und der gesamten Schöpfung. Du, mein Herr und mein Gott, der Sieger über die Dunkelheit und den Tod, begleitest mich und bist immer und überall für mich da.
Bei vielen Pilgern spielt menschliche Neugier eine Rolle; sie möchten viel sehen und besichtigen – zur wirklichen Ruhe kommen sie jedoch nicht. So bleibt auch häufig die gewünschte geistliche Erneuerung aus. Doch überall, Herr, wo dein Gedächtnis gefeiert wird, bist du im Brot des Lebens gegenwärtig. Um dich zu finden und dir zu begegnen, brauche ich nicht weit zu reisen, sondern nur mein Inneres vorzubereiten auf dein Kommen. Es bewegt mich weder Leichtfertigkeit, Neugier noch Sinnlichkeit, sondern tiefe Glaubenserfahrung, feste Zuversicht und aufrichtige Liebe.

10 Gott, du unsichtbarer Schöpfer der Welt, wie wunderbar handelst du an mir und an uns allen. Wie gütig und gnadenvoll sorgst du für uns, indem du dich selbst im Sakrament uns zur Speise gibst und dich mit uns vereinigst. Dieses Geheimnis deiner Liebe übersteigt zwar den menschlichen Verstand, doch zieht es die Herzen mit besonderer Kraft zu dir. Ich danke dir, Herr, für die Fülle der Gnaden, die du mir durch dieses Sakrament zukommen lässt. Es trägt wesentlich dazu bei, mein Leben zu bessern, tiefere Glaubenserfahrungen zu machen und in der Nächstenliebe zu wachsen.

11 Die Gnade dieses Sakramentes ist wunderbar und geheimnisvoll. Doch nur der, welcher häufig deine Gaben empfängt, kann diese Worte verstehen. Die geistige Kraft wird gestärkt und das, was der Seele verlorengegangen ist, erhält sie zurück, sodass ihre ursprüngliche Schönheit wieder aufleuchten kann. Die Gnade beflügelt nicht nur Geist und Seele, sondern sie schenkt auch dem Körper neue Lebenskräfte und Heil.

12 Wie kommt es, dass bei diesem Angebot deiner Liebe mein Verhalten oft so nachlässig und oberflächlich ist? Wenn ich zum Tisch des Herrn gehe, ist es mir nicht immer bewusst, was wirklich geschieht und wer mir in Wahrheit entgegenkommt. Auf dich setze ich doch all meine Hoffnung, denn ich weiß, welch große Gnade du mir schon erwiesen hast. Du bist unsere Heiligung und Erlösung, die Quelle ewigen Lebens. Woran liegt es, dass viele Menschen dieses heilbringende Geheimnis, das die Erde wieder mit dem Himmel verbindet, so wenig beachten? Viele

sehen sich nur selbst und haben hohe Erwartungen, doch für die Wunder, die täglich in ihrem Umfeld geschehen, sind sie nicht offen. Für das unaussprechliche Geschenk deiner Liebe sind manche Menschen infolge ihrer Blindheit und Verhärtung nicht empfänglich. Oft jedoch schleicht sich bei denjenigen, die häufig zum Tisch des Herrn gehen, eine gewisse Unachtsamkeit, ja, sogar Gleichgültigkeit ein. Auch bei mir stelle ich oftmals eine solche Verflachung fest.

13 Würde das heilige Geheimnis des Todes und der Auferstehung Jesu Christi nur an einem Ort der Welt gefeiert: Wie würden die Menschen sich danach sehnen, an diesem göttlichen Geheimnis Anteil nehmen zu dürfen! Doch uns ist es geschenkt, dass das Opfer Jesu Christi an vielen Orten gefeiert wird, damit sich deine Gnade und Liebe zu den Menschen umso reicher offenbare.

Herr Jesus Christus, ich danke dir aus ganzem Herzen für dein liebendes Entgegenkommen, das du trotz unserer mangelnden Aufnahmebereitschaft nicht zurücknimmst.

Ich danke dir, dass du uns stärken möchtest mit deinem kostbaren Leib und Blut und uns zum Empfang dieses Geheimnisses persönlich einlädst mit den Worten: *Kommt alle zu mir, die ihr mühselig und beladen seid! Ich will euch erquicken* (Matthäus 11,28).

Kapitel II
Geschenk der Begegnung: Güte und Liebe

1 Der Mensch:
Im Vertrauen auf deine Güte und Barmherzigkeit, Herr, komme ich zu dir, denn du hast mich gerufen. Ich komme als Hilfesuchender zu dir, meinem Heil, als Durstiger zur Quelle des Lebens und als Geschöpf zu seinem Schöpfer. Es ist etwas ganz Großes, Herr, dass du dich den Menschen hingibst, und ich frage mich, womit ich es verdient habe, dass du zu mir kommst. Oft habe ich dich beleidigt, und du stehst trotzdem zu mir. In deiner unendlichen Güte und Liebe sagst du Ja zu mir. Du kennst mich und weißt, wie es um mich steht. So sind dir auch meine Fehler und Sünden bekannt. Ich erkenne deine Güte und danke für deine Liebe, die keine Grenzen kennt. Weil deine Liebe so groß ist, schenkst du sie auch mir. Du fügst alles zu meinem Besten – selbst wenn ich vieles noch nicht einsehen kann. Das, was ich jedoch einsehen kann, lässt mich deine übergroße Güte und Liebe erahnen. So bitte ich dich, lege mir eine noch größere Liebe und mehr Demut in mein Herz. Alles, was von dir kommt, ist mir willkommen, und ich will es halten. Doch schenke mir ein feineres Unterscheidungsvermögen, da mir meine Fehler und Nachlässigkeiten allzu oft noch im Wege stehen und mich täuschen.

2 Herr Jesus Christus, es ist für mich unfassbar – und es wird auch für mich unfassbar bleiben –, dass du mir im Abendmahl leibhaftig begegnest. Kein Mensch

ist dazu fähig, diese unbegreifliche Gnade zu begreifen. Wie soll ich mich bei diesem Gastmahl am besten verhalten, beim Empfang meines Herrn, den gebührend zu verehren ich kaum imstande bin? Schau auf meine guten Absichten und mein Verhalten – selbst wenn sie noch so begrenzt sind.
Wenn ich mich vor dir verneige, so ist es Ausdruck meiner inneren Haltung; wenn ich vor dir schweige, erkennst du mein Staunen vor der Größe deiner Liebe. Mein Schweigen ist wortlose Anbetung. Mein Herr und mein Gott, ich will im Gebet der Hingabe mich dir ganz öffnen, deinen Namen anrufen und ihn über alles erheben. Ich lobe dich und preise dich in Ewigkeit.

3 Obwohl nichts in meinem Leben dafür spricht, wendet sich der Höchste mir zu. Herr, ich kann es nicht fassen, dass du mich zu deinem Gastmahl einlädst, damit du zu mir kommen kannst und ich zu dir. Du bist das Brot, das vom Himmel herabgekommen ist und der Welt das Leben gibt (vgl. Johannes 6,33.51).

4 Deine Liebe und deine Barmherzigkeit, Herr, erleuchten die dunkelste Dunkelheit im menschlichen Herzen. Du schenkst Wandlung zum Licht. Wie groß müssten der Dank und das Lob dafür sein! Heil und Segen schenkst du uns durch dieses Gastmahl, das du aus Liebe zu uns eingesetzt hast. Wie wunderbar ist dein Wirken, wie mächtig deine Kraft, wie unerschütterlich deine Wahrheit. Du sprachst, und alles geschah, wie du gesprochen hast.

5 Es ist wahrhaft ein Wunder – unbegreiflich für den menschlichen Verstand –, dass du, wahrer Gott und wahrer Mensch, unter der unscheinbaren Gestalt von Brot und Wein zugegen bist. Du, Herr des Weltalls, willst durch dieses Sakrament unter uns und in uns wohnen. Erhalte mir Körper, Geist und Seele gesund, sodass ich oft deine Geheimnisse feiern und zu meinem Heil und zum Heil der Welt empfangen kann. Du hast sie eingesetzt, damit wir ständig neu Kraft aus dir schöpfen können und niemals vergessen, was deine Liebe an uns bewirkt.

6 Meine Seele freut sich über alle Maßen, und ich danke dir, Herr, für diese unendlich gute Gabe, die du uns in dieser Welt zurückgelassen hast. Denn sooft ich dieses Geheimnis feiere und das Brot des Lebens empfange, darf ich in besonderer Weise teilhaben am Werk deiner Erlösung. Die Kraft und Größe deiner Liebe nehmen niemals ab, und deine Barmherzigkeit bleibt unerschöpflich.
Ich nehme mir vor, mich gründlicher auf dieses große Heilsgeheimnis vorzubereiten, um den Leib Christi würdig zu empfangen. Wenn ich den Gottesdienst besuche, wünsche ich mir, dass diese heilige Handlung so wichtig, neu und erfreuend für mich ist, als wenn du, Herr, eben an diesem Tag Mensch geworden wärest, das Abendmahl eingesetzt hättest, am Kreuz gelitten, gestorben und auferstanden wärest.

Kapitel III
Abendmahl

1 Der Mensch:
Ja, Herr, ich komme zu dir, um beim heiligen Mahl deine Gabe zu empfangen, die du in deiner Güte für mich bereitet hast. Alles, wonach mein Herz sich sehnt, finde ich bei dir. Du bist mein Heil und meine Erlösung, meine Hoffnung und meine Zuversicht, meine Stärke und mein Ziel. Erfreue mein Herz, denn zu dir erhebe ich meine Seele. Ich möchte dich ehrfurchtsvoll und würdig empfangen, wenn du einkehrst in das Haus meines Lebens. Wie Zachäus, den du besuchtest, möchte ich gern von dir gesegnet werden. Meine Seele verlangt nach der geistlichen Speise, die du mir zugesagt hast – mein Herz nach der Begegnung mit dir.

2 Herr, kehre bei mir ein, und alles Weitere wird sich in meinem Leben so fügen, wie du es vorgesehen hast. Deine Nähe stärkt mich und gibt mir neue Kraft. Schmerzlich sind für mich die Zeiten, in denen ich dich nicht erreichen kann. Ohne dich ist meine Seele wie ausgetrocknet. Es gelingt mir nichts und mein Leben ist hohl. Daher möchte ich oft zu dir kommen und dich zu meinem Heil empfangen. Sonst erliege ich auf dem Weg, der sich vor mir ausbreitet. So, Herr, hast du bei der Speisung der Vielen gesagt: *Ich will sie nicht hungrig wegschicken, sonst brechen sie auf dem Weg zusammen* (Matthäus 15,32b).
Herr, handle doch ebenfalls so an mir, denn du hast

das Sakrament deiner liebenden Gegenwart eingesetzt, damit wir nicht allein und hungrig bleiben. Du erfüllst die Sehnsucht meiner Seele. Wer dich würdig empfängt, dem schenkst du Anteil an der ewigen Herrlichkeit. Oft jedoch erlahme ich, bin träge und versage. Dann falle ich in alte Fehler zurück und entferne mich von dir und leide. Um in deiner Nähe zu bleiben, habe ich mir fest vorgenommen, das Gebet der Hingabe nicht zu vernachlässigen, einen geistlichen Begleiter aufzusuchen, um mit ihm über alles zu sprechen und häufiger zur Kommunion zu gehen.
Das Sakrament möge mich von allem Dunkel befreien, mich erneuern und zum Guten anspornen. Ich nehme mir vor, es häufig zu empfangen, damit ich meinem Vorsatz nicht untreu werde.

3 Jeder Mensch hat – bewusst oder unbewusst – eine Sehnsucht nach religiöser Erfüllung. Wenn er sich auf den Weg begibt und sich öffnet, kommt ihm etwas Großes, Lichtes und Wesentliches entgegen. In der heiligen Kommunion, Herr, bist du es, der auf mich wartet. Durch deine Gnade, die mir zuteilwird, bewahrst du mich vor dem Bösen und stärkst das Gute in mir. Doch trotzdem bin ich oft nachlässig und zerstreut. Aber was geschähe erst einmal mit mir, wenn ich deiner Einladung nicht folgen würde? Ich verspreche dir, mich besser vorzubereiten und mich deiner so hohen Gnade würdiger zu erweisen. Für meine Seele, die sich zeitweilig weit von dir entfernt fühlt, bedeutet das Abendmahl ein Verweilen in ihrer Heimat, geistliche Stärkung und Hoffnung auf das ewige Leben.

4 Deine Liebe zu uns, Herr, ist so groß, dass du, der Schöpfer der Welt und die Quelle allen Lebens, in einer so kleinen Seele wie meiner mit der ganzen Fülle deiner Gottheit und Menschheit einkehrst. Wie darf sich doch die Menschenseele glücklich schätzen, die dich, ihren Herrn und Gott, würdig empfängt und überströmen darf von geistlicher Freude. Die Seele nimmt den Herrn des Himmels und der Erde auf, einen treuen Freund, bei dem sie sich zu Hause fühlt – beschützt, geborgen und geliebt.

Himmel und Erde, all ihre Pracht und Schönheit, halten den Atem an, wenn du, Herr, erscheinst. Denn alles, was sie schön und herrlich macht, stammt aus deiner Hand. Wenn auch das Geschaffene auf den Schöpfer verweist, so reicht die Schöpfung nicht im Geringsten an die Herrlichkeit dessen, der sie geschaffen hat.

Groß ist unser Herr und gewaltig an Kraft,
seine Einsicht ist ohne Grenzen (Psalm 147,5).

Kapitel IV
Wer die Begegnung sucht, empfängt

1 Der Mensch:
Mein Herr und mein Gott, segne mich, bevor ich zu deinem Tisch gehe, damit ich das Sakrament deiner Liebe würdig und mit offenem Herzen empfange. Befreie mich von allen Hindernissen, die sich in mir aufgeschichtet haben und den Weg zu dir verstellen. Nimm von mir alle Trägheit und die Kälte meines Her-

zens. Lass mich deine heilbringende Gnade erfahren, die von diesem Sakrament, dem Quellgrund deiner Liebe, ausgeht. Erleuchte die Augen meiner Seele, damit ich dieses große Geheimnis schauen kann. Stärke meinen Glauben, damit keine Unsicherheit und keine Zweifel mich überfallen.
Du, Herr, hast dieses Sakrament eingesetzt und nicht der Mensch. Niemand vermag dieses Geheimnis der Liebe zu fassen und zu begreifen – selbst die Engel im Himmel stehen staunend und anbetend davor.

2 Herr, du hast mich gerufen. Und so komme ich in aller Einfachheit mit guten Vorsätzen und fest an dich glaubend zu dir. Ich weiß, dass du wahrhaftig in diesem Sakrament zugegen bist – als Gott und Mensch. Du möchtest, dass ich dich empfange und eins mit dir werde. Ich bitte dich: Schenke mir diese besondere Gnade, sodass ich mich selbst verlassen und mich dir voll Vertrauen hingeben kann. Denn dieses höchste und einzigartige Sakrament deiner Liebe
- bringt Heil für Leib und Seele,
- ist Arznei gegen jede geistliche Lähmung,
- befreit mich von meinen Fehlern,
- kultiviert ungute Leidenschaften,
- hält Versuchungen von mir fern,
- heilt mit himmlischer Kraft den Schaden, der durch die Sünde entstanden ist,
- vergrößert meinen Glauben, stärkt meine Hoffnung und entflammt die Liebe, damit sie überströmen und sich verschenken kann.

3 Viel Gutes hast du schon denen geschenkt, die dich empfangen haben, und du schenkst es allen, die auch weiterhin zu dir kommen. Auch ich darf immer neue Gnaden empfangen, indem du meine Seele aufrichtest, Verwundetes heilst und mir große innere Freude zukommen lässt.
- Du bist die Zuflucht unserer Seele und der Heiland unserer Schwäche.
- Du stärkst uns in der Not.
- Du führst uns aus der Dunkelheit in dein wunderbares Licht.
- Du erhebst uns aus der Tiefe und schenkst uns Vertrauen.
- Du verleihst uns Hoffnung auf deinen Schutz und deine Hilfe.
- Du erheiterst und erfreust uns durch die Vergebung unserer Sünden.
- Du erleuchtest unser Inneres durch immer neue Gnaden.

Diejenigen, die sich vor der Kommunion gleichgültig und ohne Liebe fühlten, finden sich nach dem Empfang dieser heiligen Speise wie umgewandelt und gebessert. Durch deine liebevolle Zuwendung und Führung bringst du uns auf den rechten Weg und lässt uns eigene Erfahrungen machen, damit wir die Wahrheit besser erkennen. Oft kam ich hart, kalt und unbeständig zu dir, und du, Herr, hast mich gewandelt und mir neues Leben geschenkt.
Gibt es überhaupt jemanden, der sich dir nähert, ohne reichlich von dir beschenkt zu werden? Wer steht

schon neben einem großen Feuer, ohne von ihm erwärmt zu werden? Du gleichst der nie versiegenden Quelle, aus der zu trinken alle eingeladen sind, und dem nie erlöschenden Feuer, das alle Herzen und Seelen entflammen möchte.

4 Wenn es mir auch jetzt noch nicht vergönnt ist, in vollen Zügen aus dem Quell des Lebens zu schöpfen, so bin ich doch überaus glücklich und dankbar, wenn du, Herr, mich nur ein wenig trinken lässt, um meinen größten Durst zu stillen. Wenn auch mein Herz noch nicht vor Liebe brennt – wie es von deinen Engeln gesagt wird –, so möchte ich mich doch dahingehend auf das Leben spendende Sakrament vorbereiten, sodass mich wenigstens ein Funke deiner göttlichen Liebe berührt.

Herr, Jesus Christus, ich habe mir vieles vorgenommen, doch wenig habe ich bisher davon verwirklicht. So bitte ich dich aus ganzem Herzen, das Fehlende zu ergänzen und Begonnenes zu vollenden. Ich wage diese Bitte auszusprechen, da du gesagt hast: *Kommt alle zu mir, die ihr mühselig und beladen seid! Ich will euch erquicken* (Matthäus 11,28).

5 Du, Herr, mein Gott und Erlöser, mit allem, was mir auf dem Herzen liegt, darf ich zu dir kommen. Es tut mir unendlich gut, meine Sorgen und Ängste, meine Fehler und meine Sünden vor dir auszusprechen. Du bist der Einzige, vor dem ich bedenkenlos alles, was mich bedrückt, sagen kann. Oft verkrampft sich mein Herz vor lauter Angst – Angst vor dem Leben. Zeitweilig bin ich fest davon überzeugt, dass ich den vielen Anforderungen nicht gewachsen bin. Ich fühle mich schwach und fürchte mich vor dem Versagen. Dann kommen vornehmlich im Gebet der Hingabe alte Erinnerungen und ungelöste Aufgaben hoch, die ich glaubte, längst verarbeitet zu haben. Neue Versuchungen fordern mich heraus, und nicht selten erliege ich ihnen. Schlechte Gewohnheiten und Neigungen halten mich oft so gefangen, dass ich unfähig bin, einen klaren Gedanken zu fassen.

Bei all diesem Druck bist du es, Herr, an den ich mich wenden darf. Befreie mich von der Last, die mich quält und zu Boden drückt. Alles übergebe ich dir und lege es in deine Hände, damit du mich von allem Bösen erlöst, mich beschützt und zum ewigen Leben führst. Lass mich im Gebet der Hingabe deinen Namen ohne Unterlass anrufen, um ihn zu loben, zu preisen und zu verherrlichen. Ganz gleich, was ich auch getan oder unterlassen habe: Du hast mir deinen Leib und dein Blut zur Speise und zum Trank bereitet. Herr, mein Gott und Erlöser, ziehe meine Seele zu dir und mache mein Herz weit. Lass mich nach jeder Kommunion ein besserer Mensch werden.

Kapitel V
Das Wesentliche geschieht im Unsichtbaren

1 Der Herr:
Das Geheimnis der Mensch gewordenen Liebe Gottes wird sichtbar in der Gestalt von Brot und Wein.

Besäßest du das Wesen eines Engels oder die Heiligkeit Johannes des Täufers, so könntest du auch dann noch nicht das Geheimnis dieses Sakramentes begreifen. Es wurde nicht von Menschen eingesetzt, sondern ich schenkte es bei meinem Abschied aus dieser Welt allen, die an mich glauben. Der Priester ist der Mittler zwischen Himmel und Erde, zwischen Gott und den Menschen. Er feiert den Gottesdienst, in dessen Mitte das Brot in meinen Leib und der Wein in mein Blut verwandelt werden. Der Priester verwaltet Gottes Wort, das Fleisch geworden ist, und gibt es weiter. Die Kraft Gottes wirkt im Unsichtbaren – unfassbar für den Menschen.

2 Weder der Verstand noch die sichtbaren Zeichen werden dir helfen, diesem großen Geheimnis auf die Spur zu kommen. Glaube mir und lass dich durch eigene gute Erfahrungen weiterführen. Oder: Deine guten Erfahrungen führen dich zu einem tieferen Glauben. Nähere dich dem Geheimnis des Glaubens behutsam und empfange wohlvorbereitet dieses Sakrament. Genau wie der Priester, der sich vor der Feier dieses heiligen Opfers zurückzieht und sich sammelt, solltest auch du handeln. In der sakramentalen Begegnung mit mir gehst du eine Verbundenheit ein, die dich aufruft, ein gottgefälliges Leben zu führen. Du trägst eine größere Verantwortung, sowohl für dich als auch für andere Menschen, die dich kennen und auf dich schauen.

Wenn du deinen Glauben lebst und auf dem Weg zur Vollkommenheit bist, wirst du zum Vorbild für diejenigen, die unsicher sind und zweifeln. Schon bald merkst du, dass dein Verhalten und Benehmen nicht mehr wie gewohnt ist, sondern sich wesentliche Veränderungen einstellen. Dein Glaube wird auch nach außen sichtbar und mehr Licht wird dich umgeben.

3 Es kommt eine Zeit, in der du eindeutig spürst, dass du Fortschritte machst. Alles, was nicht zu dir gehört, legst du nach und nach ab, und es wird lichter in deinem Inneren. Und je mehr du mit dir selbst ins Reine kommst, umso mehr kannst du dein Augenmerk auf andere Menschen richten. Du siehst ihr Kreuz, das sie zu tragen haben – selbst wenn sie nicht darüber sprechen. Es bieten sich Gelegenheiten, anderen tatkräftig zu helfen. Du solltest sie nutzen, denn ich schenke dir in der Feier des heiligen Opfers die notwendige Einsicht und Kraft dazu.
Von noch größerer Bedeutung für dich ist jedoch, stellvertretend für diejenigen zu beten und die Kommunion zu empfangen, die den Weg zu mir verfehlt oder unter der Last ihrer Leiden jegliches Vertrauen und ihren Glauben verloren haben. Auch viele Verstorbene stehen noch mit der Welt in Verbindung. Auf ihrem Weg zur Erlösung hoffen sie auf deine Unterstützung.

Kapitel VI
Allgemeine Fragen zur Vorbereitung

1 Der Mensch:
Oft frage ich mich, Herr, was ich noch einbringen kann, um vorbereiteter und würdiger zu deinem Tisch

zu gehen. Du bist Gott, der Höchste, und ich Mensch, einer unter vielen. Wenn ich darüber nachdenke, bekomme ich Furcht vor deiner Größe und möchte am liebsten fliehen. Doch wenn ich es tue, falle ich tief. Und nehme ich nicht am Abendmahl teil, wird die Kluft zwischen dir und mir noch tiefer. Was soll ich also tun, mein Gott, mein Helfer und mein Retter?

2 Du, Herr, weißt alles von mir und kennst mich. Zeige mir den rechten Weg und zeige mir, wie ich auf ihm am besten Fortschritte machen kann. Gib mir eine Anleitung und lehre mich eine angemessene Übung, durch die ich mich zur heiligen Kommunion vorbereiten kann. Es ist sehr wichtig für mich zu wissen, wie ich mein Herz für deinen Besuch bereiten soll, um dein Sakrament würdig und heilbringend zu empfangen.

Kapitel VII
Konkrete Fragen zur Vorbereitung

1 Der Herr:
Es wäre wünschenswert, dass du – gleich einem Priester – wohlvorbereitet, demütig und ehrfurchtsvoll das Opfer mitvollziehst. Blicke zurück auf dein Leben und denke darüber nach, ob und auf welche Weise du dich in den letzten Monaten ungut verhalten hast. Spüre, was dich bedrückt und dein Gewissen belastet. Stehe zu dem, was falsch war, und bekenne es, damit dein Innerstes frei und hell wird. Sei dir deiner Fehler bewusst und gehe deinen Tagesablauf durch.

Registriere die immer wiederkehrenden Verhaltensweisen, die nicht recht waren und dich und andere niedergedrückt haben. Gerade diese kleinen täglichen Vergehen sind es, die im Laufe der Zeit zu einem großen Hindernis werden können. Versuche alles zu erfassen, was dich bedrückt, ängstigt und dir den freien Zugang zu mir versperrt. Halte dich aber keinesfalls bei einer Sache zu lange auf, sondern gehe weiter, damit du zum Wesentlichen kommst.

2 Die folgenden Fragen mögen dir ein wenig helfen, dein Leben zu ordnen, damit du einen besseren Überblick erhältst.
- Gibt es Vergängliches, das dich gefangenhält?
- Wie weit hast du unguten Neigungen nachgegeben?
- Würdest du dich als leidenschaftlichen Menschen bezeichnen? Wenn ja: Wie gehst du damit um?
- Bist du Herr deiner Sinne oder ist es eher umgekehrt?
- Wie steht es mit deiner Einbildungskraft? Gibst du Tagträumen nach? Lässt du dich von Fantasiebildern täuschen?
- Was tust du für dein inneres Leben?
- Wie stark lässt du dich von Äußerlichkeiten beeindrucken?
- Kannst du dich bei anderen Menschen entschuldigen, wenn du nicht recht gehandelt hast?
- Lässt du dich leicht durch die Meinung anderer beeinflussen?
- Handelst du unüberlegt und vorschnell?

- Wann hast du zum letzten Mal geweint?
- Glaubst du, eher ein hartes oder ein weiches Herz zu haben?
- Stellst du bei dir einen Hang zur Bequemlichkeit fest?
- Pflegst du deinen Körper oder vernachlässigst du ihn eher?
- Suchst du Situationen, in denen du deine Sinnlichkeit befriedigen kannst?
- Nimmst du deine innere Stimme wahr und hörst du auf sie?
- Bist du begierig, ständig Neues zu erfahren?
- Neigst du eher zur Trägheit oder zur Aktivität?
- Arbeitest du gern?
- Bist du hilfsbereit und kannst auch bei alltäglichen Arbeiten anderen zur Hand gehen?
- Möchtest du viel besitzen oder kannst du teilen, abgeben und schenken?
- Bist du eher geizig oder großzügig?
- Kannst du innerlich loslassen und vergeben oder hältst du fest und trägst nach?
- Bist du voreilig in deinen Äußerungen und Bemerkungen?
- Kannst du etwas für dich behalten und schweigen?
- Ist dein Benehmen angemessen oder eher unbeherrscht?
- Kannst du maßhalten im Essen und Trinken?
- Bist du offen und hellhörig für Gerüchte? Trägst du sie weiter?
- Bemühst du dich darum, das Wort Gottes auch in

deinem Alltag wahrzunehmen und es umzusetzen?
- Wird dir deine Gebetszeit lang oder erlebst du sie als kurzzeitig?
- Kannst du Begonnenes durchhalten und bist tragfähig?
- Sehnst du dir im gemeinsamen Gottesdienst das Ende herbei?
- Lässt du dich schnell ablenken durch deine Gedanken und durch äußere Umstände?
- Übst du leicht Kritik an anderen? Wie gehst du mit Kritik um, die an dir geübt wird?
- Siehst du dich als schnell reizbar und tust anderen durch deine Reaktion weh?
- Bist du ausgelassen in heiteren und niedergeschlagen in trüben Stunden?
- Gelingt es dir, deine guten Vorsätze zu verwirklichen?

3 Wenn du anhand dieser oder ähnlicher Fragen dein äußeres und inneres Verhalten angeschaut hast, werden dir deine Stärken und Schwächen eindeutiger bewusst. Dir wird ebenso klar, welche Eigenschaften und Verhaltensweisen du stärken und welche du ablegen solltest. Die Sehnsucht, Fortschritte zu machen, Bestätigung und Erfüllung zu finden, liegt in jedem Menschen. Nutze diese Kraft und lasse dich durch nichts abhalten, deine guten Vorsätze zu verwirklichen.

Das Gebet der Hingabe wird nicht nur die Basis deines Lebens stärken, sondern es ist auch die beste Vorbereitung für eine Begegnung mit mir. Das Opfer, das du mir zur Wandlung darreichst, bist du selbst. Du verlässt dich vertrauensvoll auf mich, indem du immer wieder meinen Namen anrufst und um Liebe und Erbarmen bittest. Du gehst im Gebet nicht eigenen Gedanken nach, sondern öffnest dich dem, was an dir geschehen soll. So kannst du wohlvorbereitet im Sakrament meinen Leib und mein Blut empfangen.

4 Keine Gabe und Hingabe ist würdiger und vollkommener zur Vergebung der Sünden und zur Vorbereitung der Kommunion als dein Opfer, das darin besteht, dich mir ganz anzuvertrauen. Nur so kann Wandlung geschehen. Es ist das größte Entgegenkommen deinerseits, wenn du gibst, was du zu geben vermagst. Ich werde dir alles verzeihen, an deine Schuld denke ich nicht mehr und du wirst Gnade finden. *So wahr ich lebe, ich habe kein Gefallen am Tod des Schuldigen, sondern daran, dass ein Schuldiger sich abkehrt von seinem Weg und am Leben bleibt* (Ezechiel 33,11a).

Kapitel VIII
Hingabe bringt Erlösung

1 Der Herr:
Ein Beispiel der Hingabe – damit du sie innerlich nachvollziehen kannst – habe ich dir gegeben, als ich am Kreuz mit ausgebreiteten Armen mein Leben in die Hände des Vaters legte und es ihm somit zurückgab. Das Gebet der Hingabe, das ich dich gelehrt habe,

ist ein rein geistliches Opfer – ohne Anstrengung und ohne körperliche Schmerzen. Wichtig dabei ist, dass du dich im Gebet und in der heiligen Messe ganz hingibst, keinen eigenen Gedanken mehr denkst, dein Können, Wünschen und Wollen in meine Hände legst und somit dich mir überlässt. Durch diese Hingabe kann Wandlung erfolgen. Aus tiefem Vertrauen und Liebe zu mir verzichtest du für eine kurze Zeit restlos auf dich. Du gibst dich mir und ich gebe dir weitaus mehr zurück, als du mir gegeben hast. Nicht mit irgendeiner Gabe erfreust du mich, sondern mit deiner Hingabe.

2 Wie es dir nicht genügt, alles zu haben ohne meine Gegenwart und meine Liebe, so kann es auch mir nicht gefallen, wenn du mir etwas gibst, dich selbst mir jedoch vorenthältst. Gib dich mir ganz und verschenke dich damit an Gott, so wird dein Opfer angenommen und reich gesegnet. Ich habe mich dir ganz hingegeben und reiche dir sogar Leib und Blut zur Speise. Ich möchte dein sein und du sollst in mir bleiben.
Verharrst du jedoch in dir selbst, anstatt nach meinem Wunsch zu handeln, bleibt dein Opfer unvollkommen und eine Begegnung zwischen uns geschieht nicht. Möchtest du innere Freiheit gewinnen und Gnade empfangen, so setze das Gebet der Hingabe und die Feier der heiligen Messe an die erste Stelle in deinem Leben, und alles Weitere wird dir leicht werden – wenn nicht gar zufallen. Man findet wenig erleuchtete und innerlich freie Menschen, da sie es nicht ver-

stehen, sich ganz auf mich zu verlassen und sich hinzugeben. Daher habe ich gesagt: *Keiner von euch kann mein Jünger sein, wenn er nicht auf seinen ganzen Besitz verzichtet* (Lukas 14,33).
Möchtest du also noch näher zu mir kommen, verschenke dich mir im Gebet und im heiligen Opfermahl.

Kapitel IX
Selbsterkenntnis und Nächstenliebe

1 Der Mensch:
Herr, alles im Himmel und auf Erden ist dein. Ich möchte im Opfer mich dir zurückschenken und außerhalb des Gebetes versuchen, in all meinem Tun deinen Willen zu erfüllen. Du hast mir den Weg gezeigt und führst mich weiter. Durch die wiederholte Anrufung deines Namens lerne ich, mich selbst loszulassen und mich dir hinzugeben. Ich stelle mich dir ganz zur Verfügung, damit du mich mit deiner Liebe erfüllen kannst. Was gibt es Größeres und Höheres für mich, als deinen Leib und dein Blut empfangen zu dürfen und diese deine Hingabe an mich so zu erwidern, wie ich es vermag? Dieses Opfer möge mir und allen zum Segen werden.

2 Herr, du siehst alles, was nicht gut war in meinem Leben. In der Vorbereitung ist mir vieles bewusst geworden, was noch an Dunklem in mir verborgen war. Ich breite alles schweigend vor dir aus und bit-

te dich aus ganzem Herzen, die Dunkelheit in mir zu erleuchten und mit dem Feuer deiner Liebe das zu verbrennen, was sich an Ungutem in mir aufgeschichtet hat. Schenke mir die Gnade zurück, die ich durch mein falsches Verhalten verloren habe. Verzeih mir alles und gib mir deinen Frieden.

3 Was kann ich anderes tun, um frei von der Belastung durch meine Sünden zu werden, als mir meine Schuld bewusst zu machen und dich aus ganzem Herzen zu bitten, mir zu vergeben? So stehe ich jetzt vor dir mit dem Versprechen, alles zu meiden, was mich bisher von dir getrennt und mich belastet hat. Ich will still sein und es schweigend hinnehmen, wenn ich als Folge meiner Sünden schwere Stunden durchzustehen habe.
Verzeih mir, Herr, meine Vergehen, erfülle mein Herz mit Freude und erleuchte meine Seele. Sie hat immer nach dir verlangt und gerufen, doch habe ich lange Zeit ihre Sprache nicht verstanden. Du, Herr, weißt, was in jedem neuen Augenblick für mich das Beste ist. Ich kann es nicht ergründen. Daher vertraue ich dir mein Leben an und sage Ja zu dem, was du mir zukommen lässt. Du hast ein gütiges, liebendes Herz und unendliches Erbarmen.

4 Neben den dunklen Seiten meines Lebens, die ich vor dir ausgebreitet habe, möchte ich dir auch das Gute in meinem Leben darbringen. Wenn es auch dürftig und unvollkommen ist, so bitte ich dich, es anzunehmen, es zu verbessern und Begonnenes zu vollenden. Lenke alles Mangelhafte in mir zum Guten, bewahre mich vor Rückschritten und lass mich täglich neu deine Gegenwart erfahren.

5 Herr, aber nicht allein für mich bitte ich, sondern auch für all die lieben Menschen, die mich bisher auf meinem Lebensweg begleitet und mir viel Gutes erwiesen haben. Erhöre die Bitten meiner Eltern, meiner Verwandten und Freunde. In besonderer Weise denke ich auch an die Menschen, die sich in Not und im Schatten des Todes befinden, an diejenigen, die durch Schmerzen und Wunden zu dir keine Verbindung aufnehmen können, und an die, die es nie gelernt haben zu beten und keinen Gottesdienst besuchen. Steh allen bei – auch den Verstorbenen –, die deiner Hilfe bedürfen. Ich bitte für sie alle: Mögen sie deine helfende Gnade erfahren, Schutz vor Gefahr, Befreiung von allem Bösen, körperliche und seelische Gesundheit. Mögen sie von allem Übel erlöst werden und dich erkennen, um dich zu loben und dir zu danken.

6 Herr, ich möchte auch diejenigen mit in mein Gebet hineinnehmen, die mich verletzt, betrübt, gekränkt und beleidigt haben, die mir Schaden zufügten und mir großen Kummer bereiteten. In besonderer Weise bete ich auch für die Menschen, die ich selbst beunruhigt, bedrängt und belästigt habe, denen ich Ärgernis gab und durch Wort und Tat Schaden zufügte – wissentlich oder unwissentlich.
Ich bitte dich: Verzeihe uns allen gleicherweise unse-

re Sünden und gegenseitigen Kränkungen. Nimm alles fort, Herr, was die Liebe verletzt, und befreie uns von Verdächtigungen, Verbitterung und Resignation. Nimm alles fort, was die wahren Qualitäten des Herzens beeinträchtigt und schwächt. Erbarme dich aller, Herr, die deine Barmherzigkeit anrufen. Gib Gnade allen, die deiner Gnade bedürfen. Mach uns feinfühlig, sodass wir deinen Willen und die Größe deiner Gnade erkennen, um zum ewigen Leben zu gelangen. Amen.

Kapitel X
Aus der Quelle schöpfen

1 Der Herr:
Wende dich täglich im Gebet der Hingabe der Quelle der Gnade zu, dem Urgrund der Liebe und des göttlichen Erbarmens. Auf dem Weg dorthin wirst du von deinen schlechten Gewohnheiten befreit, das Dunkle wird hell und alle Hindernisse schwinden. Näherst du dich dem göttlichen Grund, um in ihn – wenn die Zeit für dich gekommen ist – einzutauchen, wirst du heilende und stärkende Kräfte empfangen. Versuchungen wirst du nicht so schnell unterliegen. Du wirst wacher und lebst verantwortungsvoller und bewusster. Widergöttliche Kräfte wagen sich nicht mehr in deine Nähe, da du durch Gebet und den Empfang des Sakramentes ein unsichtbar dich schützendes Licht ausstrahlst, welches das Wesen der Dunkelheit blendet. Wundere dich nicht, wenn durch das Aufgehen des Lichtes die Konturen der

Schatten schärfer werden. Dunkle Kräfte schleichen sich in deine Gedanken und Gefühle ein, um dich daran zu hindern, den Quellgrund des Ewigen zu berühren.

2 Daher kannst du auf dem Weg zur Quelle besonders heftigen Versuchungen ausgesetzt sein. Der böse Geist – so hat es Ijob schmerzlich erfahren – mischt sich unter die Gutgesinnten, um sie durch seine Bosheit zu erschrecken, zu ängstigen und zu verwirren. Er sucht ihre Liebe zu schwächen und durch scheinbare Gegengründe den Glauben aus ihren Herzen zu reißen. Die widergöttlichen Kräfte möchten es erreichen, dass du unsicher wirst, an dem Geheimnis meiner Liebe zweifelst und somit die Verbindung zu mir aufgibst, weder betest noch die Kommunion empfängst.
Beunruhige dich nicht und schreibe keinesfalls die bösen Einflüsterungen dir selbst zu, sondern mache den zerstörerischen Geist dafür verantwortlich. Gib unter keinen Umständen das Gebet und den Empfang der Sakramente auf, selbst wenn trennende Gedanken und Zweifel dich unsicher machen. Ich stehe auf deiner Seite und lasse dich niemals allein.

3 Es gibt Menschen, die sich selbst Steine in den Weg legen und dann darüberfallen. Folgst du meinem Rat, so werfe dir niemals vor, dich nicht genügend bereitet zu haben. Jede übertriebene Sorge, ob du würdig oder unwürdig bist, halte von dir fern. Sollten deine Bedenken, deine Besorgtheit und Ängstlichkeit

nicht abnehmen, so leg alles Ungute, das dich quält, in meine Hände. Belaste deine Seele nicht unnötig, wenn sie sich zu Gott erheben möchte.
Verzeih allen, die dich beleidigt haben, von ganzem Herzen. Und wenn du jemanden beleidigt hast, so bitte ihn um Vergebung. Dann darfst du gewiss sein, dass tiefe Ruhe und Friede in dein Inneres einziehen.

4 Zögere nicht lange und geh – wenn du das Bedürfnis hast – zu einem geistlichen Begleiter und vertraue dich ihm an. Sprich alles aus, was dich bedrückt und quält. Vor allem aber greife zu der stärkenden Arznei, die er dir anbietet. Du wirst dich besser fühlen und ungehindert auf dem Weg zu mir wieder Fortschritte machen. Verschiebe nichts auf morgen, sondern handle gleich.
Lass dich durch nichts und rein gar nichts vom Gebet der Hingabe und vom Empfang der Kommunion abhalten. Auf dem Weg in die Stille und zum Altar wirst du alle Schwere, alle Trägheit und alle Bedenken ablegen. Weise keinesfalls die göttliche Hilfe wegen alltäglicher Hindernisse zurück. Begonnenes nicht weiterzuführen würde dir sehr schaden. Gleichgültigkeit und Nachlässigkeit würden sich schnell einstellen und dich nach unten ziehen.

5 Gehe den Weg weiter, ohne dich umzublicken, und verweile nicht lange an einer Stelle. Bleibe nicht dem Angebot meiner entgegenkommenden Liebe fern und versuche so zu leben, dass du dein Gewis-

sen nicht belastest. Lass dich täglich von mir im Gebet der Hingabe in ein tiefes Schweigen führen, sodass ich dir mehr und mehr den Urgrund der Liebe offenbaren kann. Ich lade dich ein, an der Mahlgemeinschaft, die überall und immer wieder gefeiert wird, teilzunehmen. Achte darauf, dass sich weder Trägheit noch Kälte in dein Herz schleichen. Wenn ich deine gute Absicht erkenne – selbst wenn du sie nicht in die Tat umsetzen kannst –, komme ich dir dahingehend zu Hilfe, dass deine Sehnsucht ihr Ziel erreicht.

6 Dein guter Wille ist entscheidend. Er gibt mir die Möglichkeit – ohne dich zu etwas zu zwingen – einzugreifen, deine Absicht zu stärken und Begonnenes gemeinsam mit dir weiterzuführen. Diese geistliche Kommunion steht dir jederzeit und immer zur Verfügung. Du solltest sie aber auch an gewissen Tagen und zu bestimmten Zeiten sakramental empfangen – ohne Erwartung, sondern nur in Ehrfurcht und Liebe. Du wirst aber auch auf unsichtbare Weise gestärkt, wenn du die Geheimnisse der Menschwerdung Gottes erwägst, in der Heiligen Schrift liest, vor allem aber in deinem Gebet der Hingabe.

7 Alles Wesentliche bedarf einer guten Bereitung. Daher lass die Begegnung mit dem Heil und dem Heiland nicht zu einer bloßen Gewohnheit werden. Vollziehe das, was du im Gebet der Hingabe gelernt hast, auch in der heiligen Messe und bringe dich so Gott zum Opfer dar. Diese Hingabe geschieht innerlich, ohne dass du nach außen auffällst. Achte, wenn du mit

anderen das Abendmahl feierst, in besonderer Weise darauf, alle mit einzubeziehen und niemandem Anlass zu geben, an deinem Verhalten Anstoß zu nehmen.

Kapitel XI
Nahrung und Licht

1 Der Mensch:
Du, Herr, bist die Liebe. Nach dir sehnt sich meine Seele, denn sie weiß, dass nur du ihre Sehnsucht stillen kannst. Ich komme zum Tisch, den du für mich gedeckt hast, damit du mit mir Mahl halten kannst und meiner Seele deine liebende Gegenwart schenkst. Ich wünschte mir, aus tiefer innerer Ergriffenheit weinen zu können, um alle Hindernisse zwischen uns auszuwaschen. Mein Herz ist noch verhärtet und die Tür, an die du klopfst, noch verschlossen. Was kann ich tun, damit es aufflammt vor Freude? Ich möchte – wenn ich es nur könnte – dir meine Liebe zurückschenken. Und du schenkst mir im Sakrament geheimnisvoll verborgen deine Gegenwart und bist mir nahe.

2 Dich in deiner göttlichen Klarheit zu schauen, könnte mein Auge nicht ertragen. Ich müsste erblinden. Ja, die ganze Welt würde verbrennen, wenn du den Glanz deiner göttlichen Herrlichkeit offenbaren würdest. Doch du, Herr, kommst mir in meiner Unvollkommenheit entgegen und verbirgst dich im Sakrament. Ich halte den Atem an und staune über deine große Liebe zu mir. Du bist wirklich bei mir, der, der von den Engeln im Himmel angebetet und von Angesicht zu Angesicht geschaut wird. Sie schauen dein Wesen, ich aber lebe noch im Glauben. Eine Ahnung von deiner Herrlichkeit hast du mir gegeben und damit meinen Glauben erfahrbar gemacht. So wird es mir leichter, dem Tag der ewigen Klarheit entgegenzugehen. Ich lebe in der Gewissheit, dass ich ihn schauen darf, wenn alle Schattenbilder der Zeit in mir ausgeleuchtet sind.

Naht aber die Vollendung, so hören die Sakramente auf. Wir erfreuen uns ohne Ende an der Herrlichkeit deiner Gegenwart. Wir schauen deine Gottheit von Angesicht zu Angesicht und bedürfen der Sakramente nicht mehr. Du wirst uns diesen Weg von Klarheit zu Klarheit führen, bis wir in das Bild deiner unergründlichen Gottheit verwandelt werden. Das Mensch gewordene Gotteswort, wie es am Anfang war und in Ewigkeit bleiben wird, führt uns diesen Weg zur Vollkommenheit.

3 Herr, diese Worte und das Wunder deiner Liebe hast du mir in den Mund gelegt – ich kann es nur denken und daran glauben, weil mir in dieser Höhe alle Erfahrung fehlt. Die vorübergehende Freude und Erfüllung in dieser Welt verblassen und schwinden vor dem, was wir erwarten dürfen, wenn du dich in der Fülle deiner Herrlichkeit offenbarst. Ich spreche diese Worte aus der Tiefe meiner Seele, die das unendliche Verlangen hat, mit dir vereint zu sein. Ich weiß, dass diese Sehnsucht – solange ich in dieser Welt lebe – nicht erfüllt werden kann. Oft bin ich in meinen Ge-

danken und mit meinen Wünschen der Gegenwart voraus. Dann spüre ich die Kluft zwischen dem Gegenwärtigen und dem Kommenden umso stärker und beginne zu leiden.

Du, Herr, lehrst mich, Geduld zu üben und Augenblick für Augenblick in deinem Licht und nach deinem Willen wahrzunehmen. Alle, die du zu dir gerufen hast, mussten in großer Geduld, in Demut und im stillen Glauben der Offenbarung deiner Herrlichkeit entgegensehen. Was sie glaubten, glaube auch ich; was sie mit Zuversicht erwarteten, das erwarte auch ich; wohin sie gelangten, dahin vertraue auch ich zu gelangen durch deine Gnade. Bis dahin will ich meinen Weg gläubig gehen – gestärkt und ermutigt durch das Beispiel der Heiligen. Auch geistliche Bücher geben mir Weisung und Halt. Vor allem aber kommst du mir, Herr, im Sakrament deiner Liebe entgegen und gibst mir Kraft.

4 Zwei Dinge sind für mich in dieser Welt im wahrsten und übertragenen Sinn lebensnotwendig: Nahrung und Licht.

Darum gibst du mir deinen heiligen Leib zur Nahrung von Geist und Körper und *Dein Wort ist meinem Fuß eine Leuchte, ein Licht für meine Pfade* (Psalm 119,105).

Ohne Nahrung und Licht vermag ich nicht zu leben. Das Wort Gottes wird zum Licht und dein Sakrament zum Lebensbrot für meine Seele. Ich danke dir, Herr, Jesus Christus, Licht vom ewigen Licht, für dein Wort, das du zu uns gesprochen hast und das uns die Propheten und Apostel weitergesagt haben.

5 Dank sei dir, Schöpfer und Erlöser der Menschen, für das große Abendmahl, das du uns bereitet hast, um der ganzen Welt deine Liebe zu verkünden. Du reichst dich selbst uns zur Speise und zum Trank. In diesem heiligen Mahl erfahren wir dein liebendes Entgegenkommen und werden gestärkt und erfüllt durch deine Gnade. Auch deine Engel empfangen dieses Brot in rein geistiger Weise, um mit dir verbunden zu bleiben.

6 Der Priester ist der Mittler zwischen Himmel und Erde. Ihm ist es gegeben, die Eucharistie zu feiern und dich, Herr, zu bitten, leibhaftig in der Gestalt von Brot und Wein zugegen zu sein. Wir alle feiern dieses heilige Opfer mit und folgen dankbar deiner Einladung, dich zu empfangen.
Wir loben dich,
wir preisen dich,
wir rühmen dich und danken dir,
denn groß ist deine Herrlichkeit:
Herr und Gott, König des Himmels,
Gott und Vater, Herrscher über das All,
Herr, eingeborener Sohn, Jesus Christus (aus dem Gloria der Kirche).

7 Herr, Jesus Christus, komme mir mit deiner Gnade zu Hilfe, damit ich dir mit aufrichtigem Herzen diene. Du bist der Quell ewigen Lebens, zu dem du mich gerufen hast, um aus ihm zu trinken. Ich höre auf dein Wort und bitte für mich und alle, dass dein Wille geschehe – im Himmel wie auf Erden.

Kapitel XII
Ort der Ruhe und der Kraft

1 Der Herr:
Je größer der Raum, den du in deinem Inneren für mich bereitest, umso lieber bin ich bei dir. Ich möchte dich mit der göttlichen Ruhe des siebten Schöpfungstages begnaden. Wenn du möchtest, dass ich zu dir komme und bei dir bleibe, so fege zuerst den alten Sauerteig fort und reinige die Wohnung deines Herzens. Schirm dich ab gegen alle Dunkelheit und den Lärm der Leidenschaften. Jage die Zeitlichkeit aus deinem Herzen und verriegele vor der Sünde die Tür. Wer die Liebe hat, der bereitet seinem geliebten Freund den besten Platz. Wie man ihn empfängt – darin gibt sich die Liebe zu erkennen.

2 Wisse jedoch: Aus dir selbst und durch eigenes Bemühen wirst du dich niemals vollends vorbereiten können – wenn du dich auch ein ganzes Jahr darum bemühst und an nichts anderes denkst. Liebe und Gnade müssen als Geschenk des Himmels hinzukommen. Du bekamst die Einladung, an einem festlichen Mahl teilzunehmen. So gut du es vermagst, bereitest du dich vor – das Wesentliche jedoch schenkt sich dir. Mit nichts anderem kannst du dem Gastgeber eine Freude bereiten als mit herzlicher Freundlichkeit und innigem Dank.
Gehst du zum Tisch des Herrn, um das Abendmahl zu empfangen, bereite dein Inneres so gut, wie du es kannst, tue es gern – weder gewohnheitsmäßig noch

gezwungen. Ich bin es, der dich gerufen hat und es unendlich gut mit dir meint. Komm zu mir mit allem, was du bist, was du hast und was dir fehlt. Ich werde dir geben, was du bedarfst, ich werde das ergänzen, was dir mangelt, und Begonnenes vollenden.

3 Fühlst du eine Verbundenheit mit mir, die dich stärkt und einsichtiger macht, so nimm es dankbar an und denke nicht viel darüber nach. Ich liebe dich und möchte dir das zukommen lassen, was du für dein äußeres und inneres Leben am nötigsten brauchst. Fühlst du jedoch diese Verbundenheit mit mir nicht, sondern erlebst innere Trockenheit und Dürre, so wende dich im Innehalten dem Gebet der Hingabe zu. Wenn dich Gedanken und Unsicherheit belagern und du nicht durch die Anrufung meines Namens von ihnen loskommst, so unterbrich das Gebet und klage mir dein Leid. Seufze dabei, so gut du kannst, und drücke somit deine unerlösten Eindrücke aus. Dann wende dich wieder dem Gebet zu und höre nicht auf anzuklopfen, bis sich eine Tür auftut und die Gnade dich wieder erreichen kann.

Meine Sehnsucht ist es, bei dir zu sein und deinem Herzen und deiner Seele Ruhe und inneren Frieden zu schenken. Ich komme zu dir, um dir das Leben zu erleichtern und dich zu heiligen. Du musst jedoch den Wunsch haben, Wandlung zu erfahren und mir entgegenzukommen. Du möchtest dein Leben bessern und dazu Gnade empfangen. Daher vernachlässige die Gnade nicht, die in dir ist, und vernachlässige die Gnade nicht, die dir neu zuströmen möchte.

4 Wie du dich mit aller Innigkeit zur Kommunion vorbereitest, so solltest du auch nachher eine Zeitlang verweilen, damit dir aufgeht, wen du empfangen hast und welch heilende Kräfte in dir wirken. Bleibe dir dessen bewusst, denn diese Wachsamkeit ist die beste Voraussetzung für weitere Gnaden. Du würdest schnell diese gute Seelenverfassung wieder verlieren, wenn du Zerstreuung suchst und dich Ablenkungen hingibst. Hüte dich vor vielem Reden und bleibe vor allem bei dir selbst zu Hause, damit du die dir zuströmende Gnade voll ausschöpfen kannst. Du besitzt den, den die ganze Welt dir nicht nehmen kann. Ich bin es, dem du dich ganz hingeben kannst. Dann wirst du in Zukunft nicht mehr in dir, sondern unbesorgt in mir leben.

Kapitel XIII
Unendliches Entgegenkommen

1 Der Mensch:
Herr, wer gibt mir das Glück, dich allein zu finden? Ich würde dir mein ganzes Herz erschließen und dich aufnehmen, so, wie meine Seele es sich wünscht. Ich würde alles dafür tun, wenn es doch nur geschehen möge. Auf keine andere Stimme will ich dann mehr hören als nur auf die deine. Möge die Begegnung mit dir so verinnerlicht sein, dass niemand von außen sie wahrnimmt. Nichts soll mich ablenken, denn ich möchte mich dir ganz zuwenden. Du wirst mit mir Mahl halten und ich mit dir. Du wirst mit mir sprechen und ich mit dir – wie Liebende es tun.

Um diese Gnade bete ich. Und mein Herz sehnt sich danach, ganz mit dir vereint zu sein. Mein Herz soll nicht mehr an vergänglichen Dingen hängen. Durch das Messopfer und die heilige Kommunion möchte ich zu ewigen Werten gelangen und sie liebgewinnen. Mein Herr und mein Gott, wann werde ich endlich ganz mit dir vereint und von dir eingenommen sein – ohne an mich selbst zu denken? Du in mir und ich in dir. Lass mich eins mit dir werden und bleiben: Das ist mein Gebet.

2 Herr, ich glaube und bin fest davon überzeugt, dass ich einmal ganz bei dir sein kann, ohne mich mehr von dir trennen zu müssen. Dann werden auch der tiefe Friede und die wahre Ruhe mich nicht mehr verlassen. *Wahrhaftig, du bist ein verborgener Gott* (Jesaja 45,15a).
Ich habe Mitleid mit denen, die sich gottlos nennen und die Fülle der inneren Freude noch nicht erleben dürfen. Wie begeisternd und erneuernd, Herr, ist dein Geist! Um zu zeigen, wie sehr du uns liebst, speist du uns mit dem Brot des ewigen Lebens. Außer dir, meinem Gott, ist niemand mir so nah, wie du es bist. Wo immer ich dich anrufe, da bist du gegenwärtig. Um mir in deiner unaussprechlichen Liebe entgegenzukommen, schenkst du dich mir verborgen in der Gestalt von Brot und Wein.

3 Wer in der gesamten Schöpfung ist so bevorzugt wie die Seele des innerlichen Menschen, bei der du einkehrst? Gibt es ein Geschöpf, das mehr Liebe emp-

fängt oder empfangen kann? Deine Gnade, Herr, ist unaussprechlich, deine Liebe ohne Ende. Und beides wird ausgerechnet uns Menschen zuteil.
Womit habe ich dieses unendliche Entgegenkommen verdient? Was kann ich dir zurückschenken, Herr? Ich glaube die Antwort zu fühlen. Es gibt kein größeres Geschenk für dich als meine Hingabe. Ja, meine Seele möchte ich dir überlassen, damit du sie mit dir vereinst. Mein äußeres und inneres Leben werden zu einer einzigen Freude, wenn meine Seele gottverbunden ist und bleibt. Wenn ich bei dir bleiben möchte, wirst auch du bei mir bleiben – so hast du es versprochen.
Dahin geht all mein Wünschen: ganz eins zu sein mit dir.

Kapitel XIV
Sehnsucht nach liebender Gemeinschaft

1 Der Mensch:
Wie unendlich groß ist deine Güte, Herr, die du allen gewährst, die zu dir kommen. Oft fühle ich mich nicht würdig, zu deinem Tisch zu gehen – weiß ich doch von vielen, die dich lieben, dass sie Licht- und Gotteserfahrungen machen, die mir noch verwehrt sind. Ich schäme mich und kann mich selbst nicht ertragen, wenn ich so kalt und gefühllos, so trocken und ungerührt dir entgegengehe. Warum fühle ich mich nicht stärker zu dir hingezogen? Warum fehlt mir die Begeisterung, die viele deiner Gläubigen in der Begegnung mit dir haben. In übergroßer Sehn-

sucht richten sie ihr ganzes Leben nach ihr aus. Und im Gegensatz zu ihnen fühle ich mich oft nicht einmal angesprochen.

Herr, viele Zusammenhänge sind mir klar geworden – mein Herz jedoch hat sie noch nicht begriffen. Du bist die Quelle allen Lebens. Du hast mich gerufen, von dem Wasser des ewigen Lebens zu trinken. Was fehlt mir, dass noch immer mein Durst nicht gestillt ist? Bin ich noch zu sehr in meinen Vorstellungen verhaftet, anstatt in Wirklichkeit die Quelle ausfindig zu machen? Fehlt mir ein Schöpfgefäß oder vermag ich es noch nicht, mich tief genug zu beugen, um dann aus der Schale meiner Hände zu trinken? Steht mein Ego einem demütigen Verhalten dir gegenüber im Wege?

2 Wie viele Menschen haben einen lebendigen und glühenden Glauben, der allein schon deine Gegenwart bezeugt! Ihr Herz glüht, wenn sie mit dir zusammen auf dem Weg sind, und sie erkennen dich beim Brotbrechen. Von solcher Innigkeit und Ergriffenheit bin ich leider noch weit entfernt. Sei mir gnädig, mein Herr und Heiland, und sende mir nur einen Funken deiner Liebe in mein Herz, sodass es sich für dich entflammt. So wird mein Glaube an dein Wort neu belebt werden, meine Zuversicht wird Wurzeln schlagen in deiner Güte und die Liebe möge niemals mehr erlahmen, nachdem sie durch dich entflammt und durch das Brot des Himmels gestärkt wurde.

3 Ich möchte nicht klagen, Herr, weiß ich doch, wie groß dein Erbarmen ist. In jedem Augenblick

kannst du mir die ersehnte Gnade gewähren und das Feuer der Liebe in mir entzünden. Doch will ich in Geduld warten, bis der Tag gekommen ist, an dem du dich mir zuwendest und mein Herz mit Freude und meine Seele mit Licht erfüllst. Du sagst, dass jedes deiner Geschöpfe einmalig ist und du eine große Sehnsucht nach jedem von ihnen hast. So möchte ich mich nicht mit den großen Gottesfreunden vergleichen, sondern bei mir selbst bleiben und alles schrittweise tun, wie du es mir geraten hast.

Ich bitte dich, Herr, entzünde meine Sehnsucht nach dir, sodass ich noch stärker nach dir rufe und dich noch inniger im Sakrament empfange. Bleibe bei mir und beseele mich mit deiner Liebe, damit ich einmal in die Gemeinschaft der dich Liebenden aufgenommen werde.

Kapitel XV
Hingabe durch Demut und Gebet

1 Der Herr:
Du hast mir dein Herz ausgeschüttet, dich dabei jedoch sehr zurückgenommen und dich selbst geringschätzend dargestellt. Ich möchte, dass du ein gutes Selbstbewusstsein aufbaust und dich mehr behauptest. Ich werde dir zur gegebenen Zeit Gnade zukommen lassen. Erwarte sie geduldig und vertrauensvoll, nimm sie dankbar an, bewahre sie demütig und wirke nach deinen Kräften mit ihr mit. Verliere nicht den Mut und sei nicht traurig, wenn dir noch die rechte

Hingabebereitschaft fehlt. Im Ausgerichtetsein und Warten auf mich musst du Bescheidenheit und Geduld üben.
Du solltest im Gebet dich noch vertrauensvoller auf mich verlassen und keine bestimmten Erwartungen haben. In einem einzigen Augenblick könnte ich dir all das verleihen, was ich dir lange vorenthalten musste, da die Zeit dafür noch nicht reif war. Am Anfang deines Gebetes der Hingabe steht dir oft noch nicht das zu, was ich nach einiger Zeit der Übung für dich bereitet habe.

2 Meine Liebe und Gnade kann von keinem Menschen vorherbestimmt werden. Sie ist Geschenk und bleibt unberechenbar. Würde die Gnade dem Menschen nach seinem Willen zur Verfügung stehen, würde er vergessen, ein starkes Fundament seiner Persönlichkeit zu errichten, worauf die Gnade aufbauen kann. In seiner Schwachheit, Labilität und Unsicherheit kann der Mensch nur einen geringen Teil der Gnade ertragen. Daher ist es zu erklären, dass du dich immer wieder in Geduld üben musst, bis der rechte Zeitpunkt für dich gekommen ist. Wenn du in der Hingabe und in deiner Persönlichkeitsentwicklung Fortschritte machst, ist das für mich die größte Herausforderung, dir weitere Gnade zu gewähren.
Oft sind es Kleinigkeiten, die dem Fließen der Gnade im Wege stehen. Wenn diese sogenannten Kleinigkeiten etwas so Großes wie die Gnade hemmen und ihr Licht nicht zum Leuchten bringen können, dürften diese Hindernisse eigentlich nicht als geringfügig bezeichnet werden. Achte daher besonders darauf,

nicht übermäßig viele neue Eindrücke aufzunehmen, die du schwerlich alle verarbeiten kannst. Bleibe in einem dir angemessenen Lebensrhythmus – ohne dich zu überfordern oder zu unterfordern. Versuche immer wieder, deine Mitte auszuloten, und bleibe mit ihr verbunden, damit du durch sie das empfangen kannst, was ich dir geben möchte.

3 Sobald du dich im Gebet – und später auch außerhalb des Gebetes – aus ganzem Herzen Gott aushändigst und dich dabei auf mich verlässt, erfährst du tiefe Ruhe, in der du dich gottverbunden fühlst. Indem du nicht mehr deinem eigenen Wollen und Belieben nachgehst, sondern deinen Willen hingebend in meine Hände legst, kann ich dir das kundtun, was du in Wirklichkeit bist und was du tun solltest. Es wird die Zeit kommen, in der dir nichts so lieb und wert ist wie die Hingabe an den Willen Gottes.
Auf den Empfang meiner Gnade kannst du dich am besten vorbereiten, indem du dich immer wieder – besonders im Gebet der Hingabe – in deinem Denken, Wollen und Fühlen auf mich ausrichtest, damit ich dich von deinen ungeordneten Neigungen oder Abneigungen gegen andere Menschen befreien kann. Ist somit Raum in deiner Seele geschaffen, kann ich ihn mit meinem Segen und meiner Gnade füllen. Je mehr du es lernst, ungute Verbindungen zu lösen, dein Herz vor neuen Verschattungen zu bewahren und dich mir bedenkenlos hinzugeben, desto schneller erreicht dich die Gnade, desto tiefer kann sie bei dir eindringen und desto höher kann sie dein Herz erheben.

4 *Du wirst schauen und strahlen, dein Herz wird erbeben und sich weiten* (Jesaja 60,5).
Wenn du dich restlos mir überlässt, kommst du zu deinem wirklichen Selbst. Ich werde meine Hand über dir ausbreiten, dich segnen und dich niemals mehr verlassen. Solltest du zwischenzeitlich dein Herz an Vergängliches hängen und mich auf diese Weise verlassen, so suche mich, wenn es dir bewusst wird, erneut von ganzem Herzen. Ich werde dir den Weg wieder bereiten und zu dir kommen.
Öffne dich mir beim Empfang der Eucharistie, damit die Gnade, die uns vereinen möchte, wirken kann. Schau dabei nicht mehr auf dich selbst, auf deine Fehler und Schwächen, sondern freue dich mit mir und lass Wandlung mit dir geschehen.

Kapitel XVI
Aussprechen statt verdrängen

1 Der Mensch:
Herr, du übertriffst alles an Liebenswürdigkeit und Liebe, denn alles, was liebenswürdig ist und lieben kann, kommt von dir. Ich möchte dich empfangen und deiner würdig sein. Du kennst meine Schwächen und meine Fehler; du weißt, worunter ich leide, was mich am meisten bedrückt und wie schlecht ich mich oft fühle. Ich komme zu dir, weil du mein Innerstes angesprochen hast und mir helfen möchtest. Ich bitte dich, mich so anzunehmen, wie ich vor dir stehe. Zur Heilung komme ich zu dir und um Ermutigung auf meinem Glaubensweg rufe ich dich an. Mit dir darf

ich reden – mit dir, der alles kennt und um mich weiß, dem auch mein Innerstes nicht verborgen ist. Du allein kannst mich aufrichten und das, was verwundet ist, heilen. Du weißt, was mir am meisten fehlt, was ich am dringendsten lernen muss und über wie wenige gute Eigenschaften ich verfüge.

2 Sieh, arm stehe ich vor dir und bitte um Gnade und Barmherzigkeit. Richte mich wieder auf, entzünde mein Herz durch das Feuer deiner Liebe und erleuchte meine Blindheit durch das helle Licht deiner Gegenwart. Lass mich das Unvermeidbare in Geduld tragen sowie verzeihen und vergessen, was mir andere angetan haben. Wandle allen Schmerz in Freude und alle Dunkelheit in Licht.

Lass mich nicht verzweifelt das außer mir suchen, was ich in mir selbst finden kann. Ziehe mich an durch deine Liebe, erfülle mein Herz und lass mich nicht wahllos in der Welt umherirren. Du, Herr, bist mein höchstes Gut, und ich möchte es niemals mehr verlieren. Du hast dich mir zur Speise und zum Trank gegeben, damit du in mir bleibst und ich in dir.

3 Möchte doch deine Gegenwart alles Schlechte in mir ausbrennen und mich in dich verwandeln, damit mein Geist durch die Gnade innerer Einigung eins mit dir werde. Lass mich nicht hungrig und kraftlos von dir gehen, sondern schenke mir dein Erbarmen, wie du es mir schon so oft erwiesen hast.

Du, Herr, bist wie ein Feuer, das ewig brennt. Du bist die Liebe, die das Herz reinigt und erfüllt und den

Verstand erleuchtet. Wäre es denn ein Wunder, wenn ich von dir so ergriffen würde, dass mein Herz vor Liebe brennt, mein Bewusstsein erleuchtet und ich mit dir einmal ganz vereint sein würde?

Kapitel XVII
Empfangen und bleiben

1 Der Mensch:
Herr, ich danke dir. Du hast mich so wunderbar auf dein Kommen vorbereitet, mein Herz mit Liebe erfüllt, mich empfindsamer gemacht und meine Sehnsucht, dich zu empfangen, vergrößert. Du, Herr, bist mein Gott, die höchste und ewige Liebe. Du hast meine engen Grenzen gesprengt, mein Bewusstsein erweitert und mir alle Angst genommen. Viele Menschen hast du auf den Weg gerufen; du hast ihnen ihr Leben klargemacht und deine Liebe offenbart. Dank deiner großen Güte darf ich mich zu ihnen zählen – und mit ihnen erwarte ich voller Sehnsucht dein Kommen.

2 Ist auch das, Herr, was ich dir entgegenbringen möchte, gering, so opfere ich dir doch die ganze Liebe meines Herzens. Mein Sein, all mein Wünschen, Fühlen und Denken biete ich dir freudig an. Nichts möchte ich dir vorenthalten – mich selbst möchte ich dir in aller Liebe opfern.

Mein Herr und mein Gott, mein Schöpfer und mein Erlöser, so herzlich und ehrfürchtig, so dankbar und liebevoll, mit so viel Glauben, Hoffnung und Liebe möchte ich dich heute aufnehmen, wie dich deine

Mutter Maria ersehnt und empfangen hat, als ihr der Engel das Geheimnis der Menschwerdung verkündete und sie demütig und bejahend antwortete: *Ich bin die Magd des Herrn; mir geschehe, wie du es gesagt hast* (Lukas 1,38).

3 Ich möchte dich, Herr, empfangen wie Johannes der Täufer, der vor Freude schon im Mutterschoß jubelte, als er deine Gegenwart spürte. Berührt und tief beseelt begegnete er dir später, als er ausrief: *Der Freund des Bräutigams aber, der dabeisteht und ihn hört, ist voller Freude über die Stimme des Bräutigams. Diese Freude hat sich nun bei mir vollendet* (Johannes 3,29).
Von dieser tiefen Freude möchte auch ich beseelt werden, wenn du zu mir kommst. Waren nicht alle begeistert, Herr, die auch nur einen Funken deiner Liebe in sich spürten? Ihr Jubel ist zu einem Lobpreis geworden. Sie durften übernatürliche Erleuchtung und einen Vorgeschmack auf den Himmel erfahren. Alle, die dich erkannt haben im Himmel und auf Erden, loben und preisen dich und sagen dir Dank. Mit ihnen vereint möchte ich deinem Namen die Ehre geben und dich anbeten. Komm auch allen zu Hilfe und segne sie, deren Anliegen ich in mein Gebet hineinnehme.

4 Du, Herr, kommst meiner Sehnsucht entgegen. Nimm mein Opfer an und schenke mir die Kraft, dass ich mein Wort und mein Versprechen halten kann und dich niemals enttäusche. Lass mich, Herr, in deiner Liebe bleiben, sodass ich niemals mehr von dir getrennt werde. Ich lade alle Engel und alle Gläubigen

dazu ein, dir täglich, stündlich und immer Dank und Lob zu sagen.

5 Alle Völker, Nationen und Sprachen mögen dich loben und deinen heiligen Namen, der ein Name der Barmherzigkeit und Gnade ist, ohne Unterlass preisen. Alle, die dein Sakrament der Liebe feiern und gläubig empfangen, mögen Gnade und Erbarmen bei dir finden. Ich schließe mich mit diesem Wunsch ihnen an. Wenn wir nach der sakramentalen Begegnung mit dir von deinem Tisch zurückkehren, möge deine Gnade für immer bei uns bleiben.

Kapitel XVIII
Geheimnis des Glaubens

1 Der Herr:
Hüte dich davor, das Sakrament meiner Liebe, die Eucharistie, ergründen zu wollen. Wenn du lange Nachforschungen anstellst über dieses unerforschliche Sakrament, könntest du in einen wahren Abgrund des Zweifels geraten. Wer die Hoheit erforschen möchte, wird von ihrer Herrlichkeit erdrückt. Gott vermag weitaus mehr zu wirken, als ein Mensch je begreifen kann. Das heißt allerdings nicht, dass du nicht nach der Wahrheit suchen und sie erforschen sollst. Dich belehren zu lassen und nach der Weisheit der Väter zu leben – das ist gut.

2 Kinder in ihrer Einfalt und Gottesnähe kennen die beschwerlichen und oft entzweienden Wege der Diskussion nicht. Sie gehen heiter und bedenkenlos ihren Weg, den sie der Vater führt. Viele Erwachsene verloren ihren Glauben, da sie das Unergründliche ergründen wollten. Ein schlichter Glaube ist vonnöten und ein aufrechtes Leben – kein Wissen, das alle Geheimnisse Gottes durchdringen möchte.
Wenn du schon nicht verstehst und begreifst, was unter dir ist: Wie wirst du begreifen, was über dir ist? Durch deine lebendige Glaubenserfahrung wirst du schrittweise in die Wahrheit eingeführt, und du erhältst das Licht der Einsicht, wie es für dich nützlich und notwendig ist.

3 Viele Menschen guten Willens erleiden im Glauben an das Sakrament ganz ohne eigene Schuld schwere Anfechtungen. Sollten sich auch bei dir Zweifel einstellen, so versuche, diese nicht zu beachten – vor allem aber: Lass dich in keinen „gelehrten" Streit mit deinen eigenen Gedanken ein. Zerbrich dir nicht den Kopf, beantworte die Fangfragen der dunklen Einflüsterung nicht, sondern stelle das Wort, das ich dir gegeben habe, allem voran. Glaubst du einfach dem Wort Gottes, wird es dich über gefahrenreiche Abgründe hinwegtragen. Glaube meinem Vater, der durch mich zu dir spricht, glaube den Heiligen und Propheten, und der Feind wird dich in Ruhe lassen.
Diese inneren Anfechtungen durchzustehen, ist oft sehr heilsam. Du richtest dich bewusster auf das eigentliche Ziel, und deine Persönlichkeit wird wesent-

licher. Glaubensschwache und ungläubige Naturen versucht die widergöttliche Kraft nicht, denn sie sind ja bereits in ihrer Hand. Alle jedoch, die entschlossen einen geistlichen Weg gehen und Fortschritte machen, bleiben durchaus nicht unangefochten.

4 Bewahre unerschütterlich deinen Glauben, den du durch gute und auch schwere Lebenserfahrungen gewonnen hast, und gib dem Zweifel keinen Raum. Bleibe mir durch das Gebet der Hingabe und durch den Empfang des Sakramentes verbunden. Vieles wird es auf deinem Weg geben, was du noch nicht verstehen kannst. Wahre das Geheimnis im Wissen, dass dir alles zur rechten Zeit offenbart wird. Wenn du dich dem Schöpfer überlässt, traue es ihm zu, dass er dich den rechten Weg führt und dich liebevoll begleitet. Er wird dich niemals täuschen – doch täuscht sich, wer sich einzig und allein auf sich selbst verlässt. Die Kinder und die Einfältigen, die Demütigen und die Kleinen und diejenigen, die es vermögen, im Gebet der Hingabe arm im Geist zu sein – das sind mir die Liebsten, und ihnen bin ich besonders nahe. Doch vor der Neugier, der Überheblichkeit und dem Stolz mancher Menschen verberge ich meine Gnade. Die menschliche Vernunft hat wenig Kraft und kann leicht irren; unfehlbar hingegen ist der wahre Glaube.

5 Alles menschliche Denken, die Vernunft und alle vernünftige Erforschung der Dinge sollen dem Glauben nicht vorausgehen, sondern ihm folgen. Ist der Glaube wahrhaft und standfest, das heißt aus eige-

ner Lebenserfahrung und Gnade entstanden, hat er in allem den Vorrang und kann durch nichts gebrochen werden. Glaube und Liebe bilden das tragfähige Fundament des Lebens. Ihre größte Wirksamkeit zeigen sie auf geheimnisvolle Weise im heiligen Sakrament.
Mein Vater, der Ewige und Unermessliche, dessen Allmacht ohne Grenze ist, wirkt Großes und Unfassbares im Himmel und auf Erden. Seine Wunderwerke vermag kein forschender Verstand zu erforschen. Sie sind unergründlich. Denn wären die Werke Gottes für die menschliche Vernunft leicht einsehbar und fassbar, fände man Worte für sie. Und fände man Worte für sie, so dürfte man sie nicht wunderbar und unaussprechlich nennen.

WERTSCHÄTZUNGEN

Ignatius von Loyola
(1491–1556), Heiliger, Ordensstifter:
Pater Goncalves berichtet in seinem Tagebuch: „Ferner erzählte er, er habe in Manresa zum ersten Mal die ‚Nachfolge Christi' in die Hand bekommen, und seither habe er kein anderes Andachtsbuch mehr lesen wollen. Allen, mit denen er zusammenkam, empfahl er sie. Täglich las er darin der Reihe nach ein Kapitel. Nach dem Essen und auch zu anderen Tageszeiten schlug er es auf gut Glück auf, und immer stieß er auf eine Stelle, die ihm etwas zu sagen hatte."
In: Ignatius von Loyola. Der Bericht des Pilgers. Übersetzt und erläutert von Burkhart Schneider. Freiburg 1977[4], 146.

Franz von Sales
(1567–1622), Heiliger, Priester, geistlicher Schriftsteller:
Das Buch hat mehr Menschen geheiligt als es Buchstaben hat.
In: Thomas von Kempen. Nachfolge. Herausg. von Walter Körber. Stuttgart 2001, 235.

Gottfried Wilhelm Leibniz
(1646–1716), Mathematiker, Philosoph:
Die „Nachfolge Christi" ist eines der vortrefflichsten Werke, die je verfasst worden sind. Wohl dem, der nach dem Inhalte dieses Buches lebt und sich nicht damit begnügt, dasselbe bloß zu bewundern.

In: C. Richtstaetter. Thomas von Kempen. Hildesheim 1939, 53.

Bernhard Le Bovier de Fontenelle
(1657–1757), franz. Schriftsteller, Philosoph:
Die „Nachfolge Christi" ist das schönste Buch, das je aus einer Menschenhand kam – denn das Evangelium kam nicht aus Menschenhänden.
In: Thomas von Kempis. Die Nachfolge Christi. Übersetzt von Johannes Gossner. Leipzig 1830, Vorwort.

Gerhard Tersteegen
(1697–1769), Dichter, Mystiker:
Dies Büchlein sollte das allgemeine Handbuch der Christen sein und so geschätzt werden, als es ein gottesfürchtiger Mann schätzte, welcher zu sagen pflegte: Wenn sein Haus in Flammen stände, so würde er zuerst die Heilige Schrift und dies Büchlein ergreifen.
In: Thomas a Kempis. Vier Bücher von der Nachfolge Christi. Übersetzt von J. Arndt. Reutlingen 1890, 13.

Johann Michael Sailer
(1751–1832), Bischof von Regensburg:
Ich suchte einen Freund, den ich zu Hause stets bei mir behalten und auch auf Reisen leicht mit mir nehmen könnte (ohne dass die Fuhrleute Ursache hätten, sich über schweres Gepäck zu beklagen); einen Freund, der mir in allen Fällen die Wahrheit sagte,

überall mich auf den Abgrund der Eigenliebe und auf das Fünklein Licht, das über dem Abgrunde schimmert, das heißt auf mich selbst, aufmerksam machte; einen Freund, der den Trägen spornte, den Eifervollen im Geleise hielte, den Traurigen ermunterte, den Freudigen zähmte, den Fehlenden strafte und den Müden erquickte. Zwar wusste ich wohl, dass dieser allgegenwärtige Freund, außer Gott, nirgends zu finden sei; allein ich bedurfte eben eines zweiten, sichtbaren Freundes, der mich an den allgegenwärtigen, unsichtbaren Freund erinnerte und zu ihm hintriebe. Und diesen treuen, sichtbaren Freund, der mich an Gott erinnerte und zu Gott hintrieb, fand ich an dem Buche, Nachfolge Christi genannt.
In: Thomas von Kempen. Nachfolge Christi. Übersetzt und eingeleitet von Otto Karrer. München 1960, 9–10.

Friedrich Freiherr von Hügel
(1852–1925), engl. Religionsphilosoph:
L. berichtete mir von der Hilfe, die Sie in der Imitatio Christi finden. Wie fast ausschließlich literarisch ihre Wirkung auf uns ist, wenn wir nicht leidend sind oder (zumindest) wenn wir nicht gelitten haben, und zwar sehr! Aber wenn wuchtiger, durchdringender Schmerz kommt und wenn wir dann auch nur versuchen, auch nur wünschen, diesen Bitternissen aufrichtig und unerbittlich zu begegnen – dann hören diese Bücher auf, lediglich Literatur zu sein; sie werden mit Christus unserem Leben lebendig, der, wo auch

immer er sich ganz nähert, Leben und Liebe in und durch das Kreuz bringt.

In: Baron Friedrich von Hügel. Selected Letters, ed. B. Holland, London 1933, 228: Brief an einen schwerkranken Freund, 28.02.1916.

Aldous Huxley
(1894–1963), engl. Schriftsteller:
Ich hätte Ihnen längst für die Ausgabe der Imitatio danken sollen. Ich wartete, bis ich die Zeit hatte, sie zu lesen …, genug, um mir zu erlauben, die Kraft und den Adel der Sprache zu würdigen. Stil ist etwas, bei dem man stets auf der Hut sein muss, insofern glänzendes Schreiben es fertigbringt, an sich unbedeutende oder fragwürdige Vorstellungen wertvoll und echt erscheinen zu lassen; umgekehrt können bedeutende und ernste Gedanken langweilig, trivial oder bloß rhetorisch wirken, wenn sie von jemand ausgedrückt werden, der nun einmal nicht das gute Mundwerk hat. Wir müssen uns glücklich schätzen, wenn ein Buch wie die Imitatio Christi (das, wenn auch vielleicht nicht das feinste und wünschenswerteste Erzeugnis mittelalterlicher Frömmigkeit, doch ein sehr vortreffliches Werk ist) eine Ausdrucksform findet, die ästhetisch in der Qualität dem Gegenstand verglichen werden kann.

In: Letters of Aldous Huxley. Ed. Grover Smith. London 1969, 468: Brief an Eugene F. Saxton, 2. Oktober 1941.

Ludwig Marcuse
(1894–1971), Philosoph, Schriftsteller:
Was brachte und was bringt diesem verbreitetsten Brevier bis zu unseren Tagen den Enthusiasmus von Millionen? Es ist ein schlichtes Buch, jedem verständlich. Es ist ein undogmatisches Buch, mehr ein Ratgeber für die Lebensführung als eine Aussage über die transzendente Welt. Es vermittelt nicht subtile Einsichten, sondern löst Konflikte, aus denen jeder herauskommen möchte. Es polemisiert nicht nur gegen kompliziertes Wissen, auch gegen die Überschätzung jeden Könnens, außer dem einzigen, das Thomas für wichtig hielt: der Kunst, mit sich ins Reine zu kommen.
In: Die Nachfolge Christi. Herausgegeben von E. A. Kernwart. Mit einem Nachwort von Ludwig Marcuse. Zürich 1986, 173–174.

Hanns Lilje
(1899–1977), Lutherischer Bischof:
In der Hinwendung zur praktischen Frömmigkeit liegt die große kirchengeschichtliche Bedeutsamkeit der Imitatio Christi, und in ihr fasst sich der edelste Ertrag der Frömmigkeit des Mittelalters zusammen ... In einer bezwingenden Unmittelbarkeit erklingt das stille Zweigespräch zwischen dem Meister und der Stimme des Jüngers ... Dieser Hauch der Unmittelbarkeit weht in einer unverwelkten Frische noch heute den Leser an ... Hier ist ein besonderes Stück christlicher Frömmigkeit klassisch vorgebildet: die meditatio

… Ohne die anbetende meditatio, ohne das Gebet des Glaubens, ohne die Stille vor Gott ist alles kämpferische Christentum nur ein tönendes Erz und eine klingende Schelle.
In: H. Lilje. Von der Nachfolge Christi. Weg und Sendung des Thomas a Kempis. In: Die Furche, 21 (1935), 348–355.

Dietrich Bonhoeffer
(1906–1945), evangelischer Theologe:
Ich hatte mir bisher nicht viel daraus gemacht. Man muss wohl lange allein sein und es meditierend lesen, um es aufnehmen zu können. Es ist in jedem Wort ganz außergewöhnlich gefüllt und schön. Es gibt neben dem Wir doch auch ein Ich und Christus, und was das bedeutet, kann gar nicht besser gesagt werden als in der Imitatio Christi, die ich jetzt in der lateinischen Ausgabe hin und wieder lese (sie ist übrigens lateinisch doch unendlich viel schöner noch als deutsch).
In: Dietrich Bonhoeffer. Widerstand und Ergebung. Briefe und Aufzeichnungen aus der Haft. Herausg. von E. Bethge. Hamburg 1971, 95: Brief aus dem Gefängnis, 4. Advent 1943.

Edzard Schaper
(1908–1984), Schriftsteller:
Nicht immer neue Auflagen dieses Buches wären bis in die jüngste Zeit hinein erschienen, wenn es nicht jene Unerkannten gäbe, die über die Seiten dieses

Buches hinweg das unaufhörliche Zwiegespräch mit dem, der ihnen vorangeht und dem sie nachfolgen, führen ... Die „Nachfolge Christi" ist ja die Stimme der ganzen christlichen Menschheit im Brennpunkt ihres Verhältnisses zu dem, der gesagt hat: „Ich bin der Weg, die Wahrheit und das Leben!"
In: Thomas von Kempen. Nachfolge Christi. Übertr. von Hermann Endrös. Vorwort Edzard Schaper. Frankfurt 1957, 36.

Papst Johannes Paul II., Karol Wojtyla
(1920):
Nur ein bereites Eingehen auf Christus und seine Botschaft kann uns zu unserer wahren Selbstverwirklichung führen. Wahre Selbstverwirklichung geschieht nur, wenn wir die uns grundgelegte Gottesverbindlichkeit voll zur Entfaltung bringen ... Ich empfehle ... besonders das wertvolle Buch der „Nachfolge Christi" des Augustiner-Chorherrn Thomas von Kempen ... Es ist ein geistlicher Wegweiser von bleibendem Wert.
Zitat: Besuch in Kevelaer am 2. Mai 1987.

Josef Sudbrack S. J.
(1925–2010), Theologe, Professor:
Die Qualität des Büchleins erschließt sich nicht dem einen, der es an ewigen, unverrückbaren Wahrheiten misst, sondern nur dem anderen, dem es gelingt, die geistreichen Sentenzen und paradoxen Formulierungen in ihrer einseitigen Aussagekraft nachzuvollzie-

hen, und der darin eine tiefe Menschlichkeit, eine reife Lebenserfahrung und hinter allem ein unbedingtes Gottvertrauen entdecken wird. In der menschlichen Erfahrung, die christlich bewältigt wurde, liegt der Wert des Büchleins.
In: Josef Sudbrack. Personale Meditation. Die vier Bücher von der Nachfolge Christi – neu betrachtet. Düsseldorf 1973, 19.

Die Wirkgeschichte der „Nachfolge Christi" weist ab Mitte des 15. Jh. bis in die Gegenwart ein überaus großes Echo auf. Jeden zu Wort kommen zu lassen, wäre zu umfangreich. Daher seien an dieser Stelle einige Namen von bekannten Persönlichkeiten genannt, die die „Nachfolge Christi" des Thomas von Kempen in besonderer Weise in ihr Herz geschlossen haben.

Papst Pius V. begeisterte sich für das Buch ebenso wie

Filippo Neri, **Petrus Canisius** und **Karl Borromäus**.

Für **Kardinal John Henry Newman** war es eine unerschöpfliche Kraftquelle.

Therese von Lisieux zählte die „Nachfolge Christi" zu ihren Lieblingsbüchern.

Papst Johannes XXIII. las täglich darin und kannte ganze Kapitel auswendig.

Auch für den Jesuiten **Pierre de Teilhard de Chardin** war die „Nachfolge" tägliche Lektüre.

Der englische Schriftsteller **C. S. Lewis** findet für Thomas von Kempen lobende Worte.

Nach dem tragischen Tod des UNO-Generalsekretärs **Dag Hammarskjöld** fand man auf seinem Schreibtisch die „Imitatio Christi". Verse, die ihn besonders ansprachen, hat er in sein bekanntes Tagebuch aufgenommen.

Roman Bleistein berichtet, dass **Alfred Delp** sich für die Stunden vor der Hinrichtung als letzte Lektüre die „Nachfolge Christi" erbat.

Literaturverzeichnis

Thomas von Kempis: Vier Bücher von der Nachfolge Christi. Im Jahre 1617 aus dem Lateinischen von Johann Arndt. Stuttgart o. J.

Thomas a Kempis: Vier Bücher von der Nachfolge Christi. Nach der Übersetzung ins Deutsche von Johann Arndt. Neu durchgesehen und berichtigt nach dem lateinischen Original von Pfarrer Steudel. Reutlingen 1890.

Tomas von Kempen: Die Nachfolge Christi. Übertragen von Felix Braun. Stuttgart 1947.

Thomae A Kempis: De Imitatione Christi. Interprete: Sebastiano Castellione. Cantabrigiae 1685.

Thomae a Kempis: De Imitatione Christi. Libri quatuor. Apud Ludovivi Donin. Viennae 1856.

Thomas von Kempen: Die Nachfolge Christi. Bearbeitet von P. Johann Droste SJ. Kevelaer 1918.

Thomas von Kempen: Die Nachfolge Christi. Übersetzt von W. Ebert mit Zeichnungen von Carl Merkel. Cassel 1874.

Thomas von Kempen: Nachfolge Christi. Übersetzt von Hermann Endrös. Mit einem Vorwort von Edzard Schaper. Frankfurt 1957.

Thomas von Kempen: Nachfolge Christi. Aus dem Lateinischen von Hermann Endrös. München[3] 1986.

Thomae A Kempis: De Imitatione Christi. Libri quatuor. Apud Joannes Wilhelmum Friessem. Coloniae. Anno 1690.

Thomas von Kempen: Vier Bücher von der Nachfolge Christi. Görres` Uebersetzung. Mit Original Zeichnungen von Joseph, Ritter von Führich. In Holzschnitt ausgeführt von Kaspar Oertel. Leipzig 1871.

Thomas von Kempen: Vier Bücher von der Nachfolge Christi. In der Übersetzung von Josef (Guido) Görres. Neu überarbeitet von Josef Lieball. Augsburg 1988.

Thomas von Kempis: Die Nachfolge Christi. Neu übersetzt und mit einer Nachlese und Anwendung zu jedem Kapitel versehen von Johannes Gossner. Leipzig 1830.

Thomas von Kempen: Die Nachfolge Christi. Übersetzt von Franz Seraph Häglsberger. Regensburg 1904.

Thomas von Kempen: Nachfolge Christi. Übersetzt von Hugo Harder. Solothurn und Düsseldorf[5] 1995.

Sämtliche auserlesene Schriften des ehrwürdigen Thomas a Kempis. Deutsch bearbeitet von Johannes Andreas Herderer. Vier Bände. Münster 1839.

Thomae Kempensis: De Imitatione Christi. Libri quatuor. Urschrift von 1441. Herausgegeben von Karl Hirsche. Berlin[2] 1891.

Thomas von Kempen: Die Nachfolge Christi. Übersetzung: v. Bethmann Hollweg. Hamburg 1877.

Thomas von Kempen: Nachfolge Christi. Übersetzung von A. Jox C.M. Dülmen 1902.

Thomas von Kempen: Nachfolge Christi. Übersetzt und eingeleitet von Otto Karrer. München 1960.

Thomas a Kempis: Die Nachfolge Christi. Ein kernhafter Auszug aus De imitatione Christi. Nach dem lateinischen Urtext bearbeitet und mit Anmerkungen herausgegeben von E. A. Kernwart. Mit einem Nachwort von Ludwig Marcuse. Zürich 1986 (ohne Buch IV).

Thomas von Kempen: Nachfolge Christi. Für evangelische Christen bearbeitet von Dr. August Ludwig Gottlob Krehl. Hildburghausen[13] 1876.

Thomas von Kempen: Das Buch von der Nachfolge Christi. Übersetzt von J. M. Sailer. Bearbeitet von Walter Kröber. Stuttgart 2001.

Thomas von Kempen: Nachfolge Christi. Aus dem Lateinischen übertragen von Emmeram Leitl. Regensburg[2] 1951.

Thomas von Kempen: Vier Bücher von der Nachfolge Christi. Übersetzt von Bernhard Lesker. Einsiedeln[6] 1912.

Thomas a Kempis: Imitatio Christi. Herausgegeben von Tiburzio Lupo. Città del Vaticano 1982.

Thomas von Kempen: Die Nachfolge Christi. Übersetzt von A. Mäuser. Paderborn 1929.

Thomae a Kempis: De Imitatione Christi. Libri quatuor. Apud Meurs. Antwerpen. Anno 1664.

Thomas von Kempen: Die Nachfolge Christi. Vier Bücher. Übersetzt und herausgegeben von Wendelin Meyer OFM. Neu durchgesehen von Lothar Hardick OFM. Kevelaer[5] 2000.

Thomas von Kempen: Die Nachfolge Christi. Aus dem Lateinischen von Paul Mons. Regensburg[2] 1982.

Thomas von Kempen: Vier Bücher von der Nachfolge Christi. Übersetzt von F. X. Müller. Köln und Neuß o. J.

Thomae a Kempis: De Imitatione Christi. Libri quatuor. Lateinisch-Deutscher Paralleltext. Übersetzung: Johann Baptist Ildephons Nebauer. Regensburg 1822.

Thomas von Kempen: Vier Bücher von der Nachfolge Christi. Herausgegeben von Dr. M. A. Nickel, Domcapitular. Trier 1865.

Thomas von Kempen: Die Nachfolge Christi. Übersetzt von Dr. Adolf Pfister. Freiburg 1928.

Thomas von Kempen: Von der Nachfolge Christi. Übersetzt von Albert Plag. Stuttgart[6] 1975.

Thomae Hemerken a Kempis: Opera omnia, éd. Michael Josephus Pohl. Sieben Bände. Freiburg 1910–1922. Reprint Hildesheim 1985.

Thomas von Kempen: Das Buch von der Nachfolge Christi. Übersetzt von Johann Michael Sailer. Mit Zeichnungen von Josef von Führich. Freiburg[18] 1933.

Thomas von Kempen: Nachfolge Christi. Nach der Übersetzung von Bischof Johann Michael Sailer. Mit einem Vorwort und Nachwort von Josef Gülden. Leipzig[17] 1982.

Thomas von Kempen: Die Nachfolge Christi. Übersetzt von J. C. A. Schmitt. Anklam 1889.

Thomas von Kempis: Sämtliche Werke. Übersetzt von Johann Peter Sibert. Vier Bände. Wien 1833–1840.

Thomas von Kempen. Die Nachfolge Christi. Herausgegeben und erläutert von Josef Sudbrack SJ. Kevelaer 2000.

Thomas von Kempen: Vier Bücher von der Nachfolge Christi. Übersetzt von Johann Michael Sailer. Neu bearbeitet von Hubert Schiel. Freiburg 1949.

Thomas von Kempen: Die Nachfolge Christi. Übersetzt von Joseph Stark. Augsburg 1830.

Thomae a Kempis: De Imitatione Christi. Monachii. Anno 1696.

Thomas von Kempen: De Imitatione Christi. Libri Quatuor. Paris 1764.

Thomas von Kempen: Vier Bücher von der Nachfolge Christi. Illustrationen von J. G. Schlick. Leipzig[4] 1848.

Thomas von Kempen: De imitatione Christi libri quatuor. Freiburg 1889.

Thomas von Kempen: Vier Bücher von der Nachfolge Christi. Aus der lateinischen Urschrift für evangelische Christen bearbeitet von einem Geistlichen. Reutlingen[15] o. J.

Thomas von Kempen: Vier Bücher von der Nachfolge Christi. Nebst einem vollständigen Gebetbuch.

Ausgabe No. 2. Übersetzt von Pater F. U. Einsiedeln, Waldshut, Köln o. J.

Thomas von Kempen: Nachfolge Christi. Nach der Reuter'schen Übersetzung bearbeitet von P. Weber. Saarlouis 1901.

Thomae a Kempis: De Imitatione Christi. Sieben Sprachen Paralleltext. Übersetzt von Johann Baptist Weigl. Solisbaci in Bavaria 1837.

Thomas von Kempen: Die Nachfolge Christi. Übersetzt von P. Gilbet Wellstein. Limburg 1933.

Thomas a Kempis: Die Nachfolge Christi. Übersetzt von Albert Werfer. Mit Originalzeichnungen von Carl Gehrts. Ulm o. J.

Thomas a Kempis: De navolging van Chrstus. Naar de Brusselse Autograaf vertaald door Gerard Wijdevelt. Ingeleid en toegelicht door Bernard Spaapen en Albert Ampe SJ. Antwerpen – Kampen[2] 1985.

Thomas von Kempen: Vier Bücher von der Nachfolge Christi. Neu übersetzt von P. Cölestin Wolfsgruber. Augsburg 1882.

Weiterführende Literatur

Thomas von Kempen: Das Rosengärtlein. Von guten Worten. Briefe. Geistliche Lieder. Übertragen von Felix Braun. Graz – Leipzig – Wien 1937.

Thomas von Kempen: Heilige Christnacht. Fest der Seele. Ausgewählt, übersetzt und herausgegeben von Ludwig Deimel. Mainz 1953.

Thomas von Kempen: Komm, o Herr! Betrachtungen über die Menschwerdung Christi. Übersetzt von Laurentia Dombrowski. Paderborn 1938.

Thomas von Kempen: Die Seele verlangt nach Gott. Einführung von Rainer Dura. München 1979.

Thomas von Kempen: Die Ordensdisziplin. Übersetzt von Karl Egger. Rom 1971.

Thomas von Kempen: Das Büchlein von den drei Hütten und von der wahren Zerknirschung des Herzens. Deutsch von H. Gleumes. Mainz 1924.

Thomas von Kempen: Christus Tag für Tag. Gedanken zur Nachfolge. Auswahl von Sibke van der Land. Übersetzt von Paul Görtzen. Vorwort von Norbert Schnabel. Moers[2] 1992.

Thomas von Kempen: Das Alleingespräch der Seele. Übersetzt von Otto Karrer. München 1949.

Thomas von Kempen: Das Rosengärtlein. Deutsch von Walter Kröber. Heidelberg – Waibstadt 1947.

Drei Schriften des Thomas von Kempen: Von der Erhebung des Geistes. Das Rosengärtlein im Tale der Tränen. Gebete und Betrachtungen über das Leben Jesu Christi. Übersetzt von Hubert Kroppenberg. In: Carl Richtstaetter, Thomas von Kempen. Ein Deutscher Mystiker. Leben und ausgewählte Schriften. Hildesheim 1939, 73–344.

Thomas von Kempen: Die Herberge der Armen und andere Schriften. Übersetzt von Carl Maier. Olten – Freiburg 1952.

Thomas von Kempen: Gebete und Betrachtungen über das Leben Christi. Übersetzt von Heinrich Pohl. Paderborn 1913.

Stephanus G. Axters: De imitatione Christi: een handschrifteninventaris bij het vijhonderdste verjaren van Thomas Hemerken van Kempen. Kempen 1971.

De Bruin: De middelnederlandsche Vertaling van De Imitatio Christi. Leiden 1954.

Eknath Easwaran: Mit den Augen der Liebe. Nachfolge Christi mit Thomas von Kempen. Freiburg 1993.

Erwin Iserloh: Thomas von Kempen und die Devotio Moderna. Bonn: Presse- und Kulturabteilung der Königlichen Niederländischen Botschaft. Schriftenreihe „Nachbarn", Heft 21, 1976.

Hans Norbert Janowski: Geert Groote, Thomas von Kempen und die Devotio moderna (mit Quellentexten). Olten 1978.

F. Kern: Gerrit Grote, Nachfolge Christi. Olten 1947.

Henry Kloster: Konkordanz der Nachfolge Christi. Wien 1969.

Gisbert Kranz: Thomas von Kempen. Der stille Reformer vom Niederrhein. Moers 1993.

Kurt Ruh: Geschichte der abendländischen Mystik. Band IV. Die niederländische Mystik des 14. bis 16. Jahrhunderts. München 1999, 186–194.

Thomas von Kempen

1379 oder **1380** in Kempen am Niederrhein geboren

Bis **1391** Besuch der Latein-Schule

1392: Besuch der Schule des Johann Boome von der Gemeinschaft der Windesheimer Augustiner-Chorherren in Deventer (Holland)

1398: Einzug in das halbmönchische Haus der „Brüder vom Gemeinsamen Leben" (Devotio moderna)

1399: Eintritt in das vollmönchische Kloster der Augustiner-Chorherren von St. Agnetenberg bei Zwolle

1406: Gelübde zur Einhaltung der Ordensregeln des heiligen Augustinus

1414: Priesterweihe

1425: Weihe zum Sub-Prior des Klosters

1441: Letzte handschriftliche Ausgabe der „Nachfolge Christi" in Latein

1448: Erneuter Einsatz als Sub-Prior des Klosters. Zwischenzeitlich war er als Novizenmeister und Prokurator tätig.

1471: Thomas von Kempen stirbt im Kloster St. Agnetenberg.

1897: Seine Gebeine ruhen in der St. Michaelis-Kirche in Zwolle.

Thomas von Kempen, Kupferstich von 1682

Bildnachweis:
S. 399: © picture alliance/akg-images